U0899106

初心永恒

雨花英烈话语解读

雨花台烈士陵园管理局 编著

南京出版传媒集团
南京出版社

图书在版编目（CIP）数据

初心永恒：雨花英烈话语解读 / 雨花台烈士陵园管理局编著. -- 南京：南京出版社，2018.8
ISBN 978-7-5533-2234-6

Ⅰ.①初… Ⅱ.①雨… Ⅲ.①革命烈士—语录—汇编—中国—现代 Ⅳ.①K820.6

中国版本图书馆CIP数据核字（2018）第101171号

书　　名：初心永恒——雨花英烈话语解读
作　　者：雨花台烈士陵园管理局
出版发行：南京出版传媒集团
南 京 出 版 社

社址：南京市太平门街53号　　邮编：210016
网址：http://www.njcbs.cn　　电子信箱：njcbs1988@163.com
天猫1店：https://njcbcmjtts.tmall.com　　天猫2店：https://nanjingchubanshets.tmall.com
联系电话：025-83283893、83283864（营销）　025-83112257（编务）

出 版 人：项晓宁
出 品 人：卢海鸣
责任编辑：樊立文　王松景
装帧设计：张　淼
责任印制：杨福彬

制　　版：南京新华丰制版有限公司
印　　刷：南京玉河印刷厂
开　　本：787毫米×1092毫米　1/16
印　　张：18.5
字　　数：227千
版　　次：2018年8月第1版
印　　次：2018年8月第2次印刷
书　　号：ISBN 978-7-5533-2234-6
定　　价：48.00元

天猫1店　天猫2店

编委会

中国共产党人的初心和使命，就是为中国人民谋幸福，为中华民族谋复兴。这个初心和使命是激励中国共产党人不断前进的根本动力。全党同志一定要永远与人民同呼吸、共命运、心连心，永远把人民对美好生活的向往作为奋斗目标，以永不懈怠的精神状态和一往无前的奋斗姿态，继续朝着实现中华民族伟大复兴的宏伟目标奋勇前进。

——2017 年 10 月 18 日，习近平在中国共产党第十九次全国代表大会上的报告

不忘初心，牢记使命，就不要忘记我们是共产党人，我们是革命者，不要丧失了革命精神。昨天的成功并不代表着今后能够永远成功，过去的辉煌并不意味着未来可以永远辉煌。时代是出卷人，我们是答卷人，人民是阅卷人。要实现党和国家兴旺发达、长治久安，全党同志必须保持革命精神、革命斗志，勇于把我们党领导人民进行了 97 年的伟大社会革命继续推进下去，决不能因为胜利而骄傲，决不能因为成就而懈怠，决不能因为困难而退缩，努力使中国特色社会主义展现更加强大、更有说服力的真理力量。

——2018 年 1 月 5 日，习近平在学习贯彻党的十九大精神研讨班开班式上的讲话

目　录

第一部分　救国救民立初心

第二部分 奋斗奉献为初心

第三部分 流血牺牲殉初心

第四部分　殷殷嘱托留初心

第一部分

救国救民立初心

中华民族是一个有志气的民族。为了探求救亡图存的正确道路，中国的先进分子带领中国人民始终坚持在苦难和挫折中求索、在风雨飘摇中前进，敢于挽狂澜于既倒、扶大厦之将倾，表现出了百折不挠的英雄气概。

——2013 年 12 月 26 日，习近平在纪念毛泽东同志诞辰 120 周年座谈会上的讲话

一百年前，十月革命一声炮响，给中国送来了马克思列宁主义。中国先进分子从马克思列宁主义的科学真理中看到了解决中国问题的出路。在近代以后中国社会的剧烈运动中，在中国人民反抗封建统治和外来侵略的激烈斗争中，在马克思列宁主义同中国工人运动的结合过程中，1921 年中国共产党应运而生。从此，中国人民谋求民族独立、人民解放和国家富强、人民幸福的斗争就有了主心骨，中国人民就从精神上由被动转为主动。

——2017 年 10 月 18 日，习近平在中国共产党第十九次全国代表大会上的报告

鸦片战争后，中国陷入内忧外患的黑暗境地，中国人民饱受战乱频仍、山河破碎、民不聊生的深重苦难。为了民族复兴，无数志士仁人不屈不挠、前仆后继，进行了可歌可泣的斗争，进行了各式各样的尝试，但终究未能改变旧中国的社会性质和中国人民的悲惨命运。作为中华民族的优秀儿女，包括雨花台烈士在内的老一辈中国共产党人，接续前人的探索奋斗，在救国救民的道路上跋涉前行。他们中的许多人，出生于19世纪与20世纪之交，在伟大民族精神和中华优秀传统文化的熏陶下，从青少年时期起便拥有了深深的家国情怀。五四运动前后，他们接触并接受了马克思主义，从而认清和把握了时代前进的方向，找到了改变中国社会面貌的正确道路，确立了共产主义远大理想和创建社会主义新中国的奋斗目标，走上了为中国人民谋幸福，为中华民族谋复兴的奋斗道路。从此，这一人生道路的选择，成为他们坚定的理想信念，进而引领他们在中国革命的漫漫长夜中艰辛探索、执着前行、浴血奋斗、英勇献身，最终成就了中国革命最后胜利、建立中华人民共和国的宏图大业。雨花台烈士探索救国救民道路留下的足迹和心声，为我们站在历史的高度感悟和认识党的初心，弄清党“为什么出发”提供了清晰的答案。

为民族的生存与尊严计，何如奋斗而死

——邓中夏

邓中夏，1894 年出生，湖南宜章人。中国共产党创建时期的重要领导人，中国工人运动的杰出领袖，无产阶级革命家、理论家。1920 年在北京加入共产党早期组织。1933 年 5 月到上海法租界环龙路骏德里 37 号，与互济总会援救部部长研究工作时被捕，被关押在法租界巡捕房，因叛徒出卖身份暴露，被引渡到国民党上海市公安局看守所，9 月转押至南京宪兵司令部看守所，同月牺牲。

我们为民族的生存与尊严计，不奋斗亦死，与其不奋斗而死，何如奋斗而死。

这是 1926 年 8 月，中国工人运动杰出领袖邓中夏在《一年来省港罢工的经过》一文中提及的一段文字。这段文字充满了近代以来中华民族反抗帝国主义侵略、争取独立自由解放的不屈意志，表现了邓中夏以拯救国家、再造中华为己任的铁一般的使命担当。

1925 年 5 月 15 日，上海内外棉七厂的日本资本家枪杀工人代表、共产党员顾正红，打伤工人十多人。日本帝国主义的暴行，激起上海工人、学生和广大民众的极大愤慨。

5 月 30 日，上海工人和学生在租界的繁华马路进行宣传演讲和示威游行，租界的英国巡捕在南京路上先后逮捕 100 多人，并突然向密集的游行群众开枪射击，当场打死 13 人，伤数十人，制造了震惊全国的五卅惨案。

中国人民长期淤积的对帝国主义侵略的仇恨，经过五卅惨案的触发，像火山一样迸发出来。在中国共产党的领导和推动下，五卅运动的狂飙迅速席卷全国。

为声援五卅运动，1925 年 6 月上旬，中共广东临时委员会指派邓中夏、苏兆征等组成的党团委员会到香港组织罢工。邓中夏以中华全国总工会秘书长兼宣传部长的身份，广泛会见各工会领导人，晓以民族大义，鼓励他们爱国不分先后。在《一年来省港罢工的经过》一文中，邓中夏指出此次罢工“不是什么增加工资，减少时间，改良待遇之经济斗争，而是为争民族生存与国家体面之政治斗争”。此文同时指出省港大罢工宣言大意为：“中国自从鸦片战争之后，帝国主义除了经济的、政治的、文化的侵略以外，还要加以武力的屠杀，是而可忍，孰不可忍！故我全港工团代表联席会议，一致决议与上海、汉口各地取同一之行动，与帝国主义决一死战。我们为民族的生存与尊严计，明知帝国主义之快枪、巨炮可以制我们的死命。然而我们亦知中华民族奋斗亦死，不奋斗亦死，与其不奋斗而死，何如奋斗而死，可以鲜血铸成民族历史之光荣。所以我们毫无畏惧，愿与强权阶级决一死战。”

6 月 18 日，中华全国总工会下达罢工令，“以制帝国主义者死命”。第二天，大罢工爆发了，震惊世界的省港大罢工由此拉开序幕。

谋取中华民族的独立自由和解放，是邓中夏这位中国共产主义先驱者一生矢志不渝、奋斗追求的目标。

邓中夏，1894 年出生于湖南宜章的地主官宦家庭。他出生的那年是第一次鸦片战争爆发后的第 54 年，出生的当年中日甲午战争爆发。从 1840 年中国被迫签订第一个丧权辱国的不平等条约《南京条约》到 1895 年签订割地赔款的《马关条约》，中国一步步沦为半殖民地半封建社会。邓中夏自幼饱读诗书，在传统爱国思想的激励下，培育起救国救民的志向。1911 年，邓中夏入宜章县高等小学，恰逢辛亥革命爆发。他目睹了这场革命的潮起潮落，更为民族的前途担忧。在宜章中学读书时，邓中夏就曾写下“回忆满清帝制毒，何时淘汰旧恨休？”的诗句，表达了忧国忧民的情怀。

1915 年，邓中夏考入湖南高等师范文史专修科，当时杨昌济先生在此兼职教书。就在杨昌济的家里，蔡和森介绍邓中夏认识了毛泽东。毛泽东当时在省立第一师范读书，是杨昌济的得意门生，也常去杨昌济家里求教。共同的师长、相同的志向、相仿的年纪，使邓中夏和毛泽东一见如故。他们一起聆听杨先生的教诲，共同探讨治学的方法，“以爱国相砥砺，以救亡为己任”，很快便成为最真挚的朋友。

在北京大学读书时的邓中夏

1917年，邓中夏考入北京大学中国文学门。

此时内忧外患、灾难深重的中国正经历着深刻的变革,酝酿着新的革命风暴。作为这场革命风暴的前导，新文化运动在民主和科学两面大旗的指引下，向封建主义思想文化发起前所未有的猛烈进攻,从而打开了遏制新思想涌流的闸门。

当年的北京大学，正是新文化运动的中心，新旧文化、新旧思潮的汇聚和激烈斗争的地方。新文化运动的倡导者、主将陈独秀和李大钊等著名人物在此任教和工作，由此带来新思想在北大的广泛传播。新旧思想在北大的急剧斗争，激发了北大学生的爱国热情和强烈的历史责任感。

就读北大之初的邓中夏，具有仇视帝国主义、不满黑暗现实的救国救民思想。但总的说来，他还是一个受传统思想影响较深的旧式知识分子，仍然想循着通“古”，然后入仕这一条过往知识分子成才的典型途径前行。但是，这种状况没有持续多久。很快，他的志趣就发生了变化。邓中夏开始猛醒了，毅然跳出古书堆，以极大的热情和精力学习、研究新思想，从中寻求救国救民的真理。邓中夏明确表示，在这种大变革的时代，继续关起门来啃古书，是不能解决实际问题的。他开始大量阅读新出版的书籍和杂志，学习、研究新思想，而且投身于爱国运动之中。卷入新文化运动的大潮，特别是李大钊的道义、文章的熏染，使邓中夏明白了“新时代的青年”的社会责任和历史使命。

1918 年 5 月，北京两千多名大学生举行游行示威，抗议段祺瑞政府与日本签订《中日共同防敌军事协定》，反对日本占领青岛。这是近代中国学生第一次大规模的有组织的游行请愿运动，对其后反帝反封建的学生爱国民主运动的兴起，产生了很大影响。邓中夏就是这次运动的组织者和领导者之一。事后，他又参与组织了近乎全国性的学生团体——学生救国会，并被选为负责人之一。当时学生救国会创办了《国民》杂志。邓中夏既是杂志的主要创办人，又是杂志的编辑，宣传爱国思想，反对帝国主义侵略。他从前人诗作中集成一联曰“清操厉冰雪，赤手缚龙蛇”，以此表达对高洁品质和勇敢精神的追求。

1919 年 5 月初，巴黎和会把德国在山东的特权转让给日本。中国外交失败的消息传到北京后，群情愤怒、奋起反对。邓中夏、高君宇、黄日葵和许德珩等积极发动学生，5 月 3 日晚，各大专院校代表与北京大学全体学生在北大礼堂开会，决定 4 日举行请愿示威游行。于是席卷全国的五四反帝爱国运动的风暴爆发了，工人、农民和知识分子最终汇入五四运动的洪流。迫于压力，出席巴黎和会的中国专使最终拒绝在合约上签字。

五四运动以极大的爱国热情，唤醒了中国人民，也使邓中夏进一步认清了帝国主义的侵略本质，看到了蕴藏在中国人民中的伟大力量，从而使他走出了改良主义的迷途，开始探索新的救国救民之路。

就在此时，马克思主义在北大的率先传播，使探索中的邓中夏受到了极大的鼓舞和启发，为他提供了新的思想武器。

五四前夕，李大钊就开始了对马克思主义的初步介绍，发表了《法俄革命之比较观》《庶民的胜利》等文章。在李大钊的重要启蒙下，邓中夏初步接受了马克思主义，感觉触摸到拯民族于危难、救人民于水火的良方。

1920 年 3 月，在李大钊的具体指导下，邓中夏、高君宇等人秘密发起组织成立马克思学说研究会，这是中国最早的学习研究马克思主义的团体。他们把一起系统研读马克思主义学说的小屋亲切地称为“亢慕义斋”，取义于“共产主义”的德文音，把博大精深的马克思主义学说和中国文明典雅简洁地结合在一起。当年“亢慕义斋”点燃的“共产主义”火种在无数革命者的心田里燎原。

1920 年底，在学到马克思主义一些基本观点后，邓中夏即率先到长辛店筹办劳动补习学校，到次年 5 月便成功发动、组织了“一个中国空前未有的真正的工人群众的示威游行”，并在此次大会上正式宣告真正的工会成立，其名为“长辛店工人俱乐部”。

1920 年，李大钊、邓中夏等成立共产党北京早期组织，当时取名为“共产党小组”。

同年秋天，邓中夏以优异成绩从北京大学中国文学系毕业。他放弃了出国的机会，也拒绝了父亲给他在北洋政府找的待遇优厚的工作。他明确对父亲表示“我要做公仆”。

这期间，邓中夏曾在《宜章之光》上发表《绅士与学生》一文，以忧国忧民的深情，首先揭露了灾难深重的中国现状：“刀兵水火接踵至，内忧外患一齐来，举国人心惶惶，莫知死所。”接着，他提出了一个发人深省的问题：“外国有枪炮，我们枪炮也造得够了，何以有甲午之败？外国有政法，我们的民主共和招牌也挂了好几年了，何以有今日之危？”文章以马克思主义作指导，从根本上回答了这个问题，指出：造枪炮也好，挂民主共和的招牌也好，“这些都是表层上做工夫，而没有从根本上做起哩”！他强调“社会改造为中国救亡之唯一妙策”。

邓中夏是从爱国主义到激进民主主义向共产党转变的光辉典范。在北大求学期间，邓中夏确立了为民族求独立、为人民求解放的宏伟志向，进而自觉确立马克思主义的坚定信仰。这篇文章就为此提供了一个生动的注脚，清晰地揭示了他在五四时期思想嬗变的发展脉络。

从长辛店出发，邓中夏历经共产党的创建、第一次工运高潮、大革命风暴。在总结革命斗争经验教训的基础上，邓中夏就中国革命的动力、对象和道路也进行了艰辛的探索。他参与制定了党的民主革命纲领，较早提出了中国工人阶级是中国革命领导阶级的光辉思想，同时指出：“国民革命是无产阶级解放运动之必要的初步”“帝国主义和封建军阀尤其是我们目前最厉害的两个仇敌”“只有解除内外压迫，实现一个自由独立的真民主国家，是中国革命的唯一的出路”“打倒这两个最厉害的敌人，得到初步解放，再进实行社会革命得到全部解放”。中国工人阶级必然是也应当是中华民族解放的“急先锋”。

作为中国共产党初创时期的重要领导人，邓中夏一直战斗在中国革命的最前沿。1921 年 8 月，中国劳动组合书记部在上海成立，邓中夏担任北方分部主任，负责领导北方工人运动；1922 年 8 月，他直接参与领导了

邓中夏（左四）与省港罢工委员会所属纠察委员会委员合影

长辛店铁路工人大罢工；1922年10月，他参与领导了开滦五矿大罢工；1923年，参与发动了京汉铁路工人大罢工，1200公里铁路停运，全线2万余工人参加罢工；1925年，组织发起了上海日本纱厂反日大罢工，22家纱厂、4万余工人参加罢工；1925年6月，他与苏兆征等人一起组织、发动了省港大罢工。

省港大罢工是邓中夏一生写下的最为灿烂的篇章之一，在中华民族解放斗争史上留下了光辉的一页。在省港大罢工取得胜利后，邓中夏在《新努力》文章中就写道："现在我们革命的历史又翻过一页了。这一页将要描写些什么我们敢预先肯定的说，是我们更大的努力，更大的牺牲，和更大的成功。""中国一日不得自由独立，我们的责任未尽。""工友们新的革命时期开展了，要我们斑斑的鲜血染成灿烂的中华民族解放的历史，我们努力呵！"

大革命失败后，邓中夏调任中共中央秘书长。他参加了中共中央为挽救革命在汉口召开的八七会议，会上，当选为临时中央政治局候补委员。在陈延年、赵世炎等相继牺牲后，1927年邓中夏担任中共江苏省委书记。1928年2月，他又接任中共广东省委书记。1928年6月，邓中夏赴莫斯科参加中共第六次全国代表大会。会后，任中共中央驻共产国际代表团成员。1930年，邓中夏回国，担任中共湘鄂西苏区特委书记和红二军团政治委员。

1933年5月15日，邓中夏在上海法租界被捕。在酷刑审讯面前，邓中夏坚贞不屈。参与审讯的一位国民党要人曾问他，你这样强硬，难道不想出去，不想获得自由吗？邓中夏回答："我未进来之前，倒想到有一天会进来，现在进来了，倒从未想到要出去！"他在南京国民党宪兵司令部看守所监狱的墙壁上写下"伫看十年后，红花开满地"的诗句，表达了对崇高理想的执着坚守和无限憧憬。

邓中夏是中国共产党创立时期的重要领导人，他的家庭出身、个人经历、斗争实践和崇高精神，是早期共产党人形象的一个集中代表。在他们心中，推翻帝国主义、封建主义的黑暗统治，拯救灾难深重的国家和水深火热之中的人民，就是生命的全部。邓中夏 1928 年在共产国际工作时，在档案表格的专业或职业一栏里，用俄文工整地填着自己的职业——职业革命者。这是那个时代才有的称谓，也是共产党人伟大胸襟的生动写照。

国不可不救

——恽代英

恽代英，1895 年出生，祖籍江苏武进，出生于湖北武昌。中国共产党创建时期的重要领导人，著名的政治活动家、理论家、青年运动领袖。1921 年加入中国共产党。1930 年 5 月在上海前往老怡和纱厂联系工作时被捕，1931 年 2 月解来南京，4 月牺牲。

恽代英

国不可不救。他人不肯救，则惟靠我自己。他人不能救，则惟靠我自己。他人不下真心救，则惟靠我自己。

这是五四运动期间，即1919年5月19日恽代英日记中的一段文字。那时，中国共产党尚未成立，但中国人民为实现民族复兴的斗争，已经如火如荼地进行了近80年。在这一进程中，延续数千年的爱国主义、民族气节、社会责任感、建设“大同世界”的理想、自强不息的奋斗精神、不屈不挠反抗外敌和强权的斗争传统，也就是被称为国脉民魂的中华优秀传统文化和伟大民族精神，始终激励和鼓舞着有志于救国救民的人们。在众多探索者和追梦者中，一部分先进分子敏锐把握时代前进方向，抓住五四前后的重大历史机遇，开始了通过实现马克思主义中国化除旧布新的伟大历程，他们中的许多人便是此后不久诞生的中国共产党的创始人和早期党员，恽代英就是他们中间的重要成员。

恽代英，祖籍江苏武进，1895年出生于湖北武昌一个书香门第。他出生的那一年正是丧权辱国的《马关条约》签订之年。鸦片战争后，在西方国家炮舰的威胁下，中国开始丧失独立的地位，沦为半殖民地半封建社会。1894年至1895年的中日甲午战争，洋务派苦心经营的中国新式陆海军完全溃败；战后签订的《马关条约》，中国被迫割弃台湾；向日本支付2.3亿两白银的巨额赔款（其中3000万两是作为赎回辽东半岛的偿金）；日本还得到了西方列强在华已有的一切特权。甲午战争的失败进一步暴露了清政府的腐败无能和中国的积贫积弱，加剧了帝国主义对中国的掠夺，迅速把中国推向濒于瓜分的境地。

恽代英在武汉长江边长大，一部近代中国屈辱史给少年时代的恽代英留下了深刻的印记，十三四岁的恽代英已开始萌发朴素的爱国情怀。他经常吟诵维新志士谭嗣同的七绝：“望门投止思张俭，忍死须臾待杜根。我自横刀向天笑，去留肝胆两昆仑。”以此来抒发自己的爱国情感，并开始思索中国落后的根本原因。1927 年 1 月 8 日，恽代英就曾回忆说“我常回想到在我十三四岁的时候，所想象的只是‘中流击楫’‘揽辔澄清’的人格”。

1911 年（农历辛亥年）10 月 10 日，湖北革命团体文学社、共进会在同盟会的推动下，以湖北新军为主力发动武昌起义，并迅速获得成功。

辛亥革命后不久，16 岁的恽代英便向武昌起义后新建革命政权的第一家政府报纸《中华民国报》投稿，欢呼这场革命。但是辛亥革命发出的一线曙光，转瞬之间就被北洋军阀的黑暗统治所湮没。

目睹辛亥革命流产后空前的民族危机、社会动荡不安和人民流离失所的状况，恽代英救国救民的心情更加迫切。中国向何处去？他开始探索这条既伟大又艰辛的道路。

1913 年，恽代英以优异成绩考入武昌中华大学预科。1915 年转入本科学习时，秉持“学一门认识世界、改造社会的学问，以尽我人子之劳”的理念，他选择了哲学。当看到国难当头，而莘莘学子中，有的消沉悲观，有的颓废堕落，有的因家室妻儿所累，不得不苟且偷生。这些状况像火炙着他的心，使他焦虑不安。怎样唤起同学少年爱国之心，肩负起救国的重任？1917 年秋，他组织了具有强烈爱国精神的进步团体“互助社”，其章程规定了“不谈个人得失”。每次开会时全体社员同声宣读他写就的《互励文》：“我平心静气，代表我们大家说，以我们的良心做见证。我们今天来，报告了、商量了一切事情。我们所说的，都是出于我们的真心。我们都晓得：今日我们的国家，是在极危险的时候，我们是世界上最羞辱的国民。我们立一个决心，当尽我们所能尽的力量，做我们所应做的事情……不应该忘记伺

1918 年 6 月，互助社成员在武昌合影，恽代英（前排左三）、林育南（前排左四）、刘仁静（前排左六）

候国家、伺候社会。”

随着年龄的增长，知识的积累，他开始探究人生问题，1917 年，他在《我之人生观》中提出了人生之目的在于“利社会、利国家、利天下”的人生观思想，把个人的抱负同国家、民族的命运相联系。

出于历史使命感和社会责任感，在探索救国救民的道路上，恽代英特别强调实行，他说“我们中国人的一个大毛病，便是嘴巴会说，实地不肯做出来”。

1918 年 11 月，恽代英发表《力行救国论》，指出救国不在空谈，贵在力行：“吾意今日欲救国家，惟有力行二字。力行者，切实而勇猛之实行是也”“不力行，则能力不能切实而增长；不力行，不能有明确之责任心；不力行，不能有容异己者之量；不力行，不能感化他人而联络同志”，这便不能“为国家社会效丝毫之力”。

当先进思想的中国人终于认识到，仅仅靠西方政治制度的移植难以救中国，1915年以《青年杂志》（后改名为《新青年》）的出版为标志兴起的新文化运动，使20世纪初的中国，开始经历一场深刻的思想革命。

这场伟大的思想运动对渴求救国救民真理的恽代英影响深远。他带着欣喜的心情给陈独秀写信，表达自己敬仰的心情，还不断在《新青年》上发表文章。恽代英成为武汉地区新文化运动的代表人物。他曾说他很喜欢看《新青年》《新潮》，因为这些杂志是“传播自由、平等、博爱、互助、劳动的福音的”。

五四运动后，中国的先进分子从俄国十月革命的启示和西方资本主义国家的社会政治危机中，敏锐地感受到世界历史潮流的深刻变化。马克思主义在中国进一步传播，加速了恽代英探索救国救民真理的步伐。

恽代英应陈独秀之约，翻译了考茨基的名著《阶级争斗》，并由新青年社出版。这部译作对毛泽东、周恩来、董必武等确立马克思主义信仰都产生过深刻的影响。

1920年，他在武昌成立利群书社，致力于介绍新文化、新思想。同年，长沙文化书社成立后，毛泽东曾请恽代英作信用介绍，方便书社向外埠购书。这两个书社关系甚密，成为盛开在中国宣传新文化和新思想的并蒂莲。

为探索救国救民的真理，恽代英对各种思想流派进行过研究。无政府主义、新村主义先后吸引过他，一度被他奉为救国救民的良方。然而残酷的现实告诉他，和平改良是一条死路。恽代英总结自己痛楚的教训后得出结论：“世界全部的改造”“才是各种问题的根本解决”。旧社会的罪恶，都是“不良的经济制度所构成”的，“舍改造经济制度，无由改造社会”。恽代英深刻指出：“若我们一天天走受掠夺的路，却谈甚么无政府主义，这只是割肉饲虎的左道，从井救人的诬说。”因此，若要救国，根本的出路就是彻底改革我国的经济制度，只有这样“中华民族乃能独立，中华民族的精神，乃能完全恢复常态”。

1921 年 7 月，恽代英与林育南召集受利群书社影响的 24 位进步青年在湖北黄冈开会，宣布成立具有共产主义性质的革命团体共存社，其宗旨是“企求阶级斗争、劳农政治的实现，以达到圆满的人类共存为目的”。

从此，他坚定地选择了信仰马克思主义。同年，他加入中国共产党，全身心地投入到为实现中华民族独立、人民解放的斗争中。

1924 年，为纪念五四运动，恽代英在其主编的团中央机关刊物《中国青年》周刊上，发表《“自从五四运动以来”》的文章，号召有人心有血气的青年，保持、继续五四青年的精神，担负起救国的历史责任。

在主编《中国青年》期间，恽代英结合五四以来自己的思想转变过程，根据青年学生的思想特点，用最通俗易懂的语言让广大青年认识马克思主义的科学思想，为青年学生指明正确方向。他把自己的一腔救国救民的激情倾注到青年身上，用文章、演讲，教育引导广大青年投身救国救民的革命洪流，到被压迫的群众中去，为他们的利益而斗争，成为民族解放的先锋战士，为中国前途开一个新纪元。他指出：“在我们的今天，不是自动地以热血为人类奋斗，便只有被动的受强邻的自由宰割。我们已经是立在背水之阵上了呢。再退缩下去，便只有一条死路。还有人气的青年，上去罢！只有奋斗可以给你们的生路，而且亦只有奋斗可以给你们的快乐。”他呼吁：“我们拥护中华，拥护中华，救它的危亡，就是救我们自己的危亡，图它的兴盛，就是我们自己的幸福。”

这是他向青年发出的泣血邀约，更是他自身的模范行动。

在需要热血筑梦中国的革命征途上，恽代英始终以共产党员的身份冲锋在民族独立、祖国解放战线的最前列。

恽代英烈士生前有两段话，极为经典地传达了他的革命理想和坚定信念。一段话是他在广州起义面临失败的严峻时刻，对时任警卫团连指导员的陈同生说的：“年轻人，要有决心干30年革命，那时你还不过50岁，接着再搞30年的建设，你不过80岁。我们的希望，我们的理想社会主义、共产主义恐怕也实现了，那时世界多么美妙！……为了我们最崇高的理想，我们是舍得付出代价的。”还有一段话是他遭受王明路线排挤，在上海从事党的基层工作时，对随他艰难度日的妻子沈葆英说的：“我们是共产党人，我们视王侯如粪土，视富贵如浮云，我们要安贫乐道，这个道就是共产主义的理想，为了实现这个理想，我们情愿吃苦，我们今天吃苦，就是为了我们的后一代能够享福。”

恽代英这两段话是在大革命失败后、党的事业处于低潮、个人境遇处于低谷的背景下，对战友和亲人说的，发自肺腑、出于真诚。中华人民共和国成立后，陈同生和沈葆英还记得这些话语，并把它传达给了后来的人们。那是中国革命的航船濒临颠覆的严峻时刻，面对强大的敌人，有人退缩了、消沉了，还有的人逃跑了、叛变了，只有像恽代英这样对理想有着高度自觉的人，才能在这样的历史场景中，表现出非凡的勇气和信心。

1930年5月6日，恽代英在杨树浦韬明路附近的老怡和纱厂门前等人时不幸被捕；次年2月，被转押到南京江东门外中央军人监狱关押。当他的身份暴露后，蒋介石闻讯，特意让表弟王震南带了一张恽代英在黄埔军校时期的照片前来劝降。王震南对恽代英说：“你是国民党中央执行委员，是中国青年的领袖，是国家的杰出人才，我们很器重你，你能回来工作，绝不会亏待你。”恽代英的回答是：“我是共产党员，必须革国民党反动派的命。这就是我现在的庄严任务。”威胁和利诱，都不能使恽代英屈服，蒋介石下达了“立即就地枪决”的手令。1931年4月29日，恽代英在南京国民党中央军人监狱被害，为自己心中的伟大理想献出了生命，时年36岁。

求人类底真幸福

——施滉

施滉，1900 年出生，云南洱源人。1927 年 3 月加入美国共产党。1933 年 7 月在北平艺专召开会议时被捕，解来南京，1934 年牺牲。

本互助和奋斗的精神，研究学术，改良社会，以求人类底真幸福。

1917年，清华园内的施滉如饥似渴地吸收新知识和新思潮。俄国的十月革命和《新青年》等进步书刊，打开了他的眼界。他积极关注内忧外患下风云激荡的中国社会。年少时期社会昏暗留下的思想烙印与当下忧国家之危亡、思社会之出路相互激发，施滉已经成为一个有抱负的青年。

为维持在校费用，施滉在图书馆当学生助理员，但勤工俭学并未影响他对社会活动的热情。1919年五四运动爆发，施滉积极投身其中，成为清华学生领袖之一，参加游行被军阀当局逮捕并关在北京大学法学院教室。经过五四运动，中国思想界一片繁荣，这为解决中国社会问题提供了诸多选择路向。在各种思潮涌入的清华学校，施滉起初力求通过互助路径以及道德自律来改良社会，逐步解决中国面临的危机。为此，1920年，施滉等人将两年前为响应和宣传新文化运动组成的清华第一个进步社团“暑假修

1920年，施滉（前排右三）和唯真学会部分成员在清华学校合影

业团”更名为唯真学会，施滉当选为会长。该学会的宗旨为：“本互助和奋斗的精神，研究学术，改良社会，以求人类底真幸福。”

该学会通过的八项信条包括：“不说谎，不嫖，不赌，不酗酒，不吸烟，不贪污，不做军阀爪牙，舍私为公。”

施滉曾撰文呼吁学生的责任是改良社会，而改良社会亟须调查研究社会的实际情形，因此学会会员深入社会底层，开展活动。学会创办平民夜校和暑期平民学校，组织会员参加生产劳动，接触劳动人民，经常与人力车夫、赶毛驴的农民交谈，了解穷苦群众的生活状况。

面对黑暗社会，施滉的救国求索愈加深入。1923 年春，施滉等人在唯真学会成员内组织了一个秘密社团“超桃”。这是一个超越封建社会“桃园结义”的政治结合，它的宗旨是“政治救国”。“超桃”十分强调集体主义，有较严格的组织纪律。为了集中意志，统一思想和行动，大家公认施滉为领袖。他们要以政治途径去改造社会，为达此目的，失败、坐牢，甚至牺牲也在所不惜。这是施滉等人选择走上政治救国道路的初始。同年秋，施滉当选为清华学校学生会会长后，“超桃”在清华各类学生活动中起着核心作用。

在清华期间，施滉在《清华周刊》上发表系列文章，其中大多表现施滉对中国问题的关注和对改造社会的热忱。当时的中国社会是一个怎样的社会？学生对于社会应该有怎样的责任？施滉提出：“现在的社会，不良的社会，是有病的社会。我们要想为社会谋幸福，我们就要改变不良的社会，为社会[改变]有病的社会为无病的健康的社会。为改良社会，所以学生对社会应该负改良的责任。因为学生对于社会应该负改良的责任，所以学生对于社会的情形，应该要时时留意。”

如何改良社会？施滉提出了学生改良社会的具体办法，即在调查、研究、批评的基础上实行改良。

1926年秋，在美国留学的施滉取得了斯坦福大学东方史专业学士学位，并开始攻读硕士学位。施滉的论文选题定为《孙中山评传》，这让所有人大吃一惊！以中国问题为硕士论文选题，在当时的美国历史学界确乎是一种“不入主流”且“特立独行”的学术选择。当时的中国留学生在撰写硕士、博士论文时大多以外国问题为选题，施滉却不苟同于俗，致力研究中国的问题。

从施滉的硕士论文选题，可以看出他对本国问题的执着关注。正如施滉的同学和战友冀朝鼎回忆到：施滉“着力研究中国问题，这说明他身居外国，却有浓厚的爱国民族感情”。

施滉于1928年7月在斯坦福大学获得硕士学位后，其学位论文《孙中山评传》得到了导师脱李特博士的赞赏，并同意介绍给一家出版社出版。但师生之间的一次讨论，使事情发生了变化。脱李特博士认为美国没有殖民地，不是帝国主义国家，他以拥有殖民地作为评判或衡量帝国主义国家的唯一标准。虽然脱李特博士是美国东方史学权威，但施滉并未退缩，他以“吾爱吾师，吾更爱真理”之道德勇气，凭借炽热的民族主义情感和实证主义学术风格，列举了美国侵略的大量事实有力地论证反驳，否定了脱李特的“殖民地论”。但此后，脱李特再也不提施滉的论文出版事宜了。施滉的《孙中山评传》是中国人为孙中山逝世三周年撰写的最早的文章之一，全文长达300多页，史料尤为翔实，参考和征引当时中外一些国家的原始资料109种。这篇论文在斯坦福大学档案中深藏了近70年之久。

1925年暑假，适逢国内中国共产党领导的五卅运动在重重困难中继续发展着，参加了五卅运动的“超桃”绝大多数成员抵美。在施滉的主持下，“超桃”的七个成员在伯克利举行会议，会议分析了国内形势，对国民党和共产党进行了客观的比较和分析。尽管他们当时并不清楚两党分别代表哪些阶级的利益，但凭着敏锐的观察，他们认为与国民党相比，共产党敢于斗争，革命比较彻底，“不仅彻底反帝反封建，还同情和支持被压迫民族的解放斗争，要解放全人类”。

1927年3月，施滉毅然参加了美国共产党，成为中国留美学生和旅美华侨中第一批党员之一，“超桃”成员也先后参加美共。美共秘密成立了美国共产党中央中国局，在中国局第一次代表大会上，施滉被选为中国局书记。不久，蒋介石发动四一二反革命政变的消息传到大洋彼岸的美国，部分昔日革命者开始游离于革命阵营，徘徊和观望成为一部分人的政治态度。刚入党不久的施滉则显现了革命者的执着：根据形势需要，他以个人名义先后撰写并发表10篇宣言，揭露和声讨蒋介石叛变革命的罪行。对此，国民党反动政府三次通缉施滉，并在美国对他跟踪、监视，还搜查了他的洱源老家。面对日益艰险的环境，施滉的革命意志愈加坚定，他领导美共

1926年，施滉（三排左四）在美国斯坦福大学与校友合影，照片右下角是他的英文题字

中国局围绕促进中国革命这一中心任务积极有效地发展组织、开展活动，他的革命足迹遍及美国东西部各大城市。施滉还奉命在美洲的古巴、加拿大华侨中进行了诸多革命活动，尤其是不畏艰险扩建了党的组织。1929年，施滉到向往已久的苏联首都莫斯科担任翻译工作，并系统地学习了马列主义理论。

1930年秋，正当国内革命斗争形势异常严峻之时，施滉又毅然选择回到阔别6年的祖国。他先后在上海中共中央特科秘书处、中共中央翻译科工作。1931年4月，组织派施滉去香港海员工会任秘书，在蔡和森领导下开展工作。6月，施滉与蔡和森等同志一同被捕，蔡和森不久牺牲，施滉仍被关在香港监狱里，这是他第一次入狱。后来，党组织利用施父在香港一富人家做家庭教师的关系设法营救，施滉才得以出狱。

从香港出狱后的施滉在上海做工会工作，不久又被派往北平。1931年4月，河北省委遭到破坏，多人被捕。施滉临危受命，于11月担任河北省委委员、代理书记兼宣传部长，1933年3月担任河北省委书记兼宣传部长。期间，施滉以北平艺专教员身份积极从事地下工作。同年，施滉与其他13位同志在北平艺专开会，因为叛徒出卖被反动军警包围，不幸被捕。施滉坚贞不屈，被解来南京，次年壮烈就义。

1949年4月29日，清华校友为施滉所建的汉白玉纪念壁碑上镌刻着：

他是清华最有光荣的儿子
他是清华最早的共产党员
他为解放事业贡献了生命
施滉的革命精神永垂不朽

爱国热血不可消，救国苦衷不可灭

——陈原道

陈原道，1902年出生，安徽巢县人。1925年加入中国共产党。1933年1月在上海组织失业工人请愿示威时被捕，解来南京，4月牺牲。

身可杀，而爱国热血不可消；头可断，而救国苦衷不可灭！

1923年3月14日，日本帝国主义拒不交还租期已到的旅顺、大连。消息传到芜湖，作为芜湖爱国学生领袖，陈原道挥笔疾书写下了一篇反日爱国文告，疾呼："国家贫富，兵戎强弱，固视乎国民心之热忱何如，而亦视乎国民心之坚持与否耳。苟坚持之，小利不能动其心，私欲弗克夺其志。身可杀，而爱国热血不可消；头可断，而救国苦衷不可灭！"号召芜湖各界民众以爱国之心投入反日爱国斗争，掀起了江城新的反帝爱国热潮。

陈原道出生于1902年，可以说是20世纪中国的同龄人。中华民族是背负着八国联军占领北京、被迫与西方列强签订《辛丑条约》的巨大屈辱跨进20世纪门槛的。这时，中国已经完全堕入半殖民地半封建的深渊，国家积贫积弱，人民饥寒交迫，并且面临着亡国灭种的威胁。"救亡图存"的呐喊，回荡在世纪之交的中华大地上，显得格外痛切。

1911年，受辛亥思潮的影响，在私塾读书的9岁的陈原道就和同学一起，毅然剪掉辫子。

1919年夏，陈原道从家乡的龙华高等小学考入安徽省立第二甲种农业学校。此时，他已经是一个满怀爱国思想、忧国忧民的热血青年。在芜湖"二农"读书期间，他写下《重农说》，提出"农为立国之本"，倾注了对农民苦难的同情。

在《顾亭林先生谓天下兴亡、匹夫与有责焉论》一文中，陈原道则写道："若顾亭林先生谓天下兴亡，匹夫有责。此之谓也。噫！先生诚洞民情，识时务之伟人耳。不特当时之格言，亦今日之模范也。况我国处此竞争剧烈之世，鹰瞵虎视之秋，政教险恶，弱帑达于极点。苟人人效先生格

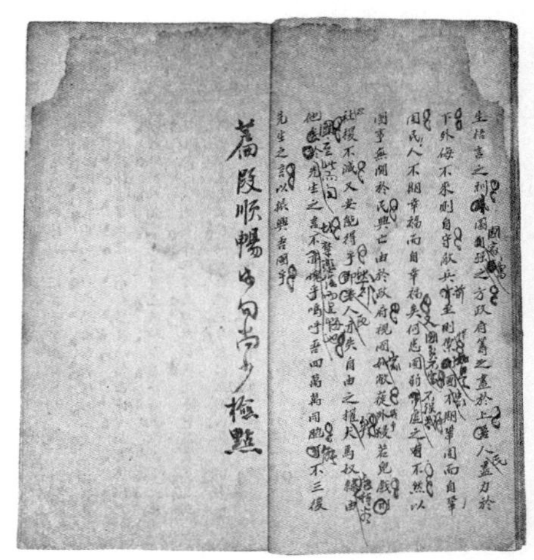
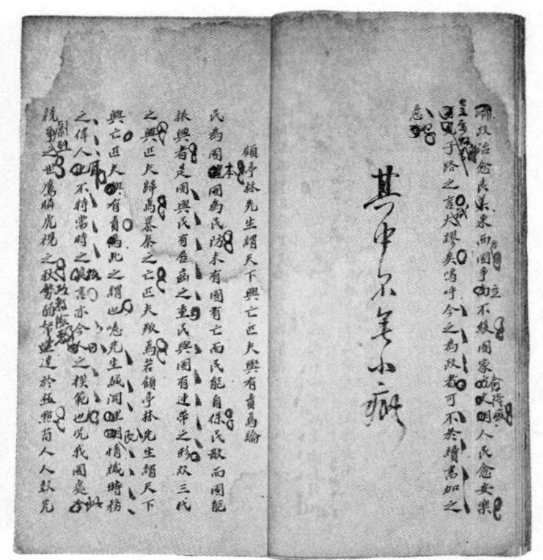

陈原道在安徽省立第二甲种农业学校读书期间写下的作文

言之训，图国家富强之方，政府筹划于上，人民尽力于下，外侮不来则自守，敌兵前至则悍御。如是国家不期巩固而自巩固，人民不期幸福而自幸福矣。又何患国贫不富，国弱不强哉？”

这表达了他要以天下兴亡为己任的伟大抱负。

他在《述来学之志愿》一文中，更是把这种抱负表现得酣畅淋漓：“余所以来此求学者，以冀中学毕业而入大学，由大学毕业而留学欧美。苟有所得，回国办事，首先交通，建筑全国铁路；次修武备，训练百万精军，与日本决一雌雄，以雪五月九日之耻，恢复我国昔日之损失者，此即余之志愿也。”

此时，陈原道才 17 岁，可谓壮志凌云。他还经常与同乡、后赴法勤工俭学的李慰农一起议论时政，共同以“问谁敢击中流楫，舍却吾侪孰与俦”相勉。

就在陈原道由龙华到芜湖刻苦学习，锤炼自己的修养品质的时刻，五四新文化运动正蓬勃于中国大地，社会主义学说和各种新思潮正深刻地影响着中国人民，尤其是他们当中的一大批具有救国救民抱负的先进分子。在进步教师萧三、卢仲农、沈子修等的支持下，他像久旱逢甘雨，如饥似渴地钻研五四以来宣传反帝反封建的文章和马克思主义著作，他还组织同学阅读赫胥黎的《天演论》、达尔文的《进化论》、卢梭的《民约论》以及拜伦、裴多菲等人的文学作品，特别是马克思、列宁、陈独秀、李大钊的著作和进步书刊《新青年》《每周评论》《晨报》副刊等。当时，恽代英、萧楚女常到陈原道所在学校讲学、宣传革命。陈原道深受影响，接受了马克思主义和新思想的洗礼。在革命思想的激荡下，他不断扬弃自己以往所抱的科学救国、农业兴国的观念，积极追求救国救民的真理。

随着思想认识的提高，陈原道开始积极地投入到实际的反帝反军阀的斗争浪潮之中。

1919 年秋，陈原道奔走呼号，促进芜湖各界联合会的成立，推动芜湖反帝爱国运动发展到一个新的阶段。

1921 年 6 月 2 日，安庆发生六二惨案。安庆学生和部分进步教师抗议安徽军阀倪道烺、马联甲削减教育经费以充军饷的行径，遭到反动军警的血腥镇压，致使 50 余人受伤，两人死亡。消息传到芜湖，激起了各界人士特别是学生的公愤。陈原道等发动和组织各校学生成立六二惨案后援会，召集有 2000 多人参加的追悼大会公祭被害学生，声讨军阀政府罪行，要求严惩凶手，抚恤被害学生家属，大会后进行了游行示威。

1921 年 7 月，中国共产党诞生。于是，有了第一次中国工人运动的高潮。

1922 年 3 月 21 日，芜湖黄包车工人为反对芜湖警察局增加牌照捐和车主增加车租举行罢工。陈原道和学联另一负责人薛卓汉（共产党员）领导芜湖学生联合会，勇敢地站到人力车工人一边。他们一面发起募捐，从经济上解决罢工工人生活上的困难，一面和工人一起向警察局据理力争，终于迫使警察局做出让步。在芜湖反帝反封建的斗争中，陈原道满怀激情，一直站在运动的前列。

经过工人运动的洗礼，抱着对国家民族命运的深深忧患和以天下为己任的壮志，陈原道在探索救国救民的道路上，开始认识到“农业兴国”“科学救国”的主张是行不通的，只有走十月革命的道路，中国才有希望。

1923 年，陈原道加入中国社会主义青年团，更加自觉地投入到为民族和劳苦大众解放的斗争之中。他和薛卓汉积极举办工人义务识字班、夜校和子弟小学等，在工人中普及文化知识，积极传播新思想、新文化，宣传俄国十月革命的胜利，为芜湖马克思主义学术研究会的成立奠定了基础。

1925 年，五卅运动的狂潮迅速席卷全国，成千上万的工人和学生涌上街头，汇入革命洪流。

陈原道以芜湖工会、学联、教员联合会作基础，联合其他各界人民团体和进步人士成立了芜湖各界五卅惨案后援会，发动群众连续三天举行大会和示威游行。他们还出版刊物，严厉声讨日、美、英等帝国主义的滔天罪行，声援上海工人的罢工斗争。

1925 年 6 月，陈原道赴上海参加中华全国学生联合会第七次代表大会，担任会议编辑，并由恽代英介绍加入中国共产党，找到了自己理想的归宿——共产主义。入党以后，陈原道将“革新”“割心”作为自己的别名、笔名，以此表达重整河山、再造中华的革命心愿和舍家为国、舍己为民的革命心志。

1925 年底，陈原道加入“盗火者”的行列，由党组织作为骨干力量派送到为中国革命培养干部的莫斯科中山大学深造，系统学习马克思列宁主义。

1929 年 2 月，陈原道回国到上海，先后担任中共江苏省委宣传部秘书

位于莫斯科沃尔洪卡大街的中山大学旧址

长、河南省委组织部部长兼秘书长，其间两次被捕。当他的家人为他的生命安全担忧时，他回答：你不干，我不干，四万万同胞就没有饭吃！他把自己的身体比作是一具“臭皮囊”，表示随时可以为民族的独立和人民的解放献出自己的生命。

1933 年，陈原道在南京雨花台英勇就义。1934 年 1 月，在江西瑞金召开的中华苏维埃第二次全国代表大会上，时任第一届临时中央政府主席的毛泽东在开幕词中，对陈原道与黄公略、赵博生、韦拔群、恽代英、蔡和森、邓中夏等在各条战线上、在敌人的枪弹下屠刀下光荣牺牲的革命烈士英名，表达了哀悼和敬仰。

陈原道烈士的革命经历表明，由同情百姓到追求人民解放，是革命年代共产党人普遍的心路历程和人生历程。马克思主义之所以为中国的先进分子所接受，就在于它契合了他们救国救民的理想追求，指明了实现这一崇高理想的正确路径。

天下有事，丈夫当以功济四海

——谭寿林

谭寿林，1896 年出生，广西贵县人。1924 年加入中国共产党。1931 年 4 月在上海恢复工会组织时被捕，解来南京，5 月牺牲。

今日之中国，正当多事之秋也。外有强邻之逼，内有剧寇之萌，使无人支柱其间，吾恐难保无陆沉之祸也。然而一国之大，人民之众，岂竟无一人焉，具经天纬地之才，抱旋乾转坤之志，出而拨乱反治于其间乎。昔马燧有言曰：天下有事，丈夫当以功济四海。

五四运动前夜，在中学读书的谭寿林写下了一篇题为《丈夫当以功济四海论》的作文。此时，辛亥革命的胜利果实在广西落到了以陆荣廷为代表的旧桂系军阀手里，在帝国主义和封建主义的双重压迫下，广西各族人民生活在贫穷、落后、动荡的苦难深渊，在漫漫长夜中挣扎。“天下有事，丈夫当以功济四海”，是谭寿林在这篇作文中抒发出来的担当天下、改造世界的宏伟志向。

谭寿林是广西早期党组织的主要负责人之一，也是全国工人运动的重要骨干，曾任全国总工会秘书长等重要职务。

1896年，谭寿林出生于广西贵港一个农民家庭，从小就感受到民族灾难的深重和人民生活的水深火热。少年时代的谭寿林，就对当时社会的黑暗十分不满。有一次，他看见桥圩公局（当时的乡镇政权机关）门口有一副对联：“公是公非行正道，局中局外结同心。”他摇头冷笑，随即用毛笔在上下联第三个字的右边分别点了一点，变成“公是公，非行正道；局中局，外结同心”。

1919年，五四运动的浪潮席卷全国。谭寿林积极投入这场伟大的革命运动中，写下了许多文章进行宣传，在《国耻当雪论》中写道：“呜呼，同胞乎，同胞乎，宁觍颜以忍耻乎，将奋发而图雪耻乎？宁使堂堂大国随印度、朝鲜、波兰并灭乎，抑欲与列强并峙，称雄于地球乎？则国耻固当急雪也。是耻之不雪，国何以强？”浩然之气、爱国之情，跃然纸上。

谭寿林不仅将满腔爱国热情挥洒在笔墨中，更是身体力行，积极投入到反帝反军阀的斗争浪潮之中。

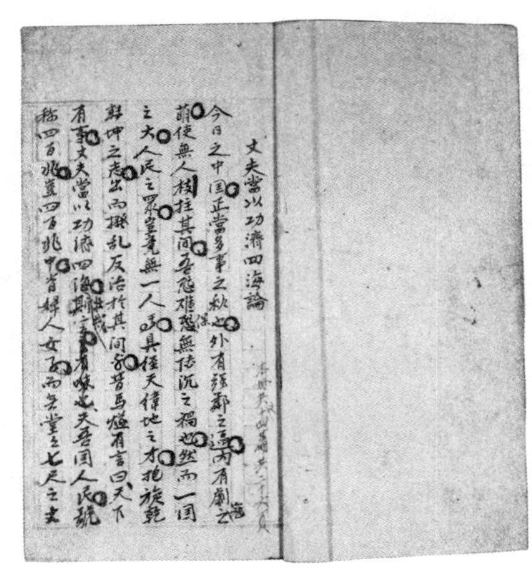

丈夫當以功濟四海論

今日之中国正當多事之秋也外有強鄰之逼內有亂之
萌使無人[illegible]拄其間吾恐難憑無底沉之禍也然而一国
之大人民之眾竟無一人焉具經天緯地之才挽旋乾
坤之志出而撥亂反治於其間昔馬援有言曰天下
有事丈夫當以功濟四海斯言[illegible]有味也夫吾国人民號
稱四百兆矣四百兆中皆婦人女子而無堂堂七尺之丈

谭寿林在广西贵县中学读书时写的作文《丈夫当以功济四海论》

谭寿林在贵县中学接到北京学生关于五四运动的通电后，积极响应，立即团结全县中小学，筹备成立贵县学生联合会，被推选为会长和出席广西省学生联合大会的代表。在省学联的代表会上，谭寿林起草的宣言，揭露了日本帝国主义从军事、经济、文化等方面侵略中国，以及反动军阀的卖国罪行；高度赞扬了北京学生的爱国行动；指出中国要得救一定要工人阶级领导，农民做主力军；宣言最后呼吁：“谋我国土，是我仇雠；国仇未报，惟有断头；绝无屈膝，仰彼苛求。”大会选取了谭寿林起草的宣言作为大会宣言，会后在报刊上全文发表。

当时，有些同学只顾埋头读书，不管国家兴亡。他耐心地对这些同学说：“国之不存，家将安在？唯有希望革命成功，打倒帝国主义，取消不平等条约，国家才能独立自主，个人也才有前途。”

1921年，25岁的谭寿林离开家乡广西贵港，考入北京大学文科预科。在北大读书期间，他系统地接受了马列主义思想，并加入由李大钊、黄日葵等人领导的共产主义小组活动。1924年由黄日葵、陈居玺介绍，谭寿林加入共产党，随后参加了李大钊领导的中共北方区委工作。谭寿林还经常与王尽美等到工人子弟学校去上课，到长辛店、丰台、唐山等地工人中进行革命活动。他把自己的革命理想、革命热情、革命信念，凝聚在笔端，创作了许多通俗生动的革命歌谣，其中《工人歌》写道："工人吃苦真难当，工作十二时，工资又微薄，上难供父母，下难养儿郎。"歌中，满腔热情地号召工人："转眼日当午，革命旗飘扬，工人们团结起，奋斗求解放。"

1923年7月，谭寿林、黄日葵联络北大的广西籍学生，成立新广西同乡会，创办《桂光》半月刊，由谭寿林任编辑主任，并为这个刊物撰稿，积极宣传马克思列宁主义，常用马克思列宁主义的立场观点来评论广西当时的政治局势，宣传中国共产党的民主革命纲领。刊物不但辟有《时事述评》专栏，猛烈抨击广西的封建政治，而且还登载有像《国民革命的意义和我们今后努力的方针》这样热情宣传反帝反封建的长篇政论文章。就"什么是国民革命""中国为什么要国民革命""怎样干国民革命"以及"我们今后努力的方针"等重大问题，进行了详细的论述，大力宣传马克思、列宁所主张的通过无产阶级暴力革命，建立人民民主新政权的思想观点，说明各种各样的改良主张在广西都行不通，只有马列主义才是拯救广西人民的真理。《桂光》是马克思主义系统传入广西的先声，流传深远，深受广大青年读者的欢迎。

这一年暑假，谭寿林应邀到母校贵县中学和县城的圩心街演讲，演讲的题目是《贪污官吏、土豪劣绅的成因》，在贵县传播共产主义思想。谭寿林此次回家的另一个目的是筹集学费。他的族人商量了一个办法：借庆祝他祖母71岁寿辰的机会，为他捐赠了几百银毫。他对此表示衷心感谢的同时，坦然地说："大家这样慷慨地支持我，我心里十分感激，永远不忘。但是，不要以为我以后做了大官，大家能够沾光贴俸，我是绝不会去当官铲地皮。"

谭寿林在担任梧州地委书记期间，以梧州《民国日报》社社长的公开身份，广泛宣传马克思主义。图为谭寿林（前排左二）与梧州《民国日报》编辑部人员合影

1925 年 12 月，中共梧州地委正式成立，谭寿林任书记。他以报纸作为阵地，大力宣传革命思想，传播马克思主义；还通过讲课和各种社会活动，在群众中进行广泛的宣传、组织工作，积极领导工运、农运、商运、妇运等群众运动。1926 年 9 月，梧州三名工人遭无辜杀害，谭寿林发动梧州工人举行罢工游行，进行了坚决的斗争，这是中国共产党领导下的梧州工人运动取得的首次胜利。

他以梧州为核心，建立和发展了南宁、柳州、桂平、玉林等地的党组织。以谭寿林为首的广西最早的一批共产党人所点燃的革命火种，在广西境内燃烧起熊熊的烈焰。

“我的灵魂是追随着你，追随着我们鲜明的旗帜。”这是谭寿林 1929 年在上海出版的自传体中篇小说《俘虏的生还》中主人公的心灵独白，也是他革命生涯的真切写照。他的心，他的灵魂，始终是和革命的鲜红旗帜紧紧连在一起。

大革命失败后，在血雨腥风中，谭寿林参加了广州起义，后辗转佛山、中山、香港坚持斗争。在白色恐怖中，他在上海参与中国工运的领导工作，曾几次被敌人拘留、逮捕，但毫不屈服，直到在南京雨花台英勇就义。

1962 年，谭寿林遗著《俘虏的生还》再版，他的革命伴侣钱瑛写下了追忆诗篇：

生还何处寄萍踪，骤雨狂风肆逞凶。
几度铁窗坚壮志，千番苦战表精忠。
丹心贯日情如海，碧血雨花气若虹。
三十一年生死别，遗篇再读忆初逢。

这首诗，回忆了她和谭寿林在 1928 年的相识和结合，更是礼赞了共产党人对国家和民族的赤胆忠心和牺牲精神。

1931 年，谭寿林在雨花台英勇就义。牺牲前，他在狱中给钱瑛留下了这段饱含深情的话语："亲爱的，我们未竟的事业，我们满心憧憬的未来，还有我们的孩子，只有靠你一人去奋斗了，但请相信，在看得见你的地方，我的眼睛和你在一起。在看不见你的地方，我的心和你在一起。"这些话语是谭寿林与钱瑛红色恋情的炽热见证，更是共产党人为国为民"几度铁窗坚壮志，千番苦战表精忠"的生动写照。

我是把我的孝移去孝顺大多数痛苦的人类

——冷少农

冷少农，1900 年出生，贵州瓮安人。1925 年加入中国共产党。1932 年 3 月因潜伏身份暴露在南京被捕，6 月牺牲。

我是把我的孝移去孝顺大多数痛苦的人类，忠实的去为他们努力。

这是 1930 年 3 月，冷少农写给母亲的回信中的一句话。

当时正值全国革命形势异常复杂、险恶之际，潜伏于南京国民政府的中共情报人员冷少农，却收到了远在贵州家乡、阔别已久的母亲的来信。母亲在信中对他的误解与斥责，使他陷入了深深的痛苦之中。于是他提笔给母亲回复了一封将近 5000 字，写满 14 页宣纸信笺的家书，饱含着一位秘密身份的共产党员无法言喻的家国情怀和矢志不渝的理想追求。

冷少农，原名冷肇隆，出生于贵州省瓮安县。1917 年，17 岁的冷肇隆以优异成绩考入贵州省公立法政专门学校。在校期间，他认真阅读进步书刊，研读马列主义著作，并积极投身反帝爱国运动。冷肇隆深切同情受压迫、受剥削的劳动人民，还将自己的名字由“肇隆”改为“少农”，表明为劳苦工农奋斗一生的志向。

毕业后，冷少农曾供职于紫江（今贵阳市开阳县）税务局。在此期间，他更加深刻地了解到官僚阶级不但不为劳苦大众谋福利，反而加剧民生疾苦，而底层人民无力反抗的悲惨景象。1924 年春，冷少农放弃了这份让许多人眼红的铁饭碗，愤然离职。冷少农深恶军阀混战中的民不聊生与社会动荡，清楚地认识到要想拯救和保护劳苦大众，就必须从事救国救民、艰苦卓绝的革命实践。

1925 年，冷少农辞别母亲妻儿，离开家乡，来到当时中国革命的中心——广州，投身革命事业。在广州黄埔军校政治部工作期间，冷少农秘密加入了中国共产党。1927 年 4 月，蒋介石发动四一二反革命政变，大肆清党反共，而冷少农的政治身份并未暴露，继续在国民党军队中潜伏。

其后，冷少农利用与国民政府高层何应钦的同乡关系，成功打入其身旁，在国民政府训练总监部任职。1930 年 3 月，何应钦担任国民政府军政部部长，冷少农随即调任军政部部长办公室秘书。由于冷少农供职于国民政府军政核心部门，又深得何应钦赏识，其获取的情报往往具有重要价值。

正当冷少农在龙潭虎穴中紧张开展革命工作之时，一封来自千里之外的家信却使他久久痛楚。在信中，母亲认为他在南京贪图享乐，忘却了家中妻儿老小，斥责他“不忠不孝、忘恩负义”。

冷少农梳理好复杂的思绪，给母亲回复了一封数千字的长信。他在信中无法直接说明自己长期不能回乡探望的原因和真实的工作境况，只能委婉却深情地写道：“你老人家和家庭一切人过去和现在的苦痛，我是知道的，但是无论怎样的苦，总不会比较那些挑抬的和那些讨田耕种的、讨饭的苦痛。……我因为见着他们这样的痛苦，我心里非常的难过，我想使他们个个都有饭吃，都有衣穿，都有房子住，都有事情做。我又想使这些有钱有势的人不要长期的玩格，长期的把一切都占据着，而使得他们老是受痛苦。所以我现在就是在向着这个方向做起去。这样的事情是一件最大而又最复杂的事情，我要这样干，非得把全身的力量贯注着，非得把生命贡献。”他说：“我是把我的孝移去孝顺大多数痛苦的人类，

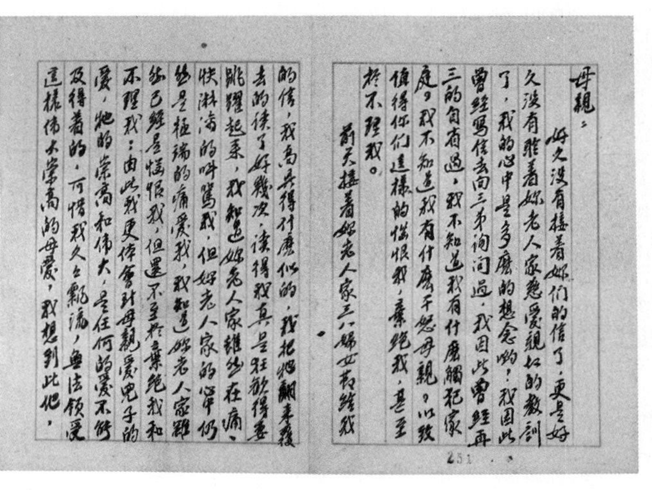
母親：
好久沒有接着你們的信了，更是好久沒有聽着你老人家慈愛親切的教訓了，我的心中是多麼的想念呦！我因此曾經寫信去向三弟詢問過，我因此曾經再三的自省過，我不知道我有什麼觸犯家庭，我不知道我有什麼干怒母親，以致值得你們這樣的惱恨我，棄絕我，甚至於不理我。
前天接着你老人家三八[illegible]
的信，我高興得什麼似的，我把她翻來覆去的讀了好幾次，讀得我真是狂歡得要跳躍起來，我知道你老人家雖然在痛、快淋漓的叫罵我，但你老人家的心中仍然是極端的痛愛我，我知道你老人家雖然已經是惱恨我，但還不至於棄絕我和不理我；由此我更體會到母親愛兒子的愛，她的崇高和偉大，是任何的愛不能及得着的，可惜我久久飄流，無法領受這樣偉大崇高的母愛，我想到此地，

1930 年 3 月 31 日，冷少农写给母亲的信

忠实的去为他们努力。”

1930年，中原大战结束后，蒋介石迅速调集军队，准备对中央革命根据地进行全面“围剿”，声称要在三个月内消灭中央红军。获知这一紧急军情后，冷少农深感事关重大，内心焦急万分。他立即采取行动，与中共地下党员郑坤一道，从军中内部人员口中和往来电报上获取了更加准确的情报，并经多人传递，在第一时间交至周恩来手中。中央红军根据情报，应对有方，采取诱敌深入的策略，在根据地人民的支援下，5天内连打两个胜仗，歼敌一个半师，取得了第一次反“围剿”的胜利。

1931年2月，蒋介石任命何应钦代行总司令职权兼陆海空军总司令南昌行营主任，调集20万兵力，部署对中央革命根据地的第二次“围剿”。何应钦针对第一次“围剿”行动的失利，细致研究了作战方式，调整制定了进攻策略，并对此次行动充满自信。面对更加严密、更为重大的情报拦截任务，冷少农与郑坤缜密配合，终于获取了敌方的电台密码，及时掌握了重要情报，为中央革命根据地第二次反“围剿”的胜利做出了突出贡献。

由于长期不能回家，冷少农对家人始终心怀深深的内疚。他在1931年给儿子的信中写道：“你的长大和你的教养，我都未负一些责任，同时却有累了你的祖母、伯父、母亲。虽然是社会和时代所造成，我的内心实不免万分惭愧，在惭愧中还要你为我向你的祖母、伯父、母亲们深深致谢！”

在信的最后，他怀着对革命胜利的期许写道：“我之爱你，是望你将来为一极平凡而有能力为一般劳苦民众解决不能解决之各项问题、铲除社会上一切不平等之人物。苍儿！社会之新光在照耀着你，希望你猛进！”短短数句，字里行间却蕴含着革命先行者对后继者的勉励与祝福。

长期潜伏敌营的冷少农，面对凶险的环境和复杂的任务，只能将对远方家人的深深思念与愧疚潜藏于心底，一次又一次地应对着更加严峻的形势。1931 年 7 月，蒋介石在历经两次“围剿”的失败后，亲自携德、日、英等国军事顾问来到南昌，就任“围剿”军总司令，任命何应钦为前敌总司令，调集约 30 万兵力，准备发动对中央革命根据地的第三次“围剿”，其重视程度堪称空前。冷少农在获知这一紧急情报后，第一时间赶往上海，将情况告知了紧急联络站的同志，并嘱咐同志一定要加急传送，争取宝贵时间。这份情报对中央革命根据地做好应对准备、研究应对战术具有十分重要的价值。中央红军在第三次反“围剿”中运用灵活机动的战略，往返穿插于国民党军队重兵重围间，拖垮敌军，避强击弱，历时数月，以少胜多，取得了又一次重大胜利。

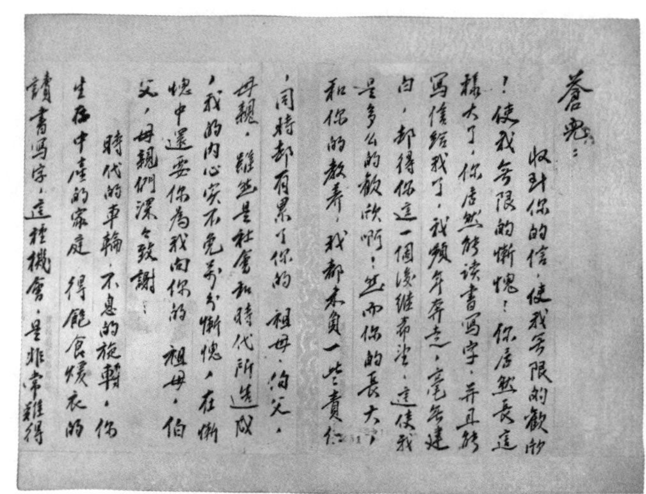

蒼兒：
收到你的信，使我無限的歡欣！使我無限的慚愧！你居然長這樣大了，你居然能讀書寫字，并且能寫信給我了，我頻年奔走，毫無建白，都得你這一個後继希望，這使我是多么的歡欣啊！然而你的長大，和你的教养，我都未負一些責任，同時都有累了你的 祖母、伯父、母親，雖然是社會和時代所造成，我的内心實不免萬分慚愧，在慚愧中還要你為我向你的 祖母、伯父、母親們深々致謝；
時代的車輪，不息的旋轉，你生在中產的家庭，得飽食煖衣的讀書寫字，這種機會，是非常難得

1931 年，冷少农在南京写给儿子的信

作为一名中共地下党员，冷少农在从事情报工作的同时，也参与策动兵运，并发展了多名国民党军人入党。冷少农睿智机警的处事风格和细致缜密的行动方式，使得敌人从未对他产生怀疑。直至 1932 年 2 月，中共南京市委军委书记路大奎被捕叛变，指认冷少农是潜伏在国民政府军政部的情报工作负责人。冷少农的真实身份暴露后，何应钦大为震惊，宪兵司令谷正伦亲自下令逮捕冷少农。

冷少农被捕后，中共南京地下党组织在第一时间多方设法营救，但均因案情重大而未能如愿。因为冷少农才智过人，又手握大量机密，所以敌

人对他极力劝说拉拢，企图让他能转变政治立场，但冷少农不为所动，坚定信仰。

1932 年 6 月，32 岁的冷少农在雨花台从容就义。

冷少农的与母书、与儿书，是两封经典的革命家书，如今都完好地陈列在雨花台烈士纪念馆的展柜中。字里行间，闪耀着共产党人对人民的赤子之心，展露着他们奋斗牺牲的崇高初衷。让老百姓“个个都有饭吃，都有衣穿，都有房子住，都有事情做”就是那一代共产党人的奋斗目标和历史使命，它与今天中国共产党宣示的“人民对美好生活的向往，就是我们的奋斗目标”高度契合，其中体现的中国共产党人的政治理想和价值追求可谓一脉相承、源远流长、贯彻始终。

现在要想救中国，就得要革命

——张炽

张炽，1898 年出生，云南路南（石林）人。1924 年加入中国共产党。1930 年 7 月在上海组织发动法租界电车工人罢工斗争时被捕，解来南京，1933 年 4 月牺牲。

现在要想救中国，使中国人民得到平等自由，不致冻饿和受人压迫，当为奴隶，就得要革命，要实行国民革命，打倒帝国主义，打倒帝国主义的走狗、工具——军阀，除了这条路，中国是不可救了。

这是张炽 1925 年在北京期间写给三弟信中的一段文字。

张炽，1898 年出生于云南省路南县。其时正值清末，远在千里之外的北京城正在发生着一场前所未有的变革——戊戌变法。这场波澜壮阔的具有爱国救亡意义的维新变法运动没有带给这个边疆小镇太多的影响，但为近代中国埋下了走向民主自由、思想解放的种子。

张炽 13 岁时，被父亲送到县城的高小学习。在这里，他遇到了影响一生的思想启蒙恩师李权之。李权之是一位受过新式教育的进步人士，他经常带领学生们参观学习，还将孙中山的民主思想介绍给学生们听。张炽也在老师的引导下，阅读了很多中外名人救国救民的事迹，深受感触。张炽思想上进步迅速，在 1924 年的一篇作文中，他提到，每每读到中外名人事略，他都眉飞色舞、百读不厌。他也想效仿名人，做一番轰轰烈烈的事业。五四运动的爆发，新思潮、新文化的传播，为他描绘了一个全新的世界。他怀着好奇之心阅读新文化的书刊报纸，逐渐树立起改造社会的理想。

1919 年，张炽以优异的成绩考入云南省第一中学，来到距离家乡 110 多公里的昆明。昆明城有他从未见过的繁华景象，然而，军阀混战和阶级压迫令他开始关注社会劳苦大众的苦难。他看到帝国主义者在火车上、在昆明城对中国同胞的蛮横无理，也看到泱泱大国沦为半殖民地半封建社会后，民众流落于铁路沿线和城市街头，深受帝国主义分子的侮辱和虐待。他深刻地体会到，只有打倒帝国主义、打倒封建军阀，才能救人民于水火之中。

在校期间，张炽被选为学生自治会执委。不久，五四运动爆发，云南学生群起响应，张炽参加并领导了昆明中等专业学校学生的爱国运动。他与同学们奔走相告，振臂高呼，将铅印的《缘起》传单分发出去，介绍北京学生反帝爱国运动的情况，呼吁大家行动起来，声援五四运动。很快，云南省立一中、昆明私立成德中学、云南省立法政学校、云南省立工业学校、云南省立农业学校、云南省立女子师范学校、云南省立第一师范学校、昆明县立师范学校都派出代表，共同商定组织昆明学生爱国会，召开国民大会，积极开展爱国主义宣传和游行示威活动。

随着五四运动的深入开展，更多新思潮涌入云南，马克思主义著作和新文化刊物影响了少年张炽。他如饥似渴地学习这些知识，将救国救民的理想与马克思主义理论结合起来，思想上得到极大的提升。这个时候，昆明发生了驱逐昆明中学校长丁杰的斗争。张炽在斗争中亲自编写《驱丁声》小报，联合同学们开展运动。他的行为被当局镇压，不幸被捕。云南一中学生会立即发动500多名学生来到政府和警察局门前示威请愿。当局迫于压力，将张炽释放。

张炽在五四新文化运动的影响下，立志要为社会之幸福而奋斗，并且不论任何艰险困苦，也要达成这样的目的。因此，他在给家人的信中说道："男是有志者，是一有大志者，是一欲为社会造幸福者。"

1924年，张炽来到北京，考入北京民国大学政治经济系学习。除了学习学校安排的课程之外，他还积极参加进步群众组织，以及北京青年学会、读书会和平民教育研究会等。在群众活动中，他愈发坚定了自己的革命信仰，逐渐地将革命思想与马克思主义理论结合起来，转变为一名真正的共产主义战士。他时刻警醒自己并激励身边的人："古今中外许多伟人、英豪，谁不是越不如意时，他越吃苦耐劳、努力奋斗，所以卒能达其目的，

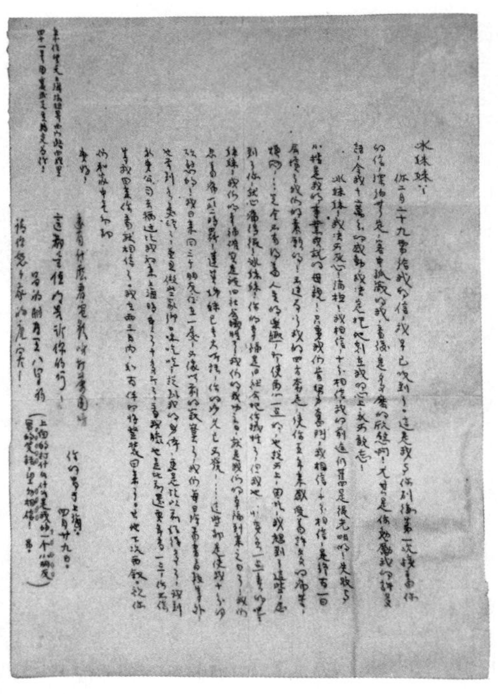
冰妹妹：

1930 年，张炽在上海任中共中央机关巡视员时写给妻子的信

得了如意之一日。于此我不多言，惟望你‘吃苦耐劳，努力奋斗’。”

同年，张炽在刘绍猷、姚宗贤的介绍下，加入中国共产党。其后，他展开了紧张的革命工作。不久，张炽受组织派遣，在国民党北京市党部工作。张炽受到早期的革命活动与工作的熏陶后，成长迅速，很快就被委以重任。

1926 年 5 月，张炽受中共北方区委派遣，以特派员的身份前往大连视察党务工作，负责整顿和健全党团组织。张炽在革命工作中勇于奉献、不畏艰险，很快得到了大连地委的肯定和表扬。1926 年，大连地委给北方区委的报告中表扬张炽在工作中的杰出表现：“自从张特派员来连以后，帮助我们改组了各级机关，整顿内部组织，加紧了同志的工作，纠正了我们不少的错误，而且每次地委会议，甚至支部会议都有张特派员的参加指导，直接把张君的经验、间接把区兄（指北方区委）的经验一股脑儿交给我们，使我们有所遵循，前途也渐渐放了光明。”

1927 年四一二反革命政变后，张炽被云南当局通缉，后来一度被迫与其他几名同志化装潜入香港，在街头流浪数周，才得以回到上海。他虽从事着艰苦的革命工作，但内心对革命充满了希望与信心。

大革命失败后，张炽一直在中共中央机关工作。他和那个时期所有坚贞不屈的共产党人一样，为了心中的理想和革命的初衷，不畏牺牲、坚持斗争，充满着夺取胜利的决心。1930 年 4 月 29 日，在白色恐怖笼罩的上海从事革命活动的张炽，给妻子胡素冰写了一封信，信中有这样一段话："我决不灰心！消极！我相信，十分相信，我的前途仍旧是很光明的！失败和小挫是我的事业成就的母亲！只要我们肯努力奋斗，我相信，十分相信，是终有一日会偿了我们的素［夙］愿的！"两个多月后，张炽在上海被捕，3 年后的 1933 年，牺牲于雨花台。

张炽烈士 1924 年考入北京民国大学，是一名知识分子出身的革命者。他在革命的日子里，给家人留下了不少书信，这些书信已被编入《雨花英烈家书》。

"我现在不忍心见国家沦亡，不忍心见同胞穷苦，将为奴隶。立志走这条大路，作这种有价值的工作。你说你要跟我前进，就请一同前进罢！"这是他给三弟信中的一段话。从他的家书中，我们可以清晰地看出，国家在当时革命者心中的分量。拯救国家，就是他们舍弃一切，坚定革命的价值取向和不竭动力。

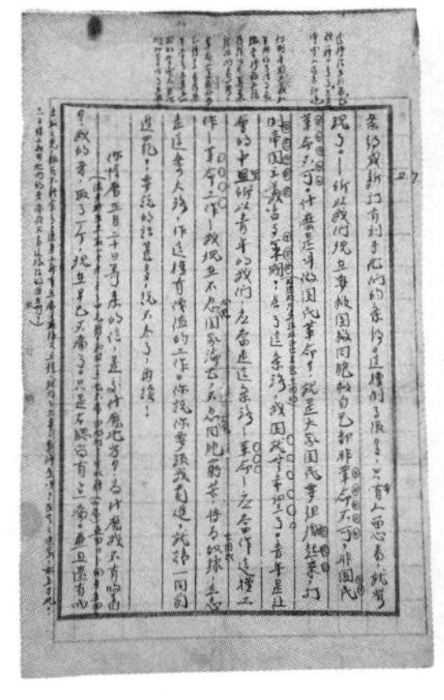
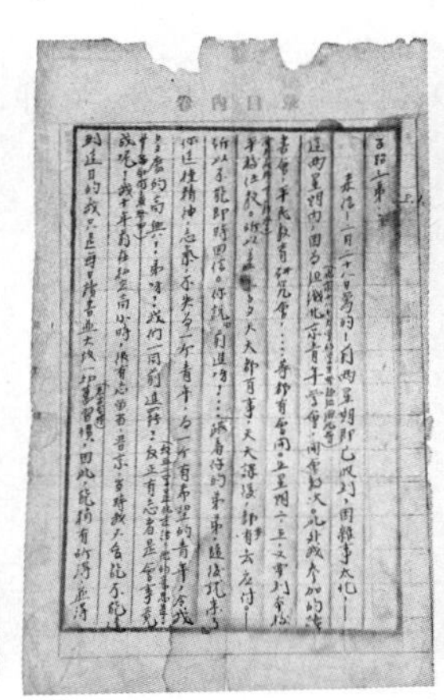
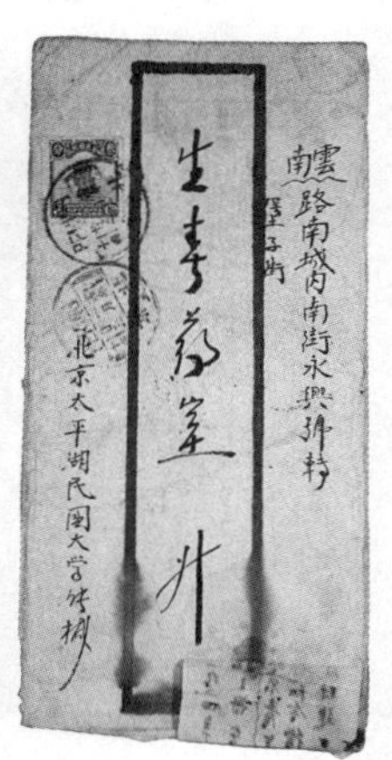

张炽在北京写给三弟的信

欲安天下苍生，好教宇宙重新
——谢文锦

谢文锦，1894年出生，浙江永嘉人。1922年加入中国共产党。1927年4月10日夜参加中共南京地委紧急扩大会议时被捕，数日后牺牲。谢文锦是中共南京党组织第一次遭破坏时牺牲的主要负责人。

欲安天下苍生，端赖同志齐心，依照马列主义，发动群众斗争，打倒列强军阀，好教宇宙重新。

这是党的早期活动家、浙南党组织的创始人、南京党组织的最早负责人谢文锦 1924 年在家乡宣传革命时写给亲友的一首题词，每一字都清澈地表明了他的革命志向和心愿，表达了一代革命先驱共同的愿景。

谢文锦 1894 年出生于浙江永嘉潘坑一个世代耕读的家庭。他出生的 1894 年，中日甲午海战爆发。甲午战争中国失败以后，以康有为、梁启超、谭嗣同为代表的资产阶级维新派以“救亡图存”为号召，于1898年（戊戌年）发动了一场颇具声势的变法维新运动。变法维新运动最终被封建顽固派所扼杀，民族危机急剧加深，资产阶级民主革命运动成为社会的主流。

谢文锦幼读私塾，1906 年初转入永嘉广化高小读书。在广化高小，谢文锦不仅学习到新知，在课堂上也知道了民族正遭受列强欺压的事实。“中国男儿，中国男儿，要擎支手撑天空；睡狮千年，睡狮千年，一夫振臂万夫雄，长江大河，亚洲之东……”从具有民主革命思想老师的口中学会的这首悲壮高昂的“学堂乐歌”，在他幼小的心田里种下了爱国自强的思想种子，激励他奋发向上，一步步领悟时代的主题。

1912 年夏，谢文锦满怀美好的理想，考入浙江第十中学校。可是，黑暗的现实很快就破灭了他的幻想，校内一些封建遗老，对谢文锦等来自穷乡僻壤又渴望进步的学生百般歧视、凌辱，还禁锢学生的思想。年轻的谢文锦愤愤不平，有理有据地反抗校方的专制高压，最后校方以“思想过激”为借口将他开除。离校后，谢文锦到了杭州，考入浙江省立第一师范学校继续学习。

是时的省立第一师范是浙江新式教育的重镇。辛亥革命后，面对军阀纷争的局面，以经亨颐为首的一批新型知识分子组织了浙江教育会，力求从人才教育和思想文化入手，探讨中国社会的发展方向。经亨颐主持的省立第一师范学校，倡导“人格教育”，提出“勤慎诚恕”为校训，要求学生学习生活要勤劳、勤奋、勤俭；对人、对事、对国家要诚实、忠诚。1915 年，当袁世凯政府接受日本“二十一条”要求，举国上下为国耻而悲痛时，经亨颐即提出针对帝国主义的逼迫，落实“教育为兵力之后盾”的“军国民主义”主张，将浙江一师的体育活动和运动会与“爱国”“尚武”联系起来，鲜明的办学宗旨贯穿着强烈的爱国主义精神。在浙江一师学习的五年，谢文锦努力探求新文化新思想，深受爱国主义教育，把救国、强国视为自己的最高使命。

1918 年，谢文锦毕业回乡。他节衣缩食，筹措办学经费，创建了岩头高小。他聘请进步教师，选用内容健康、进步的课本，在校内宣传革命道理，热心培养人才。谢文锦真诚地实践着教育救国的思想，这种标新立异的做法，却引起当地顽固势力的恐慌和仇视，对他大加攻击，他针锋相对地进行了坚决的斗争。

五四运动后，谢文锦尊重的母校校长经亨颐进一步主张办教育要革故鼎新，提出学生自治、改授国语、实行学科制等四项教育改革，这些重大教育改革和创新精神，在全省教育界中引起了强烈反响，但同时也引起封建势力把持的政府当局的极度不满，尤其是经亨颐更成为旧派势力的众矢之的。1920 年 2 月，经亨颐校长被解职，不久一师遭到查封，引发学生的强烈抗议。“一师风潮”彻底惊醒了谢文锦的教育救国的“美梦”。随着社会主义思潮成为思想界的主流，在中华大地上响起一片改造中国、改造社会的呼声中，强烈的救国历史感和使命感驱使谢文锦从改良主义的观念中挣脱出来，开始对救国道路展开新的探寻。

1920 年夏季，谢文锦再次离开家乡，前往一师进步校友汇集的上海，进入陈独秀创办的《新青年》杂志社工作。这是谢文锦人生重大转折的开始。

1920 年 8 月，在陈独秀主持下，上海的共产党早期组织在上海法租界老渔阳里 2 号《新青年》编辑部正式成立，当时取名为“中国共产党”。《新青年》成为党的公开理论刊物，宣传马克思主义的基本理论，该杂志社云集了上海早期的共产党人和革命知识分子。《新青年》的工作，使谢文锦初步学习、了解了科学社会主义理论，看到了改变中国命运的希望。

中国共产党上海发起组成立之初，即领导创建了由发起组成员俞秀松为书记的上海社会主义青年团。不久，谢文锦加入了上海社会主义青年团。

1920 年 9 月，上海共产党早期组织创办了第一所培养革命干部的学校——外国语学社，设于法租界新渔阳里 6 号。谢文锦也参加了学社的学习。

谢文锦在这里读的第一本马列的书就是外国语学社发的由陈望道翻译的《共产党宣言》，马列主义课也由他主讲。《共产党宣言》点燃了谢文锦心底的理想火炬。

上海市新渔阳里 6 号的外国语学社旧址

在接受学习马克思主义的基础上，谢文锦还常常和学员们一起利用业余时间刻印革命传单，加强与工人的联系，了解群众的疾苦，帮助工人建立基

谢文锦在上海外国语学社学习期间与同学合影，谢文锦（后排右）、罗亦农（前排左）、俞秀松（后排中）

层工会组织。在这样最初的理论与实际相结合的革命实践中，谢文锦不断把立足点移到劳苦大众一边，也加深了他对马克思主义的理解。

1921 年春，上海外国语学社 20 多名青年团员，分批行动，乔装成裁缝、理发匠等手工劳动者，从上海出发，前往苏俄莫斯科的东方劳动者共产主义大学。一路上，他们通过了多道检查关卡，克服了重重困难，经长途跋涉，抵达莫斯科。谢文锦与刘少奇、萧劲光等成为该校中国班第一期学生。

1917 年十月革命取得胜利，人类历史上改变劳苦大众命运的崭新尝试，正在这里如火如荼地进行。人们在共产主义精神感召下所焕发出来的昂扬生机，深深地感染了谢文锦。谢文锦学习勤奋刻苦，还满怀激情地翻译了苏维埃革命歌曲《同志们,勇敢地向前进》,并给它取了个中文名——《光明赞》：“同志们，向太阳，向自由，向着光明走！同志们！黑暗已消灭，曙光在前头。”

这首歌激励着谢文锦，也激励着当时在苏维埃俄国学习的中国留学生们,一步一步向着光明努力。1922 年,谢文锦在莫斯科正式加入中国共产党。

1924 年，谢文锦回到灾难深重的祖国，先后担任中共上海地委秘书兼组织部主任、中共南京地委书记等职，往返于上海、温州、南京等地进行频繁的革命活动，参与组织领导了五卅运动、上海工人三次武装起义。

1924年秋，谢文锦从莫斯科东方大学留学归国后不久，重返阔别了四年的故乡。他奉党中央之命，传播革命思想，发展党团员，在当地筹建党组织。他在工人、农民、学生中，以自己耳闻目睹的事实，生动地介绍了十月革命的伟大胜利，宣传马克思列宁主义。他在永嘉城区（现温州市区）和楠溪，采用探亲访友、开座谈会、大会演讲等各种形式，宣传中国共产党的纲领，阐明孙中山联俄、联共、扶助农工的政策；揭露、痛斥封建军阀勾结帝国主义的罪恶行径，指出只有彻底推翻他们的统治，中国人民才能获得新生。他的讲话生动有力，精辟深刻，态度亲切，吸引了许多听众。他还创建了浙南地区最早的党组织——中共温州独立支部。

1927年4月10日，四一二反革命政变前夕，在黑云压城的南京，谢文锦临危不惧，主持召开了中共南京地委紧急扩大会议，研究开展斗争的对策。当晚，会场遭反动军警突袭，谢文锦等与会者被捕，不久在南京遇害。谢文锦牺牲后，亲友们只知道他长眠于南京，但不知道他的坟冢位置。在整理他的遗物时，发现了两大箱藏书，绝大部分是俄文版的马列主义经典著作。

以最多数人之最大幸福为人生的最终目的

——侯绍裘

侯绍裘，1896 年出生，江苏松江（今属上海）人。1923 年加入中国共产党。1927 年 4 月 10 日夜参加中共南京地委紧急扩大会议时被捕，数日后牺牲。

要认定一个人不是为一己而生，是为社会，为人类而生，以最多数人之最大幸福为人生的最终目的、最大责任，而以此责任为乐。

这是侯绍裘 1923 年入党后，在《松江评论》上发表的《我们应该做怎样的青年》一文中的一段文字。在这篇文章中，他分析了五四前后青年的状况和存在的问题。他说，五四运动霹雳一声，把许多青年“震醒了”，出现了蓬蓬勃勃的气象和勇往直前的行为。五四以后多数人能激流勇进，但有一些人却堕落下去。他诚挚地希望广大青年：“要认定一个人不是为一己而生，是为社会，为人类而生，以最多数人之最大幸福为人生的最终目的、最大责任，而以此责任为乐。”表现了这位年轻的共产主义者的人生追求。

1896 年，侯绍裘出生在松江一个地主兼商人家庭。17 岁考入江苏省立第三中学。他热爱科学，喜欢科学读物，憎恶迷信；他也爱读历史。他常常在作文簿的空页上画岳飞、文天祥等民族英雄的像。据同学赵祖康回忆：“课余之暇，他常常谈论国家大事。在大庭广众之间，宣传孙中山先生主张，切齿痛责北洋政府的丧

松江評論
週刊
時事評論
演講

侯绍裘发表在《松江评论》上的文章《我们应该做怎样的青年》（见报刊左上角）

权辱国，慷慨陈词，议论精辟，为同学所钦敬。”

1915年5月，日本制定灭亡中国的“二十一条”的消息传到省立三中，全校师生纷纷集会声讨。侯绍裘起草“抑制日货”的传单，与几个同学捐钱买纸，刻写油印了许多传单，准备向社会散发。结果被校长得知，传单全被没收烧毁。侯绍裘的第一次爱国行动就这样被扑灭了。

1919年5月6日，侯绍裘得知北京五四运动爆发的消息，这一天便成为“从冷静的状态中回复到热烈的一个起点”。

五四运动中，侯绍裘组织参与游行示威，宣传演说，开办义务学校，推广进步书刊。出色的组织才能，炽热的爱国情怀，使他深得同学的信任，被选为学生会评议长，后又被推举到上海学联及全国学联工作。

就在五四运动中，侯绍裘的思想发生了深刻的变化：由爱国，递进到反对反动政府；由民主主义，转向社会主义。

经过五四运动洗礼，侯绍裘看清了军阀政府卖国害民的反动真相。他后来回顾说，爱国宣传随着“官场的压迫愈盛，便变为反抗（压迫人民的）政府”的论调；再后来，变为“鼓吹暴动”、反抗资产阶级的论调了。于是，“社会主义的思想……就在此时，不知不觉的入了我的头脑之中”。同时，从校园走向街头，侯绍裘第一次有机会与工人在一起。工人的苦难，资本家的残酷剥削，首先引起他的深思。工人阶级的威力，工人阶级的品质，更使他深受启发。对比一些商人的唯利是图、知识界有些人的投机政客做派，他的感情和立足点开始发生了根本的变化，转向工人一边，决心与工人阶级“共事”，向他们“宣传社会主义”。

开始时，侯绍裘对社会主义只是一种朦胧的向往，还分不清马克思主义与无政府主义的本质区别，对社会主义：“以为是一种富于破坏精神的、反抗一切特权阶级的革命罢了”“竟同时相信马克思主义和无政府主义”。

1923年1月，侯绍裘撰文回忆说：“这个时期，是我过去一生中感情作用最剧烈的时期。”他崇拜过巴枯宁，巴枯宁的暴力反抗、破坏旧世界的主张，让他觉得很痛快。但现实教育了他，无政府主义的道路走不通，“尽管义愤填膺，却终是束手无策”。

于是，侯绍裘转而努力探求马克思主义。《新青年》成为侯绍裘最早的马克思主义启蒙老师。他常到新渔阳里6号（中国社会主义青年团早期机关所在地），听施存统宣讲社会主义。

1920年暑假期间，侯绍裘、赵祖康等创办《问题周刊》，以“研究社会上最迫切的问题”为宗旨。就在这个暑假里，因强烈反对他所就读的上海工业专门学校（前身为南洋公学）“祀孔”的旧制度，校方认为他“志不在学”，勒令退学。侯绍裘却不以为意，平静地说：“我的意志又岂是他们所能改变的！”

从此，侯绍裘脱离了学生生活，走上追求革命的道路。

1921年夏，侯绍裘回到松江，和老师朱季恂多方筹款，变卖家产，共同接办了面临停办的景贤女校，改校名为景贤女子中学。在他的主持下，景贤女中发扬五四精神，以培养学生具有“健全的人格”“完备的知识”，促进“妇女解放”和“社会改造”为宗旨，被誉为“反封建的堡垒，革命者的摇篮”。

1922年岁末，侯绍裘与杨贤江、赵祖康等人组织了“青年问题讨论会”，就青年学生的理想、求学、择业等各方面问题，发起全人生的指导活动。他们讨论了“青年学生在寒假期中应该做的”问题，认识到“我们身上的血肉，就是无数农工的血肉构成的”“我们要把我们的血肉点点滴滴还与农夫工人，才算清我们一身的债”。他们在《学生杂志》上以充沛的激情，宣传知识青年应与工农结合，为工农服务的道理和主张。

1918 年，侯绍裘考入上海工业专门学校（前身为上海南洋公学）。图为南洋公学旧址

1923 年 5 月 9 日，又一个国耻日到来的时候，侯绍裘向景贤女中与松江第一高小学生作了《五九纪念和五月中其它各纪念节之关系》的演讲。在这次演讲中，侯绍裘结合中国近代史，深入浅出地分析了签订“二十一条”的“五九”国耻的原因、中国人民的敌人、救国的根本途径等问题。侯绍裘说：“五九”国耻的原因呢？一是外国的侵略主义，二是中国政治的腐败，三是中国国民的醉生梦死。他指出：英、美、法、日都是国际侵略主义，中国的问题，“惟有打倒国际侵略主义，才是根本的解决”；军阀政府“已变成外国侵略主义的爪牙”，必须一齐打倒。他特别强调，要一雪国耻，必须纪念五一劳动节，“五月一日是中国腐败政治毁灭的先兆，而也是洗雪国耻的微机”。

同年 7 月，侯绍裘在景贤女中作了一次《评一般人对社会主义的误解》的演讲。他深刻阐述了社会主义实行公有制，消灭削剥，发展生产，促使人们共同幸福的道理，他指出：社会主义不是要把全世界富人的财产平均散发给全世界的人，“社会主义”是要“把现在的经济组织全部推翻”，把种种生产要素“一概归之公众”，为“公众生产”；社会主义的目的，“只不过要使大家得到平等的幸福罢了”。他豪迈地宣告：“‘先天下之忧而忧，后天下之乐而乐’是社会主义应有的抱负。”

侯绍裘的这两次讲演和这一时期他发表的其他文章表明，到 1923 年，他已经确立了无产阶级的世界观，成为自觉坚定的社会主义者了。他决心为无产阶级和广大人民的解放贡献自己的一切。

他最终完成了从爱国主义到激进民主主义再到共产主义的转变。

同年秋，侯绍裘加入中国共产党，走上了中共领导的反帝反封建的革命道路，成为坚定的共产主义战士。

大革命时期，侯绍裘领导上海学界投入五卅反帝运动。在担任国民党江苏省党部的中共党团书记后，他担当起了中共在江苏领导工农革命运动和国共联合战线工作的重任，推动大革命的发展。

1927 年，在与国民党反动派英勇斗争中，侯绍裘壮烈牺牲。

我们眼看着这种种苦痛，能够味着良心，不提倡革命吗？

——张应春

张应春，女，1901 年出生，江苏吴江人。1925 年 11 月加入中国共产党。1927 年 4 月 10 日夜参加中共南京地委紧急扩大会议时被捕，数日后牺牲。

中国的现状，是国际资本帝国主义侵略的时代，是军阀压迫的时代，是一切资本家大地主剥削工农的时代。所以大多数的人民，尤其是占全国人口百分之八十八以上的工农阶级，受了许多重大的压迫，在政治上既不能安全生存，在经济上更窘迫得走投无路。我们眼看着这种种苦痛，能够昧着良心，不提倡革命吗?

张应春是中国共产党的早期党员，也是江苏地区妇女运动的先驱。1924 年国共合作时期，她加入改组后的国民党，次年 11 月经侯绍裘介绍、中共江浙区委批准，加入中国共产党。这是 1925 年五卅运动期间，张应春在《入了政党以后》一文中发出的大声疾呼，鲜明地表达了提倡革命的主张，传达出了她作为先进分子对改造社会、拯救百姓的清醒认识。

张应春，江苏吴江人。1901 年出生于一个书香世家，因其出生于农历十月初一，农谚有“十月芙蓉应小春”的说法，故取名蓉城，字应春。张应春的父亲张鼎斋是清末秀才，早年曾在南京造币厂工作，后在村里办起了私塾。1912 年，张鼎斋在村里创立葫芦兜初级国民小学，年仅 11 岁的张应春入学读书。辛亥革命后，张鼎斋加入柳亚子发起主持的南社，宣扬革命。张应春在父亲的影响下，从小就具有了爱国主义的思想和民主革命的精神。

1916 年，张鼎斋应聘黎里女子小学（高小部）任教，张应春遂去黎里读书。她在校学习勤奋，成绩优良，待人真诚，同时，具有女子少有的率直刚强与疾恶如仇。入校不久，她就做了一件震惊全校的事情。1915 年，袁世凯复辟帝制，改年号为“洪宪”，以 1916 年为“洪宪元年”，校方命令学生在记录课堂日志时，将纪年由“民国”改为“洪宪”，但张应春

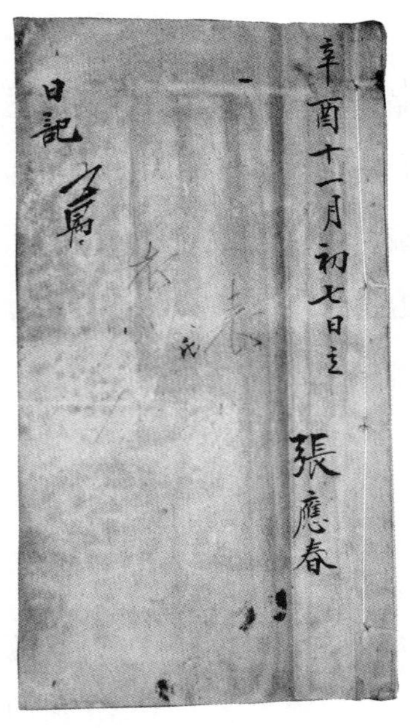

张应春中学时写的日记

带领同学们一致反对改称，并批判袁世凯的倒行逆施，在课堂日志上赫然写上“民国五年”。张鼎斋迫于校方压力，出面要求女儿更改课堂日志上写的年号，张应春拒不接受这种要求。

黎里女校毕业后，张应春考入上海中国女子体育专门学校，期间，她接受了五四运动中反帝反封建的新思想，孜孜不倦地探索救国真理。她立志以女革命者秋瑾为榜样，因此又名“秋石”。1922 年，张应春毕业后，前往厦门集美女师工作。次年，前往松江景贤女子中学教书。松江景贤女子中学是新文化思想的传播地之一，这所学校由中共党员侯绍裘和国民党左派朱季恂主持，以培养女学生具有“健全的人格”“完备的知识”，促进女子解放和社会改造。他们还以这里为据点，成立“三五社”（即三民主义、五权宪法），并将“三五社”作为国民党松江县党部机关，进行新思想、新文化的宣传活动。

张应春在松江期间，深受革命氛围的影响，思想上获得了前所未有的解放。她很快就加入了侯绍裘和朱季恂组织的松江救国同志会，该会公开提出“打倒军阀，打倒国际帝国主义，铲除官僚政治，提倡社会服务”四项信条。张应春每月都参与一次集会。1924 年初，第一次国共合作拉开序幕，轰轰烈烈的大革命就此展开。张应春由侯绍裘介绍，加入了改组后的中国国民党。

1925 年，迫于直奉战争战事的影响，景贤女中迁往上海。张应春返回家乡，在黎里女子小学任教。她发现有很多年长的女性因为年龄因素已经不能入校读书，承受着很多苦楚。因此，经过同志们的帮助，她在黎里建立起暑期妇女学校，号召这些女性从家庭束缚中解放出来，争取读书的机会。在1925年7月1日的《新黎里》报上，张应春发表了一篇文章《怎样可以补救我们年长失学的妇女们》。她在文中提出："现在潮流变换，教育事业，一天兴盛一天。我们青年的女子，居然能够同享其利，这是何等的幸福！"

暑期学校的创立，是张应春在妇女解放运动中付诸实践的一项尝试。她怀着急切的心情，盼望妇女在解放天性的同时，成为有知识、有文化、有地位的人，不再靠依附他人获得生存的价值。

同年8月，国民党江苏省党部在上海闸北景贤女中分校成立，张应春担任国共合作的国民党江苏省党部执行委员兼妇女部长。张应春就职一个月后，国民党内出现了一股反对中国共产党和国民党左派，否定孙中山"联俄、联共、扶助农工"三大政策的势力。会后，他们另立伪中央。不久，伪南京市党部也相继成立。上海和南京开始成为共产党人、国民党左派与国民党右派分裂势力的斗争之地。一日，西山会议派成员沈玄庐来到省党部游说张应春。张应春立场坚定，从容反驳道："右派分子自己怕革命、怕牺牲，革命危险时东躲西藏，形势好转就想来抢果子吃，三大政策是孙中山先生亲自制定的，你想反对，难道你比孙中山先生还高明吗？！"

经过一系列的革命斗争，张应春已经成长为坚定的国民党左派和江苏省早期妇女运动的领导人。1925年11月，张应春加入了中国共产党，她在给柳亚子先生的信中说："我以为入了党，当然以党为前提了，一切多可以牺牲的。"从此，张应春就将革命当作自己唯一的依靠。

1926年3月，北京发生三一八惨案，军阀悍然开枪杀死在天安门游

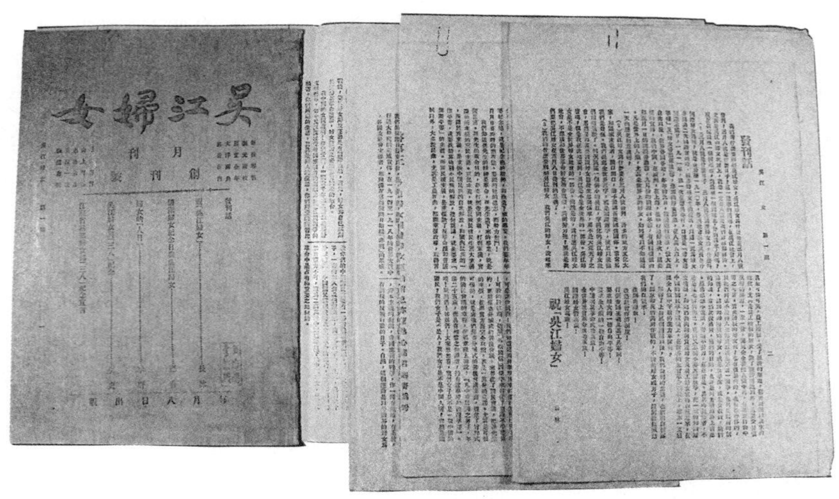
吴江妇女
月刊
创刊号
发刊词
祝「吴江妇女」

《吴江妇女》创刊号及一组文章

行的群众47名，受伤200余人，李大钊等同志在斗争中负伤。张应春义愤填膺，在创办、主编的《吴江妇女》上，亲自撰写文章《悼北京为爱国惨死的女烈士》一文。她在文中写道："你们并没有死，不过加多我们后死者的勇气罢了，不过激动我们的奋斗力罢了。我们当继续地加倍的努力，非打倒那卖国的段贼不已。"

"离开了妇女们，是成就不来革命事业的。"这是张应春所信奉的至理名言。她的一生都在进行着妇女解放事业，夙兴夜寐，从未松懈，直至生命的最后一刻。

张应春是在1927年4月10日夜参加中共南京地委紧急扩大会议时被捕，不久即被害。1926年北京三一八惨案后，她曾经在进步刊物《吴江妇女》上发表题为《江苏省党部妇女部门反对段祺瑞惨杀北京市民宣言》，在这篇文章中，她指出："革命的事业，没有流血是不会成功的。我亲爱的女同胞们，大家起来奋斗吧！我们誓死要从红色的血泊里边，找到光明的道路，建设起光华灿烂的社会来。"显示了这位革命先驱的宏伟理想和不屈精神。

我们更要深信光明的前途

——朱建国

朱建国，1916 年出生，江苏睢宁人。1943 年加入中国共产党。1947 年 9 月因北平地下情报系统遭破坏被捕，解来南京，1948 年 10 月牺牲。

愿同胞们都学着先烈的精神，不为列强所愚弄，让列强眼睁睁的瞧着我们翻身。他们用锐敏犀利的战斗器来对付我们，我们便预备牺牲的精神去同他们肉搏，我们应踏着先烈的血迹迈进，我们要抱着只知为民族争光荣，不知有一己的安危向前奋斗。我们更要深信光明的前途，全靠自己努力奋斗而得的。

1937 年 7 月 7 日，全面抗战爆发。9 月 24 日，朱建国在阅读了七十二烈士广州殉难的故事后，感怀当年烈士们救亡图存的初衷，思考人民幸福、国家富强的光明之路，写下了《读了七十二烈士广州殉难之后》这则日记，表达了“只知为民族争光荣，不知有一己的安危向前奋斗”的决心。抗日战争的爆发，也成为朱建国一步一步走向革命、走进党的

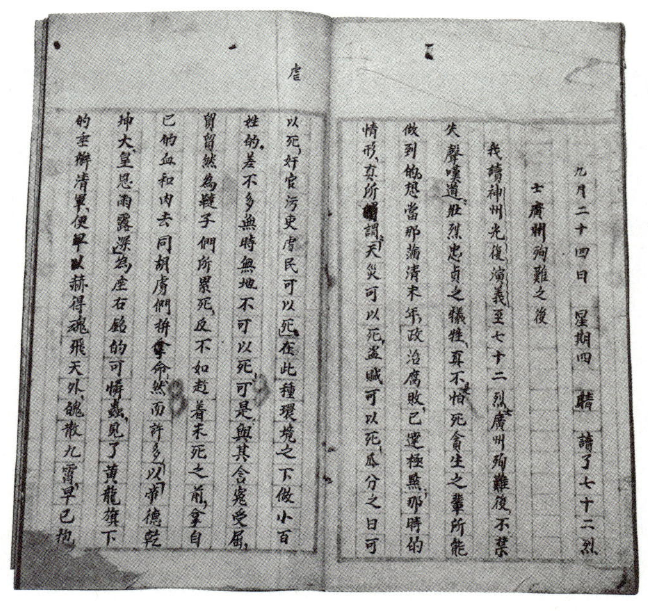
九月二十四日 星期四 晴 讀了七十二烈士廣州殉難之後

我讀神州光復演義至七十二烈士廣州殉難後，不禁失聲嘆道，壯烈忠貞之犧牲，真不是怕死貪生之輩所能做到。我想當那滿清末年，政治腐敗已達極點，那時的情形，真所謂天災可以死，盜賊可以死，本分之日可以死，奸官污吏虐民可以死。在此種環境之下做小百姓的，差不多無時無地不可以死，可是與其含冤受屈，貿貿然為鞭子們所累死，反不如趁着未死之前，拿自己的血和肉去同胡虜們拚命，然而許多以帝德乾坤大，皇恩雨露深，為座右銘的可憐蟲，見了黃龍旗下的歪辮清軍，便早以嚇得魂飛天外，魄散九霄，早已抱

朱建国中学时期的日记《读了七十二烈士广州殉难之后》

队伍的起点。

朱建国，江苏睢宁人，1916 年出生于一个中农家庭。七七事变后，中国备受战火摧残与煎熬。青年知识分子无法忍受这份国土沦丧的屈辱，一大批失去家乡、学校的平津一带的流亡学生满怀爱国情感开始在流浪中寻求一条救亡之路。

就这样，平津、山东、安徽、河南、江苏等地的一大批勇敢的青年，长途跋涉，历经磨难，沿着不同的交通线路汇聚到了徐州这片土地上来，强烈要求参加抗日。此时，日军也很快从四面八方围攻徐州这一军事重镇，企图就此打通津浦线，向南进攻南京。为响应抗战号召，国民党第五战区在徐州成立了“第五战区抗敌青年军团”，将热血青年招入麾下。

朱建国抱着救国救民的热血，积极报名参加了“抗敌青年军团”。这支队伍共 3000 多人，男生有两个大队，女生两个中队。他们摒弃掉稚嫩的学生气，着一身浅绿色的戎装，开启了新的人生征程。很快，徐州被日军占领，朱建国便随着部队开赴河南潢川集训，这时青年军团的队伍增至 4000 余人。

朱建国随着部队经火车线进入河南境内，很快，部队经过休整后开始集训。集训期间，实现第二次国共合作的国民党军队邀请了不少进步人士、知名学者和共产党员前来军团，担任政训教官，如匡亚明、臧克家、郝景涛等。

集训结束后，朱建国考入国民党中央陆军军官学校第六分校。在校期间，他认真训练和研读，积累了丰富的军事知识，誓将所学用以抗击日寇。毕业后，朱建国进入湖北老河口第五战区司令部参谋处，任见习参谋。他在军队里表现出众，1942 年就升任上尉参谋。

朱建国在第五战区司令部任职期间，担任以对付共产党为主要任务的“绥靖组”的参谋业务。虽然这时正是第二次国共合作时期，但国民党对共产党还是不断制造摩擦的。朱建国所在的绥靖组因此搜集了很多中国共产党印制的宣传小册子，有艾思奇的《大众哲学》、毛泽东的《论联合政府》等，朱建国有机会接触并阅读了这些著作。经过详细地了解和观察，朱建国逐渐接受了马克思主义真理，也认识到中国共产党是真抗日、服务大众的政党；反观国民党，贪污腐化蔚然成风。他的人生观、世界观和价值观发生重大转变，在共产主义信仰的指引下，朱建国决心加入中国共产党。

在日常工作的接触中，他认识了一位潜伏在第五战区内的老党员——《阵中日报》经理佟蔗佳。佟蔗佳早年参加过广州起义，起义失败后退党，后继续为革命工作。不久，他在佟蔗佳的指点下，携带了比例为百分之一的中国军用地图，冲破国民党的重重封锁线，进入中共中原军区寻找党组织，但由于没有正式组织关系介绍，其身份又是国民党军官，未果返回。后几经辗转，朱建国又与新四军四师中共特别支部副书记、打入国民党第三集团军司令部的朱晦生同志取得联系。经过党组织的考察与培养，朱建国终于加入了中国共产党，这时，他离自己的理想更近一步了。

1945 年 8 月，随着抗日战争的胜利，朱建国主动隐蔽身份，加入孙连仲的北平保安绥靖公署，任参谋处少校作战参谋。1946 年 4 月，朱建国经中共华南局介绍，与中共驻北平军事调处执行部的党组织取得联系，从此，他受党的指派，开始了充满艰险的地下情报工作。

朱建国在北平的工作开展得相当顺利，因其参加过陆军大学参谋班的学习，得到国民党军队的信任。他在工作中组织观念很强，只要是党组织交代的任务，总是千方百计设法完成。1946 年春，朱建国打入国民党北平第十一战区长官部工作，任少校参谋。他与时任十一战区长官部作战处少将处长的谢士炎、作战处参谋赵良璋、孔繁蕤，以及时任国民党保定绥靖公署军法处少将副处长的丁行等人合作，在北平作战区内，深入敌人的心脏，获取情报。朱建国表现得机智勇敢，得到党组织的认可和表扬。他的直接联系人袁泽同志曾经回忆说，朱建国几乎掌握了敌人的每一次行动，一次次将国民党军队的作战计划与战略部署，报告给中共中央。

1947 年 9 月，中共北平地下电台被破坏，朱建国在北平被捕。敌人在对朱建国的判决书上，列有他收集情报的记录：北宁路天津至唐山铁路里程表，冀东训练及冀东军十二、十三、十四、十五等辖属区调查表，天津市警备区域划分及工事位置图，保定绥署天津指挥所营以上主官姓名、兵力驻地表，天津市重要物资机关驻地表，交警第十二总队、河北省第一、二、三区所辖之保安绥署指挥所团以上九月份枪弹数字等材料。从敌人罗列的这些情报上看，朱建国在潜伏过程中为党组织提供了大量有效的情报，使我方在对敌作战中占据很大的优势。

朱建国始终对共产主义充满热情和理想，他的同狱难友余心清在回忆录中对朱建国有详细的描述：“我和一个陌生人被铐在一起，我望了望他，他用一副极友爱的眼光看着我，并紧紧地握着我的手。他那火一般的友情，像电流一样从他的手心传到了我的全身。这时他告诉我，他的名字叫朱建国。关于他的事，石淳同志（笔者案：孔繁蕤烈士的化名）曾告诉过我。到了宁海路，我们又恰巧关在一间屋子里，他不断告诉我他的身世。他是一个 28 岁的青年，江苏睢宁人，高高的个儿，说话老带着微笑，潇洒的神形，好像心里永远没有忧愁。他和任何人都能处得很好，他的性格是那样文雅、和善。我对朋友说：他真是个可爱的青年！”

朱建国是著名的北平五烈士之一，他与其他几位烈士都牺牲在中国革命曙色已明的时刻。从加入中国共产党到牺牲，他的党龄不算很长，但拯救民族危亡的自觉和奋勇，为他政治信仰和人生道路的选择奠定了坚实的思想基础，赋予了勇于献身的力量。

第二部分

奋斗奉献为初心

实现中华民族伟大复兴是近代以来中华民族最伟大的梦想。中国共产党一经成立，就把实现共产主义作为党的最高理想和最终目标，义无反顾肩负起实现中华民族伟大复兴的历史使命，团结带领人民进行了艰苦卓绝的斗争，谱写了气吞山河的壮丽史诗。

——2017 年 10 月 18 日，习近平在中国共产党第十九次全国代表大会上的报告

九十六年来，为了实现中华民族伟大复兴的历史使命，无论是弱小还是强大，无论是顺境还是逆境，我们党都初心不改、矢志不渝，团结带领人民历经千难万险，付出巨大牺牲，敢于面对曲折，勇于修正错误，攻克了一个又一个看似不可攻克的难关，创造了一个又一个彪炳史册的人间奇迹。

——2017 年 10 月 18 日，习近平在中国共产党第十九次全国代表大会上的报告

实现中华民族伟大复兴，必须推翻压在中国人民头上的帝国主义、封建主义、官僚资本主义三座大山，实现民族独立、人民解放、国家统一、社会稳定。为此，中国共产党团结带领人民浴血奋斗了28年，将鲜血、汗水和泪水洒满了中国革命走向胜利的道路，书写了那个艰苦卓绝年代共产党人不懈奋斗的苦难和辉煌。雨花台烈士是革命年代共产党人奋斗牺牲的典范和崇高精神的化身。在革命的漫漫征途上，他们始终站在斗争队伍的前列，英勇无畏，敢于担当，把崇高理想转化为革命行动，用自己的勇敢和智慧把革命一步一步推向前进；在斗争的关键时刻，特别是革命遭受挫折的严峻形势下，他们忠于信仰，砥柱中流，用鲜血和生命推进和捍卫革命，成为红旗不倒的勇敢擎旗人；在利益的抉择面前，他们坚持人民至上，勇于自我牺牲，舍弃本来属于自己的财产、机遇和情感，以实际行动彰显党的宗旨，兑现对人民的庄严承诺。他们的壮丽人生和革命业绩，鲜明昭示了中国共产党人的奋斗精神和对人民的赤子之心。

眼见国家将亡，不应徒作书生

——金佛庄

金佛庄，1897年出生，浙江东阳人。1922年加入中国共产党。1926年12月受密令到上海、杭州等地，对直系军阀江浙地方部队开展策反工作，从九江乘轮船东下时，由于行踪泄露，在南京下关码头被军阀孙传芳部逮捕，同月牺牲。

为国家人才乎！为世界人才乎！从军乎！研究科学乎！眼见国家将亡，不应徒作书生，默默以终也！

金佛庄是中国共产党最早的军人身份的党员，也是最早牺牲于雨花台的烈士。

1926年，金佛庄率部东征，平息反革命叛乱。在征战途中他写下了《传略自述》。此时的金佛庄已经参加过两次东征，为黄埔军校的重要骨干，同时也是中国共产党党员。“眼见国家将亡，不应徒作书生，默默以终也！”这段话出自《传略自述》，鲜明传达出这位革命精英的斗争勇气和大义担当。

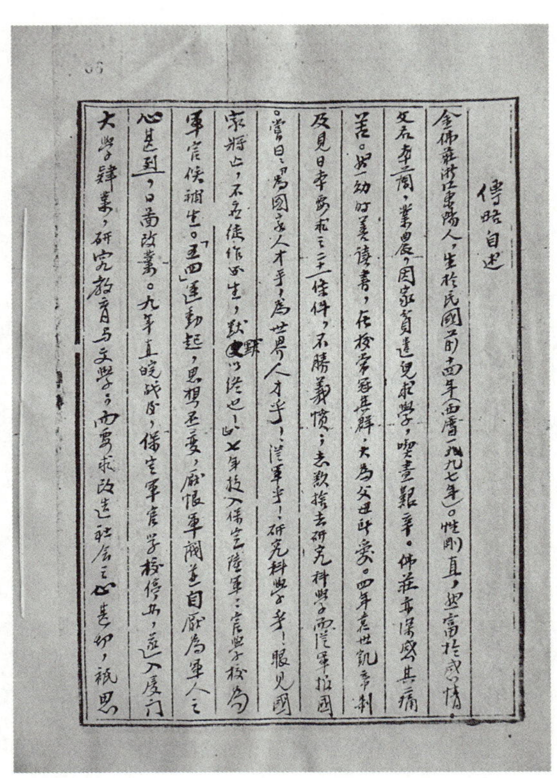
傳略自述

金佛莊浙江東陽人，生於民國前十四年（西曆一八九七年）。性剛直，富於感情。父[illegible]業農，因家貧遣兒求學，嘗盡艱辛。佛莊亦深感其痛苦。然幼時善讀書，在校常冠其群，大為父母所愛。四年袁世凱帝制及見日本要求二十一條件，不勝義憤，志欲捨去研究科學而從軍救國。嘗曰：為國家人才乎，為世界人才乎！從軍乎！研究科學乎！眼見國家將亡，不應徒作書生，默默以終也！六年投入保定陸軍軍官學校為軍官候補生。「五四」運動起，思想丕變，厭恨軍閥並自厭為軍人之心甚烈，日圖改業。九年直皖戰後，保定軍官學校停辦，遂入廈門大學肄業，研究教育與文學，而要求改造社會之心甚切，祇思

1926年，金佛庄率部东征时写下的《传略自述》

金佛庄1897年出生于浙江省东阳县的一个贫困农民家庭。他6岁入私塾读书，16岁时入湖溪忠清书院读高小。求学时的金佛庄，深感父母辛勤劳作、节衣缩食供自己读书，因此他勤奋好学，刻苦用功，丝毫不敢有所懈怠，“然幼时善读书，在校常冠其群，大为父母所爱”。他曾立志以掌握科学知识而报效国家，慰藉父母，并于

1915 年考入了东阳县立中学。然而，1915 年 5 月 9 日，袁世凯为了取得日本对他复辟帝制的支持，竟然宣布接受日本帝国主义提出的、企图变中国为殖民地的“二十一条”。这使“性刚直，然富于感情”的金佛庄痛心疾首。他毅然抛弃了科学救国的思想，而“志欲舍去研究科学而从军报国”。

1918 年中学毕业之后，金佛庄考入保定陆军军官学校第八期步兵科，成为军官候补生。1920 年直皖战争爆发，保定军校被迫停课，直皖战争结束后，1921 年保定军校复课，金佛庄返回保定军校继续完成学业。在军校，他仍然满腔热忱，如饥似渴地学习。在比较当时社会的各种思潮之后，他开始信仰马克思主义。1922 年，他加入了中国社会主义青年团，开始投身中国早期的共产主义运动，走上了他寻求已久的拯救祖国、解放人民的革命道路。他从改造社会、救国救民的宗旨出发，联合校内 40 余名志同道合的同学，组织了一个学生团体“壬戌社”，目的是通过壬戌社“罗致各省革命军人同志，以谋中国之革命”。1922 年，金佛庄从保定军校第八期步兵科毕业，不久被分配到浙军陈仪部下当排长，后来又升为连副。

1922 年秋，中共上海地方兼区执行委员会负责人徐梅坤到杭州开展建党工作，经过考察，批准金佛庄从青年团员转为中国共产党党员。这样，金佛庄就成为党在浙江省建立的第一个地方组织——中共杭州小组最早的三名党员之一。而后，他更加自觉地“从事革命，宣传革命运动，革命思想益进，乃能应用唯物观察一切”。他积极参加中国社会主义青年团杭州地委组织的杭州青年协进会的活动和《协进》半月刊的编辑出版工作，以“宣传主义，鼓吹青年”“吸收同志，向外活动”。他还接受杭州地方团组织安排，抽出时间，为公开发行的《浙民日报》担负一部分编辑任务，利用这一公开的舆论阵地，传播革命思想。1923 年 6 月，金佛庄和杭州小组的另一位党员于树德，被指定为浙江的代表，去广州出席了中国共产党第三次全国代表大会。

1924 年春，第一次国共合作正式实现后，党组织派金佛庄参加广州黄埔军校的创建工作。6 月，金佛庄被任命为黄埔军校第一期学生队第三队队长，“黄埔军官学校创办，乃充第三队队长，一意训练革命的军事人才，以为建立革命军之基础”。12月起，他历任黄埔军校教导第二团第三营营长、国民革命军第一军第一师第二团党代表和团长等职。为了巩固大革命时期的广东革命根据地，他率领以黄埔军校学员为骨干的学生军参加了平定广州“商团”和滇、桂军阀杨希闵、刘震寰的叛乱，以及讨伐广东军阀陈炯明的两次东征。第一次东征时，在淡水、鲤湖、兴宁诸战役中，他所指挥的第二团第三营“均勇敢善战，勋绩灿然。为第二团获得一党军荣誉旗”。

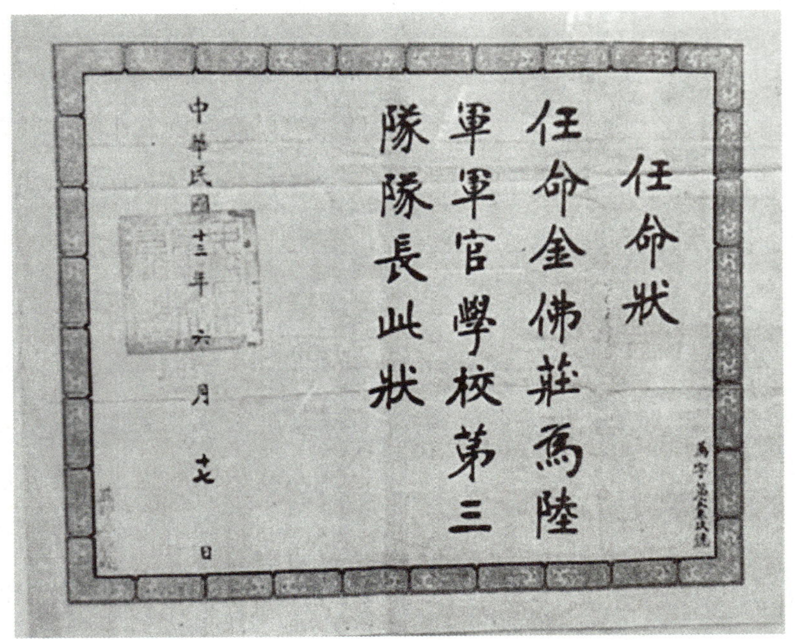
任命狀
任命金佛莊為陸軍軍官學校第三隊隊長此狀
中華民國十三年六月十七日

1924 年 6 月，金佛庄被任命为黄埔军校第一期学生队第三队队长。图为当时的任命状

国民革命军第一军成立时，他因为战功卓著，升任第一师第二团党代表、团长。

1926 年 3 月 20 日中山舰事件后，以政治部主任周恩来为首的中国共产党党员被迫撤出了国民革命军第一军，金佛庄被解除团长职务，调回黄埔军校。蒋介石很赏识他，企图利用“浙江同乡”的关系拉拢他，暗示他若脱离共产党，将予以重用。但金佛庄忠于党的事业，忠于共产主义事业，革命信仰坚定，对蒋介石的拉拢毫不为之所动。蒋介石却不死心，1926 年 7 月建立国民革命军总司令部时，任命金佛庄为国民革命军总司令部参谋处副处长，不久又任命他为警卫团少将团长。金佛庄将蒋介石对他的拉拢向党中央作了如实汇报，经过党组织同意，金佛庄如期赴职，秘密监视蒋介石。

1926 年 7 月，北伐正式开始之后，金佛庄带领国民革命军总司令部警卫团的精锐部队随总部机关行动，转战湖南、江西等地。1926 年秋，中路军江西一线的国民革命军遭到孙传芳军阀部队的顽强阻击，北伐军攻占的南昌得而复失，呈现僵持状态。金佛庄率部来到前线，身先士卒，以锐不可当之势将敌军击退，扭转战场形势，会同友军齐向南昌进发。11 月 8 日，北伐军再次攻克南昌，金佛庄的警卫团奉命警戒及维持城内秩序，受到南昌人民的欢迎与赞扬。

南昌被北伐军攻克，但孙传芳仍盘踞于苏、浙、皖一带。为早日占领南京，取得江浙地带作为自己的立足根基，也为减少北伐军伤亡，北伐军总司令部召开会议商谈作战方案，金佛庄列席会议。为了尽快消灭军阀，早日取得北伐战争的胜利，金佛庄主动提出愿意返回浙江、上海等地，与以前在浙军服务时所熟识的上下级旧交取得联系，秘密策划浙军等部起义，并趁此时机向在上海的中共党组织领导联系、汇报工作。

12 月上旬，金佛庄化装成上海洋行买办，与黄埔军校三期生顾名世从九江乘坐英国商船太古轮船官舱，顺流东下。不料上船后，行踪即遭泄露。船到南京下关码头时，孙传芳部的南京卫戍司令孟昭月和宪兵司令汪其昌已在下关戒严检查，当即逮捕了金佛庄及其随行人员顾名世。惊闻此讯，上海的国共两党皆设法组织营救，通过各种关系，甚至请当时的浙江省省长陈仪出面亲自向南京方面说情疏通。陈仪回复说，南京方面“捕获（金、顾二人）后即经枪毙”，金佛庄、顾名世已牺牲于雨花台。

大革命期间，党的力量还十分弱小，北伐战争开始前一年召开的中国共产党第四次全国代表大会统计的党员数量只有 994 人。为了推翻帝国主义支持的北洋军阀的反动统治，实现中华民族的独立、自由、民主和统一，中国共产党人顺应大势，为夺取北伐胜利冲锋陷阵，表现出坚强的忘我精神和不怕牺牲的英勇气概。北伐时期，金佛庄凭借自己的籍贯、出身、经历，栖身气焰日盛的蒋介石身边，但直到牺牲，他一直冒着风险，以共产党员的身份战斗在革命的最前线。他是这一时期中国共产党人奋斗牺牲的杰出代表，他的名字被书写在中国共产党的光荣史册中。

共产党要的是整个世界，要共产主义的世界

——许包野

许包野，1900 年出生，广东澄海人。1923 年加入中国共产党。1935 年 2 月在河南开封主持河南省委工作时被捕，解来南京，不久牺牲。

共产党要的是整个世界，要共产主义的世界，不是金戒指、金镯子、金手表之类的东西，那些东西是容易得到的，要得到整个世界就不那么容易了，需要付出许多代价，要付出许多人的鲜血和生命。

1932 年 10 月，许包野任中共厦门中心市委书记，化名阿宝、宝霞。在领导革命的斗争中，他工作深入踏实，生活艰苦朴素，思想品德高尚。

当时许包野的秘书、后任中国人民公安大学党委书记的谢飞回忆说：包野的生活也是艰苦朴素的。每天吃两餐最简单的饭菜，他从不在外面吃一餐饭。他穿衣服也很简单朴素，除从国外带回来的一套旧西服外，两件长袍轮换穿洗。相处近两年之久，未见他买过一件新衣服。他很鄙视讲究穿戴的人。有一次我见到房东的女儿，是个 18 岁的姑娘，又是一个中学生，但她的穿戴很特殊，手指上戴几只金戒指，颈上戴一条金项链，左手戴一只金手表，右手还戴金镯子。这种打扮，我很看不惯。一天，我对包野说起这个姑娘打扮的事，包野听完后问道，这是表现她的什么呢？我说：可能是为了表现她家很有钱吧！包野说：不对，是表现她非常落后。他继续说："共产党要的是整个世界，要共产主义的世界，不是金戒指、金镯子、金手表之类的东西，

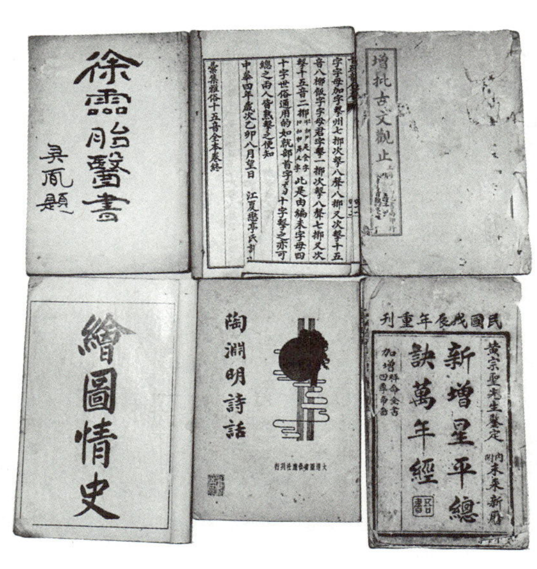

许包野青少年时期读过的书籍

那些东西是容易得到的，要得到整个世界就不那么容易了，需要付出许多代价，要付出许多人的鲜血和生命。”

1900年5月，许包野出生于泰国一个华侨家庭，7岁回到祖国。1919年上半年，许包野在澄海县立中学毕业。时值五四运动兴起，他毅然投考蔡元培为会长的华法教育会组织的赴法勤工俭学，以第三名的优异成绩被录取。1920年4月，他辞别父母妻子，到法国里昂大学学习哲学和法律。

这年冬，许包野写信给在暹罗（今泰国）的父亲，告之法国社会动荡，法郎贬值，生活费用太高，而德国的生活费用较低，科学发达，打算转到德国留学，请求父亲寄给2000块银圆，作为转学的准备。父亲设法筹措，满足了他的要求。第二年，他便从法国转到德国的哥廷根，进入哥廷根大学继续攻读哲学与社会科学，并学习了军事学。在哥廷根大学学习期间，许包野结识了时任滇军旅长、已被周恩来介绍加入共产党的朱德。留德期间，年轻的许包野如饥似渴地自学马克思主义书籍，研究马克思的哲学思想，认真探索革命真理，并积极参加中共旅欧支部组织的革命活动。1923年，

德国格奥尔格·奥古斯特·哥廷根大学旧址

经朱德介绍，许包野加入中国共产党，成为旅欧支部的一名先锋战士。

1925年6月，五卅运动的消息传到德国。中共旅欧支部立即动员全体党员，全力以赴，组织广大旅欧华人，反对帝国主义镇压中国革命，声援国内五卅运动。许包野响应号召，积极投入运动。不久，许包野被驱逐出境。1925年下半年，许包野来到奥地利维也纳，继续学习哲学，最终取得了博士学位。

1926年，中共党组织安排许包野到莫斯科东方大学和中山大学任教，期间并兼任过地方法官。许包野在莫斯科任教五年，不遗余力地为国际共产主义运动努力工作，培养了许多革命干部，曾任江苏省委组织部长的黄励、曾任江苏省委宣传部秘书长的陈原道，当时都是许包野的学生。

许包野在国外学习和工作长达11年之久，除了英国之外，几乎游历过所有的西欧国家，通晓俄、英、法、德等多国语言。他在莫斯科拥有稳定的职业、良好的收入和较高的社会地位，但他却无时无刻不记挂着自己灾难深重的祖国。

1931年，共产国际决定派遣许包野从苏联秘密回国，到红军中与朱德一起领导武装斗争。但许包野入境后就遭到敌人跟踪。为尽快与党组织接上关系，他数次改变行程，最后步行回到广东澄海冠陇乡。阔别祖国11年，许包野在家只住了10天，临走时，他只告诉妻子叶雁苹，这次外出是去厦门。

在厦门等待中央指示期间，许包野以一个普通党员的身份，服从中共厦门中心市委的工作安排。从这年5月起，他先后到安溪、泉州、惠安、莆田巡视工作，及时给党中央写下了《关于巡视安溪的报告》。8月，他被召回厦门。此时，中共厦门中心市委遭到敌人破坏，市委书记王海萍不幸被捕牺牲，由许依华接任市委书记，许包野任市委宣传部部长。9月间，许依华也遭逮捕。这时，许包野出于一个共产党员的强烈责任感，暂时代理市委书记职务，并将情况向党中央汇报。

1932 年 10 月初，中共中央正式任命许包野为中共厦门中心市委书记。从此，他挑起了领导厦门和闽南地区开展革命斗争的重任。为了打开局面，他首先着力整顿各级党的组织，改组了惠安、泉州、漳州等地党的领导机构，在短时间内使党组织得到巩固与发展，党员发展到近千人。在厦门，他组织失业工人委员会，并为之制定斗争纲领，提出“要饭吃、要衣穿、要做工”的口号。广大失业工人由此组织起来，与反动当局进行声势浩大的斗争，并取得胜利。在闽南农村，他发动农民组织农民委员会、农民协会、雇农工会，扩大游击区。他非常重视革命武装的建设，动员厦门工人到漳州和安溪参加红军和游击队；发动厦门的革命互济会募捐 2000 块银圆，购买了一挺德国制造的重机枪，命名为“闽南号机关枪”，支援红军游击队。他十分重视党的宣传工作和理论建设，亲自领导厦门文化协会，秘密出版《发动机》《舰》《战斗》等刊物，恢复出版《群众报》；还把中央文件汇编成《革命丛书》，供党员学习，提高党员的马列主义理论水平。他大力倡导建立群众性组织，厦门地区的反帝大同盟、革命互济会、赤色工会等群众组织纷纷建立起来。

1934 年 7 月，因中共江苏省委连遭国民党当局破坏，中共上海中央局决定调中共厦门中心市委书记许包野到江苏任省委书记，组建新的省委。此时他用的化名是宝尔。许包野上任不久，就被叛徒盯住，想抓住这个名为宝尔的中共重要人物以换取国民党当局高额赏金，故千方百计诱捕他。许包野机智勇敢、沉着果断，以其丰富的地下斗争经验，反而将叛徒除掉，震慑了敌人。对国民党特务机关来说，宝尔始终是一个谜团，直至他调离江苏省委，敌人也没能掌握到他的行踪。

同年 10 月，许包野化名老刘调任中共河南省委书记。是时，红军开始长征，白区中共党组织的工作处于极端困难时期。许包野不畏艰难，努力恢复、发展党的力量，开展秘密工作，并发展武装队伍，准备武装暴动。

1935年2月20日晚，因叛徒出卖，许包野在开封被捕，不久被解至南京。无论是在开封还是在南京的狱中，敌人都对许包野施行了野蛮而残酷的刑罚，经常将他折磨得昏死过去，但是许包野始终坚守共产党人的气节，一直跟敌人斗争到了人生的最后一刻，终因伤势过重，牺牲在南京狱中，年仅 35 岁。

许包野是知识分子出身的革命烈士。他所拥有的学历和知识水平，在旧中国堪称凤毛麟角。凭借已经到手的条件，他完全可以为自己谋取一份体面的职业，过上优越的生活，但作为一名共产党人，他襟怀“整个世界”，为此，放弃了今天人们看来也是十分难得的既得利益。从 1931 年去厦门，许包野就与家人失去了联系，直到 1985 年家人才弄清，他已经在半个多世纪之前英勇牺牲。

许包野的经历生动地反映了共产党人为人民幸福和民族复兴无私奉献和英勇奋斗的崇高精神。

我有坚定不移之意志，百折不回之精神，生死在所不计

——杨振铎

杨振铎，1905 年出生，山西芮城人。1925 年加入中国共产党。1930 年 4 月在上海主持召开沪中区行委会议时被捕，解来南京，1933 年 4 月牺牲。

前非何在？痛改何从？天下兴亡，匹夫有责，皮之不存，毛将焉附？我之奔走，正是为父老兄弟诸姐妹们，我有坚定不移之意志，百折不回之精神，生死在所不计。

这是杨振铎在第一次被捕后回复劝降亲友的话语。它充分表达了一名共产党员坚定的革命立场和殚精竭虑、舍生取义的忘我境界。

杨振铎，出生于山西省芮城县一个富裕农民家庭，1921 年前往太原的山西省立一中读书。在这所我党早期传播马克思主义、开展青年运动和国民革命的地下堡垒，杨振铎于 1925 年秘密加入中国共产党，走上党领导的反帝反封建的革命道路。经过多次革命斗争的锻炼和他在同学中的积极影响力，杨振铎逐渐成长为太原学生运动的领导人之一。

1926 年初，山西太原地委选派杨振铎到上海大学社会学系深造。

上海大学是 20 世纪 20 年代国共合作时期兴办的大学，虽然只存在了 5 年，但是它以超乎寻常的魅力，凝聚了一大批名师贤达，吸引了数千追求社会进步的青年学子，造就了一大批职业革命家和杰出的专业人才，赢得了“文有上大，武有黄埔”的美誉。上海大学也是中共实际领导的培养国民革命干部的“红色学府”和“革命的熔炉”。

杨振铎中学时使用的《彩笔习画帖》

在这所新型大学里，杨振铎开始系统接受马克思主义的教育，坚定

上海大学旧址

地确立了无产阶级世界观，政治理论水平迅速提高，思想上也获得了新的飞跃。

上海大学是反帝反封建运动的坚实阵地，上大师生一直战斗在运动的第一线，其中以社会系的共产党员、共青团员最多，参加革命活动也最为活跃。杨振铎进校后便被选为共青团上海大学支部书记，根据中共党组织的安排从事各项革命活动。

1927 年 3 月 21 日，为迎接北伐军进军上海，杨振铎参加了上海工人第三次武装起义，并始终冲锋在最前沿。

可是，随着北伐的胜利进军，蒋介石的反共本质也日益暴露出来。1927 年 4 月 12 日，蒋介石发动了震惊中外的四一二反革命政变，对共产党人和革命人士举起了屠刀，开始了疯狂的大清洗。到 4 月 15 日，上海工人 300 多人被杀，500 多人被捕，5000 多人失踪，大革命从高潮走向失败。

上海浸淫在血雨腥风之中，疯狂的搜捕和屠杀继续进行着，身着便衣的反动特务在街头路口设岗，不停地盘查行人，遇到认为可疑的人士便立即逮捕。

然而，杨振铎却不避艰险，坚持革命工作，在上海和南京一带继续进行着地下革命活动。

4 月 17 日，身着学生服的杨振铎在法租界辣斐德路南康路口遭特务无端阻拦、盘问，特务将其以“C.Y（共青团）捣乱分子嫌疑”的罪名逮捕。

虽然没有任何证据，但国民党驻沪特别军法处仍对杨振铎进行审问和酷刑拷打，最终依据蒋介石“宁可错杀千人，不可放过一个”的旨意，将杨振铎判处 10 年徒刑，关押在上海漕河泾国民党江苏第二监狱。

杨振铎被捕的消息传到家乡后，亲朋好友前往上海探监。亲友中有人劝杨振铎“痛改前非，早日还家”，他即刻写信回复并申明大义。

狱中的杨振铎，化名杨金铎，始终没有暴露自己的真实身份，敌人也没有掌握他的真实情况。他把坐牢当作转换的另一个革命战场，在一封家信中曾写下一篇藏头小诗，用以自勉：“十载寒窗易铁窗，年争日斗履冰霜。监牢饮马长江水，禁遏英雄逞豪光。”同时，他利用合法的形式进行斗争，争取无罪释放。杨振铎先后四次上诉至国民党江苏省高等法院、中央特刑庭、国民党中央军事委员会，抗议政府残害无辜、草菅人命的行为。1927 年 11 月 27 日，他在申诉书中写道：“金铎之经过历历俱在，何所据而加我以捣乱派之罪名？更何凭科我以十年之刑期？青天白日之下，竟无法律耶？”同时控诉了监狱非法施以酷刑的行径，要求反动政府公开审理并无罪释放。

1929 年冬，杨振铎父亲挚友杨明光赴沪探视，请在南京国民政府任职的同乡设法营救，经国民党元老于右任、王用宾等出面保释，国民党江苏省高等法院不得不重新审理此案，最终将杨振铎无罪释放。

出狱后的杨振铎立即又投入到上海法租界的共青团中央机关工作中。不久，担任共青团江苏省委书记一职。

1930 年，“左”倾盲动主义路线控制下的党中央政治局通过了《新的革命高潮与一省数省首先胜利》的决议，合并党、团和工会组织，成立统一的中央总行动委员会。同年 3 月，杨振铎兼任沪中区行动委员会书记。

行动委员会组织力量在上海南京路、淮海路等闹市区多次搞“飞行集会”，发动群众游行和示威，引起国民党反动政府的注意。4 月 27 日，反动派在大世界附近一会场上当场抓捕了参加上海各界五一纪念总筹备会的 108 位代表。

由于事态严重，29 日夜，杨振铎以省委代表身份，主持行委在党的秘密机关开会研究对策，并对“左”倾盲动主义带给党的事业不必要的损失提出了自己的看法。不料，被捕的 108 人中出现叛徒，供出这处秘密机关，敌人包围了会场，逮捕了杨振铎等 9 名领导人。

第二次被捕后的杨振铎化名杨泽，被关押在龙华淞沪警备司令部看守所。杨振铎利用审讯前的很短时间，一方面告诉被捕同志要统一口径，坚持立场，决不出卖党的机密和同志；一方面买通狱中看守人员，通知狱外地下党组织，汇报机关被破坏情况。不久，国民党政府以“执行反革命重要职务”的罪名，判处杨振铎 9 年零 11 个月徒刑，又一次将其关押在漕河泾国民党江苏第二监狱。10 月 30 日，杨振铎被转押至南京中央军人监狱。

南京中央军人监狱，以前是专门关押军事犯，后来也关押政治犯。该监狱坐落在南京江东门外，内分东、西、中、南 4 个大监。东监分天、地、人字监；西监分日、月、星字监；中监分智、仁、勇字监；南监分改、过、自、新字监。杨振铎被关押在“勇”字监。

在狱中，杨振铎联络江苏省委的陈开（即陈洪）、中共中央巡视员张炽，组成监狱党支部，并和狱外的互济会取得联系，领导难友们开展狱中斗争。

1933 年 3 月，南京互济会组织遭到敌人破坏，与狱中保持联系的互济会交通员被捕叛变，供出了狱中秘密党组织。杨振铎等人身份暴露，被转押至南京宪兵司令部看守所“重审”。

无论是面对敌人的威逼利诱、严刑拷讯，还是叛徒的挑拨离间、无耻劝降，杨振铎始终毫不屈服。4 月 1 日黎明，杨振铎在雨花台英勇就义。

中华人民共和国成立后，杨振铎烈士事迹陈列于雨花台烈士纪念馆中，供各界瞻仰凭吊。与杨振铎一起在山西省立一中上过学的傅懋恭（彭真）曾深情地回忆说：“他当时是一位革命意志很坚决、工作很努力的同志。”

杨振铎烈士自 1925 年入党到 1933 年牺牲，8 年间，先后两次被捕，共有 5 年多时间在狱中度过，并牺牲在敌人的刑场上。“坚定不移之意志，百折不回之精神，生死在所不计”，这是他被捕后说过的话。这段话，对于身陷囹圄的革命者来说，不是空洞的口号和廉价的表白，而是需要付出代价、献出生命的誓言。

信仰主义随党走

——朱杏南

朱杏南，1898 年出生，江苏江阴人。1926 年加入中国共产党。1929 年 9 月在太湖等地开展农民运动时被捕，解来南京，1931 年 5 月牺牲。

吾有田产尚愿偿，却信仰主义随党走去，岂为利哉？

1924年，中国国民党第一次全国代表大会召开，标志着第一次国共合作正式形成。随着反帝反封建运动的蓬勃开展，江阴夏港的朱杏南深受鼓舞，积极投身于农民运动。1926年，朱杏南加入了中国共产党，积极开展革命宣传和组织工作。北伐军进驻夏港后，国民党临时县党部随之成立，论派职务时，有人对朱杏南说，夏港烟酒公卖局局长一职，实在是一肥缺，你何不就任？朱杏南回答道："吾有田产尚愿偿，却信仰主义随党走去，岂为利哉？"

朱杏南家本来就是夏港巨富，若为物质钱财，不必冒身家性命之风险而投身革命，何况一区区公卖局局长之职。

朱杏南家境殷实，祖父曾开设米行，积资甚巨，置田产500余亩，建房40余间，在江阴夏港镇，朱杏南家可谓当地第一巨富。朱杏南的同学沈松寿说朱杏南"承袭祖遗田产几百亩，与其兄杏雨列为本邑夏港巨富，咸以资本家大地主称之"。因此用今天的话来讲，朱杏南是一位名副其实的"富二代"。富裕家庭大多重视子弟的教育，朱家亦然。朱杏南14岁毕业于夏港毓英初等小学，15岁在江阴城内的礼延高等小学读书，后跟东门外蒲鞋桥一位姓韩的医师学中医。1915年，由于祖父去世，朱母以长

朱杏南故居，当年曾为党的秘密活动地点

子杏雨任意挥霍、酷嗜烟赌、不事生产而难以支撑家业，因之急召幼年丧父的朱杏南停学回家，与哥哥杏雨分理家务，各治生产。

朱家几代累积的财富颇为殷实，即使一分为二，所属朱杏南的产业也极为可观，由此朱杏南分得田产 200 余亩。不久，朱杏南与别人合资开设了同丰泰酒坊，经营良好，加之田产租赁收入，资金充裕，生活很是富足。

1919 年，当五四运动的革命风潮传播到夏港这个江南小镇时，朱杏南满腔热情地投入到声援活动中。经过五四运动的洗礼，他的思想发生了很大变化。1921 年，朱杏南与本镇旅外青年十余人组织了“夏港同志会”，推崇“启发民智，普及教育”，会址即在朱家。他们经常一起讨论新思想和新文化，力主教育救国。在朱杏南的努力下，该会先后创办了阅览室、暑假补习学校、俱乐部，鉴于朱杏南的威望和能力，他被推为夏港镇学董。其后，朱杏南增办小学，捐资建校舍，并主张对穷苦人家的孩子免费入学，且给予适当补助。

1927 年 3 月中旬，军阀孙传芳部 5000 余人从常州逃至夏港，意欲在此负隅顽抗，朱杏南参加了驱逐军阀的斗争，并因此积劳成疾。

同年 3 月，朱杏南参加了中共江阴特支举办的江阴农民运动训练班，使他视野大开，学习到了许多新鲜的革命理论。为了发动农民，建立农民武装，朱杏南和同志们一道打捞军阀部队溃退时丢弃在河潭中的枪支，最终在夏港西乡成立了农民武装。在朱杏南的领导下，夏港的农民运动不断开展，然而此时的大革命已然潜伏失败的危机，国民党右派正在酝酿叛变革命，反革命的屠刀即将举起。1927 年，蒋介石发动了四一二反革命政变，国民党右派向共产党人挥舞起屠刀，一批批共产党人倒在淋漓的鲜血中，第一次国共合作趋于破裂，革命转入了低潮。不久，江阴夏港的农民武装被强令解散。对此，朱杏南没有消沉和悲观，而是积极地等待时机，以图革命的再起。

1927年八七会议后，中共江阴县委贯彻八七会议精神，组织了多次农民武装暴动，身为县委委员的朱杏南积极参与其中。出身富裕家庭的朱杏南以实实在在的革命行动显示了自己背离所属阶级、果敢前行的革命精神。1928年3月21日晚，朱杏南参加了东乡的峭岐暴动，此次行动打垮了该地的地主武装和驻地警察，并清算了该地的恶霸地主的罪行，展现了共产党领导下农民武装的力量。

鉴于朱杏南在当地的影响力和坚决革命的精神，国民党县党部人员对朱杏南软硬兼施、利诱威逼，企图使其放弃革命。一次，国民党县党部姜某等一行曾要朱杏南与他们见面，商谈他参与革命一事，企图诱迫朱杏南叛变，后遭到朱杏南当面训斥，揭穿了他们的阴谋诡计，姜某等一行不得不悻悻而归。

不久，国民党悬赏1000银圆通缉朱杏南，并利用叛徒探听其行踪。国民党军警曾三次包围朱杏南的家及周围，企图逮捕革命者，第一次朱杏南在农民的掩护下躲进猪圈方未被搜到；第二次躲进楼顶的天花板方才脱险；第三次由于他反应机敏，及时跃出楼窗并爬行数家屋顶，方幸免于难。

夏港的白色恐怖愈加严重，为了保存革命的有生力量，革命者不得不注重革命策略。鉴于朱杏南在江阴已无法立足，1929年春，党组织把他调至苏州担任县委书记，化名黄春涛。他一到苏州即开展工作，联系党员，发展组织，经过一个月的努力，县委就与76名党员接上关系，并领导他们开展斗争。在异常险恶的环境下，朱杏南仍积极从事工人运动，并努力在太湖、阳澄湖开展农民运动，为在此建立革命根据地而积极准备。

当时党内经费较为困难，朱杏南由于家境殷实，他就每月从家中取钱与大家分用。据朱杏南女儿回忆："朱杏南参加革命和被捕后，为筹集革命活动经费和营救之用，把土地陆续卖掉。”“分归朱杏南名下的土地，一直由在家主持家务的申蕴莹管理。据申蕴莹生前讲，当时朱杏南为了革命活动需要经费，经常回家要她卖掉土地，她不肯时朱杏南硬要她卖……”由此可见，朱杏南真可谓是“变卖家产闹革命”。

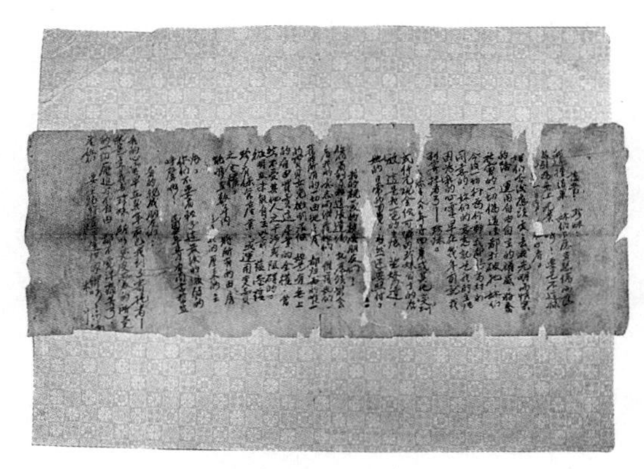

朱杏南在狱中写给妻子的信

1929 年 9 月，因携带革命宣传品的人员被国民党路警抓获，敌人根据线索连夜搜捕，9 日晚，朱杏南不幸在寓所被捕。之后，历经各种酷刑，并由国民党省党部、县党部、县政府、警察局、苏州驻军等五个方面会审，朱杏南始终坚贞不屈。国民党终无所获，最后将其转送至南京国民党军政部陆军署军法司监狱，判其死刑。

《雨花英烈家书》中有一封朱杏南 1931 年 5 月在狱中给蕴莹、珍妹的信，收信人是他的两位亲人。在信中他留下了这样一段话：“我这种结果，你们不应当悲伤而应该引为无上光荣啊！”就在写信的当月 19 日，朱杏南牺牲在雨花台刑场。从信中可以看出，他已经预料到“结果”，而“无上光荣”则是他对自己献身的壮丽事业的高度认可和由衷讴歌。

读书不能为人类谋幸福，怎能对得起母亲

——陈景星

陈景星，1908 年出生，辽宁海城人。1929 年 10 月加入中国共产党。1930 年 8 月因中共南京党组织遭破坏被捕，9 月牺牲。

母亲，你对我的爱、对我的体贴，那是使我时时不会忘记的……你为我挨了很多的累，吃了很多的苦，甚致于被债主们的逼迫，处处方面你都代表着慈母的爱……然而慈母爱儿的亲热，我能如何报答呢……我常想，我若是读了很多的书，不能为社会上的被践踏的人类谋些幸福，那我怎能对起母亲呢，怎能对起母亲疼儿一场呢。

1930 年 6 月，陈景星给数千里外的母亲写了一封发自肺腑的长信，此信也可以说是一封诀别信，这是信中的部分文字内容。短短几句话，表达了陈景星对母亲的拳拳深情和共产党人以解放苦难同胞为己任的伟大胸怀。

时任中共南京市委常委的陈景星，放弃了暑期回辽宁老家看望母亲、妻子和幼女的打算，留在学校参与领导南京暴动。信发出两个月后，陈景星即被捕牺牲。

陈景星，出生于辽宁省海城县的一个中农家庭，他从小天资好，懂

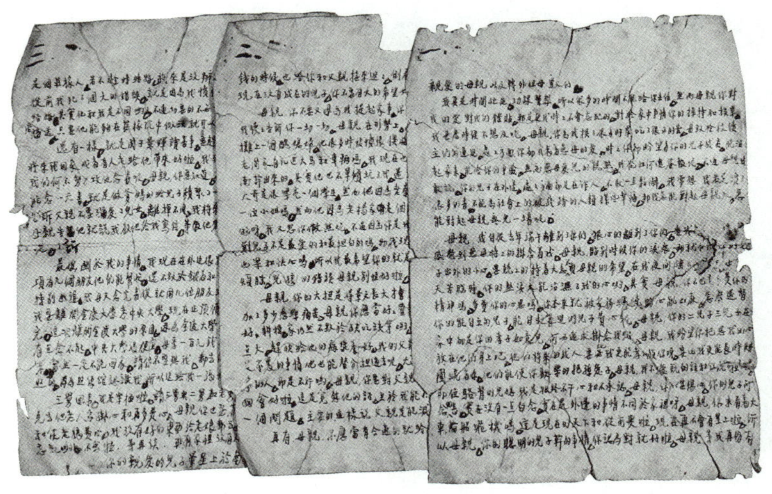

1930 年 6 月，陈景星在金陵大学读书时写给家人的信

事早，深受母亲的喜爱。为了出人头地，陈景星母亲节衣缩食，送他到私塾读书。

陈景星书读得越多，家庭的负担越重，等他念完初中，家里生活已经相当拮据。于是他休学两年在家帮助干活，同时奉父命结婚成家，育有一女。

1927 年秋，陈景星考取了奉天省立第三高级中学。为供儿子读书，母亲把家里仅有的十几亩洼地典押给大地主，同时也借了高利贷。

带着母亲和家人的重托，陈景星来到了沈阳奉天三中。

20 世纪 20 年代末是中国政治风云急剧变幻的时期，在奉系军阀和日寇势力双重统治之下的东北，此时也受到了北伐战争怒潮的冲击。国共合作时期，国民党曾派出秘密党员，活跃在东北大中学校。这些秘密党员多属黄埔学员，他们文武双全，能说会道，在充满封建陈腐气息的学校中，散发出崭新的精神面貌，很快就引起青年学生的瞩目并围聚在他们身边，

陈景星（前排左三）在奉天省立第三高级中学读书时送老师赴法国留学时合影

奉天三中的训育主任就是其中一员。

陈景星在奉天三中读书勤奋努力，成绩优异，为人忠厚热情，是学校的活跃分子，很快被选为海城县留奉三中同乡会常委，并深得训育主任的器重，得以阅读到孙中山、瞿秋白、萧楚女的许多文章，他的思想开始受到民族民主革命思想的启迪，并有所感触。

1928 年 5 月 3 日，山东济南发生日军屠杀中国军民的惨案。国民党在沈阳组织“沈阳市大中学校反日救国会”，号召群众抵制日货。陈景星积极参加了这一活动，在学校演讲，走上街头宣传。经过斗争的洗礼，陈景星于下半年秘密加入国民党。

1928 年寒假，陈景星从沈阳回到家乡，正逢农历过年，家家户户都在贴讨吉利的春联。陈景星别出一格，在大门外树上贴上了“世界大同”的条幅。他对母亲和弟弟们讲：“家境贫寒是暂时的，将来会好起来的，过上好日子的。不图小利，不顾个家，要做一个‘先天下之忧而忧，后天下之乐而乐’的人。”母亲跟他聊家常，说“现在苛捐杂税多如牛毛，就指望你读书出来，当个官，可以改换门庭”。他耐心地劝导妈妈：“我念书，不是为了出人头地，而是为了民族和国家出力，为了实现世界大同。”

就在这一年年底，统治东北的张学良宣布“改旗易帜”，国民政府统一了全国，国民党可以在东北公开活动了。可是东北的前景并没有因此而变得美好，国民党上层争权夺利，派系矛盾重重，下层人民依旧生活在黑暗之中。

带着对社会的深深失望和探求真理的渴望，陈景星与好友石璞等人于 1929 年夏来到南京求学，不久考入金陵大学。

金陵大学是美国教会在南京创办的学校。由于信奉学术自由，在大学图书馆可以看到许多中英版的马列书籍。陈景星阅读了《国家与革命》《共产主义 ABC》等书，书中论述的崭新思想使得陈景星的思想豁然开朗，许多三民主义无法解释、国民党无法解决的矛盾，答案都在书中。

在南京，陈景星和同伴目睹了革命的首都与军阀、日寇统治下的沈阳、大连没有两样。洋人耀武扬威，开埠设厂；社会秩序混乱；有钱人西装革履，路边灾民骨瘦如柴，兵痞四处横行。他们得出结论：“蒋介石向帝国主义投降了，和封建势力妥协了，中国革命失败了”，他所寄托的希望再次被现实所打破。

面对严酷的现实，陈景星经常和进步同学讨论时局，探讨救国救民之路，阅读马列理论书籍。他的行动很快就引起校内共产党员的关注。他们有意识地接近他，和他交朋友。在中共地下党员们不断地启发教育下，陈景星的世界观发生了根本转变。他毅然选择信奉马列主义的共产党，并愿意为解放全国人民而大干一场。1929 年 10 月，陈景星加入中国共产党。

根据党的指示，走上革命道路的陈景星积极在校内外开展活动。他以金陵大学和中央大学为重点，在校内公开张贴成立自由运动大同盟公告。校外，他夜晚外出散发传单、张贴标语，组织大中学生和市民举行声援和记洋行工人罢工游行。在他的帮助下，数名学生加入了中国共产党。不久，金陵大学成立了地下党支部，陈景星担任书记，工作局面逐渐打开，金陵大学党支部成为中共南京市委的一支重要力量。

此时，国内外形势也正发生着巨大的变化。

在国际上，资本主义世界爆发了空前的经济危机，使一些发达资本主义国家的工人运动和群众斗争有了较大的发展。这些国家中一部分知识分子向往社会主义的倾向迅速增长。

在国内，国民党统治集团的内部矛盾进一步激化，客观上为革命力量的发展提供了有利条件。经过大革命失败后两年多的艰苦奋斗，中国共产党逐步从严重的困境中摆脱出来，革命事业开始走向复兴。

在这种情况下，中共中央本应正确认识形势，抓住有利时机，推进革命事业的发展。然而，这时党内一些领导人受共产国际“左”倾指导思想的影响，以李立三为首的“左”倾盲动错误路线日益抬头。

根据中共江苏省委指示，南京市的党、团、工会组织合并，在1930年5月上旬成立红五月行动委员会，红五月行动纲领是组织政治罢工，同盟罢工，组织地方暴动，并准备全国暴动。7月，中共中央重点部署了南京等中心城市的暴动工作。即使面对红五月斗争接二连三地受到挫折，中共南京市委还是根据上级指示成立了市行动委员会，对南京暴动作出部署，并下达各支部。

陈景星深知暴动是血与火的战斗，他已做好了为革命献身的思想准备。于是他提起笔，给母亲写了一封长信，挥泪斩断了亲情，义无反顾地投身到残酷的斗争中去。

在敌人的疯狂搜捕和残酷镇压下，南京暴动尚未发动起来，中共南京地下党组织即遭到严重破坏。由于叛徒的出卖，陈景星与金大的其他学生党员相继被捕，不久牺牲于雨花台。

中国革命是在曲折中艰难前行的。在探索革命道路的过程中，党也曾经出现过失误，一些革命活动曾经是在错误路线指导下展开的，它无疑给党的事业带来损失和牺牲。陈景星等革命烈士，就是在这种斗争背景中牺牲的。革命年代，共产党人在逆境和迷茫中所表现出来的牺牲精神，在留给后人历史经验的同时，也昭示了那一代革命者，对自己选择的理想的坚定和执着，其中的精神气质，对于永远奋斗的共产党人依然具有典范意义。

我自从入团的那天起，就准备随时牺牲

——曹顺标

曹顺标，1913 年出生，浙江萧山人。1928 年加入中国共产主义青年团。1932 年 7 月在上海参加江苏省反帝代表大会时被捕，解来南京，10 月牺牲。

革命总有人要牺牲。死是没有什么可怕的，我自从入团的那天起，就准备随时牺牲。如果我死了，只有两件事感到遗憾：一件是，再不能革命了；还有一件是，我只活了十九年，还没有恋爱过。

这是温济泽回忆曹顺标牺牲前所说的话。温济泽与曹顺标一起在上海民联青年部工作，因同一个案件被捕，也被同时关押在一个监狱、一间牢房。

曹顺标 1930 年在上海的留影

曹顺标，浙江萧山人，1928 年加入共产主义青年团。此时的曹顺标虽然还不是共产党员，但是他已经把共产主义作为自己的最高信仰，这句话充分表达了他英勇不屈的意志，坚不可摧的信念，为了革命理想，生命和爱情都可以置身度外。

1931 年九一八事变发生后，全国各地反日浪潮不断高涨。12 月 6 日，中共江苏省委领导成立了上海民众反日救国联合会，以加强对上海诸多抗日团体的领导，推动上海抗日运动的发展。

1932 年一·二八事变开始，在为期一个多月的淞沪抗战期间，支援十九路军抗日的群众运动更是风起云涌。中共江苏省委领导的上海民众反日救国联合会及上海大、中学生会等群众反日团体，组织人员参加义勇军及后方援助工作，曹顺标积极投身于这些活动中。

1932 年 5 月 5 日，国民政府与日本签订了《淞沪停战协定》，中国政府从上海撤出所有正规军，日本军队却可以驻守上海。这个协定遭到中共领导的中华苏维埃共和国临时中央政府和许多进步人士的强烈谴责和反对，而国民党当局此时却对内血腥镇压、取缔抗日运动。

在这种严峻的形势下，中共江苏省委通过上海民众反日救国联合会和上海反帝大同盟，上海大、中学联等数十个抗日团体，发起成立上海民众反对停战协定援助东北义勇军联合会（简称“上海民联”），继续组织和领导上海人民的抗日斗争。

曹顺标被党组织调任上海民联青年部任专职干事，协助部长温济泽主持青年部日常工作。

随着全国抗日运动形势的发展，中共中央决定于 1932 年 8 月 1 日成立全国反帝大同盟，以统一和推动全国的反帝斗争，掀起新的抗日运动高潮。中共江苏省委根据中央精神，决定进一步扩大江苏全省反帝大同盟，责成上海民联召开筹备会议，成立筹备处。

会议筹备处于会前在报纸上刊登了公告：“由东北旅沪同乡会等八十余民众团体发起召集江苏省及全国民众援助东北义勇军反对上海自由市代表大会，业于六月二十四日开筹备大会，正式成立筹备处，并经决定于七月十五日召集江苏全省代表大会，八月一日召集全国代表大会……共商国事……”由于租借会场遇到困难，大会推迟了两天。

7 月 17 日在上海共和大戏院召开江苏全省反帝代表大会，公开名义是上海民众援助东北义勇军反对上海自由市代表大会。会议地址在上海沪西劳勃生路（今长寿路）。

当天清晨，作为大会筹备处工作人员的曹顺标，提前赶往共和舞台戏院布置会场。当他带着大会准备的文件和传单到达会场后，发现周围有几个特务模样的人，后来又来了好几个。他感到形势不对，于是和温济泽赶紧把十几种传单和大会决议与通电的草稿，其中有致中华苏维埃共和国临时中央政府和致红军的电稿等都藏在一个墙洞内。他们找到大会主席团主席，建议延期开会，疏散与会人员，但是时间已经来不及了。

大批的武装警察会同特务、租界巡捕包围会场并冲进戏院，当场逮捕了 88 位大会代表。这起案件史称“共舞台案”，是 20 世纪 30 年代在上海被捕人数众多的震惊全国的大案之一。当天的上海、南京等地报纸都用“本案关系甚大”“事关颠覆党国”等大字标题做了报道。

7 月 29 日晚，全案人员又被移解到南京军政部军法司看守所，一个星期后，又被押解至南京警备司令部看守所。在这里，所有的人都被剃光了头，胸前挂上写着“赤匪”两个大字的纸牌，照了相，还在登记姓名、籍贯等的表格上按了十个手指的指纹，并且换上了比原来更重的脚镣。

看守所的男女牢房是中间一堵墙隔开的两个平行、密闭小弄堂，男牢房的弄堂口有扇用把大铁锁锁着的铁门，弄堂两边各有八九间号子。号子里架着双人床和一个马桶。由于抓的人比较多，监狱里人满为患，号子里没有多大地方走动。

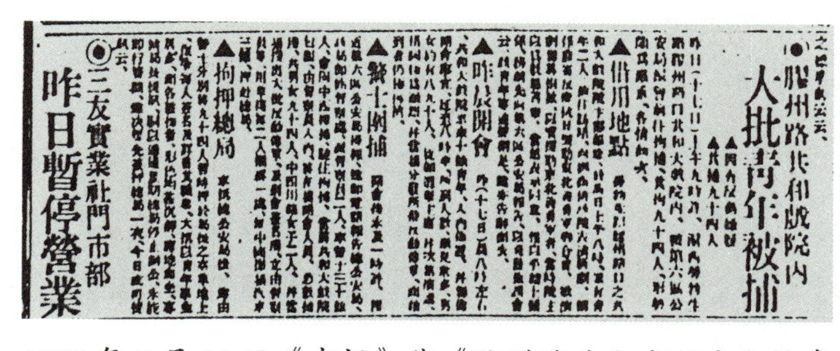
膠州路共和戲院內
大批青年被捕
▲借用地點
▲昨晨開會
▲警士圍捕
▲拘押總局
三友實業社門市部
昨日暫停營業

1932 年 7 月 18 日《申报》载《胶州路共和戏院内大批青年被捕》

南京 8 月份的太阳晒得墙壁发烫，号子像个火炉，人体的汗味和粪便的气味，使得呼吸都困难。

在南京警备司令部看守所，被捕的同案人中有 4 人叛变，其中有人供出曹顺标是共青团员、上海民联的青年部长，主持青年部的日常工作，这次被警察搜出的各种文件和传单，就是他带到会场的。温济泽也被供出是共青团员，但是只听说，没见过温济泽其人。为了保护其他同志，曹顺标承认了自己的身份，也承担了所有的“罪责”。

在监狱里，曹顺标和温济泽合盖一床薄被，他们经常在被窝里悄悄交流，曹顺标用手指在温济泽的手心写字，吐露心声。他还告诉温济泽，在上海民联青年部工作时，曾对一个有着共同理想的女孩萌生了初恋的情感，女孩对他也有意思，但两人谁也没有说出口。

在狱中，曹顺标常常背诵裴多菲的诗句“生命诚可贵，爱情价更高。若为自由故，两者皆可抛”，背完后笑着说：“多好的诗啊！我现在只有两者皆可抛了。”

不久，蒋介石亲自下达“密斩一批”的命令，涉案的人中有 13 人被判死刑，曹顺标即是其中之一，同时他也是这 13 个人中年龄最小的一位。面对死讯，曹顺标一点都没有慌乱，倒是对革命充满了信心。他请温济泽“设法带信给我的大哥曹鼎，他是个党员。要他把我埋在大路旁，我要睁眼看着，等红军打进南京城，才能闭上眼睛”。

1932 年 10 月 1 日，曹顺标等 13 人在雨花台英勇就义。

曹顺标是牺牲在雨花台最为年轻的几名烈士之一。他在就义前留给难友的话语，真实地反映了一位热爱生活的年轻革命者的内心世界。曹顺标留下的遗憾，反映了革命的艰辛和革命者人生抉择的严酷。先烈们关键时刻的取舍，展示的是共产党人的底蕴和品格。

我们是真理的追求者，我们是最快活的人

——高文华

高文华，1907 年出生，江苏无锡人。1925 年加入中国共产党。1928 年 3 月在无锡周山浜汤家桥联络工作时被捕，解来南京，1931 年 7 月牺牲。

我们虽然苦，但我们的良心没有受罪。我们虽然苦，我们依旧有我们至高无上的精神的愉快。总之，我们是真理的追求者，我们是最公正无私的人，我们是最快活的人呀！

这是1929年12月，高文华写给父亲的家书里的一段话。那时的中国大地，正笼罩在一片白色恐怖阴霾中，中国共产党所领导的人民革命斗争处于最艰难的年代。中国共产党人在黑暗中苦苦探寻，始终高擎革命旗帜、坚守伟大信仰。高文华就是这其中的一员。他和众多在雨花台牺牲的黄埔军校英烈一样，在风雷激荡的大革命洪流中毅然加入中国共产党，随军东征北伐，一路所向披靡；在大革命失败后反动势力高压政策下，坚守共产党人政治立场，坚决捍卫初心，誓死追求真理。

高文华，化名程清，笔名高潮，1907年出生于江苏无锡。自幼就勤勉好学、遍览群书。1922年，从江苏省立第三师范学校附属小学毕业的高文华，以优异成绩考入了位于南京的国立东南大学附属中学。他一边学习，一边在附近的书店打工，在补贴生活所需的同时，也利用闲暇时间阅读了大量书刊。而这时的国内，马克思主义正广泛传播，并在新文化运动中占据主导地位。也就是从这时起，高文华在校接触了一批具有新思想的师生，阅读了《新青年》《中国青年》等不少进步书刊，逐步确立起投身革命、改造社会的远大志向。后来，高文华在回忆这段经历时曾写道："幸而教员和同学好，他们介绍了不少Marx的思想，因而生活上、思想上便渐渐地改正了。终于积极到革命，跑到广东去进黄埔……"

1924年冬天，高文华来到了当时中国革命的中心广州，成为黄埔军校第三期的学员，并被分配至步兵科。

来到黄埔，就意味着必须勇于奋进、无畏牺牲。1925 年 1 月，占据广东东江地区的军阀陈炯明部，趁孙中山离广北上之际，在英帝国主义和北洋军阀段祺瑞政府的支持下，自命为“救粤军总司令”，向其所辖部队下达了进攻广州的命令。为统一广东、巩固基地，在中国共产党的倡议和号召下，广东革命政府于 1 月 15 日发布了《东征宣言》，组成了以黄埔学生军为主力的东征军。刚刚入校不久的高文华，便作为入伍生参加了讨伐军阀陈炯明部的第一次东征，开启了自己的戎马生涯。

9 月，陈炯明残部乘东征军主力回师广州讨伐杨希闵、刘震寰叛乱之机，卷土重来，重占潮州、汕头等地，在盘踞广东东南部的军阀邓本殷部的配合下，企图向广州再度发起进攻。为了彻底消灭广东境内的军阀势力，统一和巩固广东革命根据地，广东革命政府决定进行第二次东征。而此时的高文华，已被分配到新成立的第三师某连担任党代表，再次踏上东征战场。在这支由旧式军队改编而来的部队担任党代表，高文华深知其开展政治工作的责任之大、困难之多。他处处以身作则，战场上冲锋在前，平时与战士同吃同住，对战士关心有加，很快赢得了连队上下的钦佩与信任。10 月 14 日，东征军在省港罢工工人、东江农民的配合下攻占惠州，高文华所在连队以饱满的精神状态在此次殊死之战中立下战功。11 月初，东征军完全收复了东江地区，全歼了陈炯明部的反革命军队，统一了广东全省，为出师北伐准备了条件，奠定了可靠的后方基地。

经过两次东征的历练，年轻的高文华愈加成熟，并担任了连队指挥员。当时的黄埔学生军以共产党员和共青团员为骨干力量，高文华也由此接触了许多党团员，学习了更多的马克思主义理论。在黄埔军校期间，高文华阅读了《共产党宣言》《共产主义 ABC》等理论著作，拳拳服膺于马克思主义真理所指引的科学路径和所昭示的光明前景，逐步建立起牢固的共产主义信仰。在他参加两次东征的这一年，高文华加入了中国共产党，成了信仰坚定的无产阶级革命者。

高文华曾说过：“为人类争真理的英勇斗争，才是奋斗，所以一个真正的奋斗者，决不顾虑牺牲的大小、成功的多少或者失败的。我要做的就是使天下穷苦人将来能够吃饱穿暖的事情。”

1926年5月，高文华在黄埔军校时写给父亲的信

1926年5月，高文华曾接到父亲寄来的家信，说已为他在胶济铁路沿线谋得一份工作，月薪是不菲的六十块大洋，希望他尽快结束学业，前去山东赴职。而高文华却拒绝了，他在写给父亲的回信中说：“我是一个革命者，我怎会受钱的牵动呢？老实说，山东有六百元、六千元一月的事，我都不做的。”

作为家中长子，高文华虽常年在外，但由衷理解父母的苦衷。他在黄埔军校上学期间一直省吃俭用，还努力筹款供家中弟妹们上学，始终关心着弟妹们的成长。他还曾在出师途中去信给妹妹高福珍，勉励妹妹除了加强自身的进步，还希望她不断团结同学、组织团体、积聚力量，通过宣传革命思想来推动妇女解放。

东征过后，全国的革命浪潮持续高涨。1926年7月，为了彻底推翻北洋军阀的反动统治，国民革命军约十万人从广东分三路正式挥师北伐。

在北伐中，高文华担任北伐军总司令部工兵团营指导员，随第四军作战。高文华英勇奋战，无畏枪林弹雨，随军一路北进，攻克武昌。这年冬，高文华奉命前往南昌，并升任总司令部工兵团党代表，而这时的他才19岁。

随着北伐战争的节节胜利和革命力量的蓬勃发展，帝国主义在华利益受到严重威胁。他们在设法进行武装干涉的同时，更加紧了对中国革命阵营的分化，积极策动资产阶级右派的叛变。而此时，国民党新右派蒋介石集团的反革命面目也日渐显露。与此同时，黄埔军校的学生也因为信仰的不同而日益分化，分道扬镳。

面对国民党右派的极力拉拢，高文华断然拒绝。在革命形势急转直下的境况下，他言辞激烈地揭露反动势力的真正面目，并积极从事反蒋宣传。他说："外国洋鬼子又向我们受穷苦的人民更进一步的进攻了，他们要利用新的压迫人民的工具新军阀——蒋介石——来向革命的战线进攻着……"

其后，高文华因从事反蒋活动被捕，后经中共党组织全力营救才获释。

1927年4月12日，蒋介石公开叛变革命，大肆屠杀共产党人与革命志士，大革命最终失败，第一次国共合作全面破裂。高文华回到家乡无锡，继续从事党的革命工作，任共青团无锡县委宣传委员。8月，中共江苏省委为贯彻八七会议上确定的"土地革命和武装斗争的总方针"，决定在各地发动和领导农民暴动，组织工农革命军队，建立工农革命政权，解决农民土地问题。高文华在无锡全力配合团县委书记乔心全的工作，在当地积极策应农民暴动事宜。然而，11月9日晚发动的农民暴动遭到了国民党反动派的武装镇压，两日后，中共无锡党团组织遭到严重破坏，包括乔心全在内的许多同志被捕。在这一危急时刻，高文华临危受命，担任共青团无锡县委书记，以化名程清为掩护，设法恢复组织，坚持地下斗争。1928年3月，

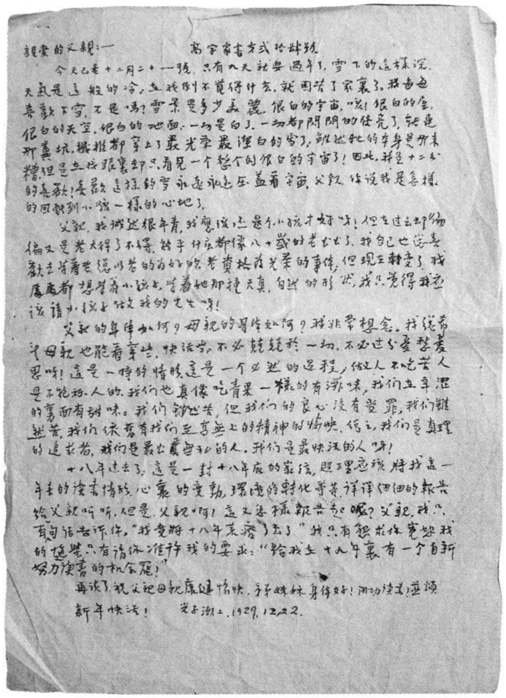
親愛的父親：—　　　　高字家書第式拾肆號

今天已是十二月二十一號，只有九天就要過年了，雪下的這樣深，天氣是這般的冷，可是我倒不覺得什麼，就因為了家裏了。我每每喜歡下雪，不是嗎？雪景是多少美麗，銀白的宇宙，哎！銀白的屋，銀白的天空，銀白的地面，一切是白了，一切都閃閃的發亮了，就連那糞坑，垃圾都穿上了最光榮最潔白的雪了，雖然牠的本身是那末糟，但是在我眼裏卻只看見一個整個的銀白的宇宙了！因此，我是十二分的喜歡！喜歡這樣的雪永遠永遠蓋著宇宙，父親，你說我是怎樣的回覆到小孩一樣的心地了。

父親，我雖然很年青，我應該還是個小孩才好呀！但在過去卻偏偏又是老大得了不得，幾乎什麼都像八十歲的老公公了，我自己也很喜歡去學著老練比老的為好似老資格有光榮的事情，但現在轉變了，我處處都想學著小孩子，學著她那種天真，自然的形狀，我只覺得我應該請小孩子做我的先生呀！

父親的身體如何？母親的身體如何？我非常想念。我很希望母親也能看穿些，快活些，不必斤斤於一切，不必過分憂愁焦思呀！這是一時的情形，這是一個必然的過程，做人不吃苦人是不能成人的，我們也真像吃青果一樣的有澀味，我們在辛澀的裏面有甜味。我們雖然苦，但我們的良心沒有受罪，我們雖然苦，我們依舊有我們至高無上的精神的愉快，總之，我們是真理的追求者，我們是最公廣無私的人，我們是最快活的人呀！

十八年過去了，這是一封十八年底的家信，照理應該將我這一年來的讀書情形，心裏的變動，環境的轉化等等，詳詳細細的報告給父親聽聽，但是，父親呀！這又怎樣報告起呢？父親，我只有一句話告訴你，"我竟將十八年荒廢了去了。"我只有懇求你寬恕我的過失，只有請你准許我的要求："給我在十九年裏有一個自新努力讀書的機會罷！"

再談了，祝父親母親康健愉快，弟弟妹妹身體好！用功讀書！並頌
新年快活！　　兒文淵上，1929，12，22.

1929 年，高文华在狱中写给父亲的信

他在无锡周山浜汤家桥联络工作时不幸被捕，后被解来南京。

狱中的高文华任凭敌人百般摧残，也严守党的秘密。他在狱中保持了高度的革命乐观主义精神，每日坚持学习、笔耕不辍，留下了许许多多的书信与诗文。这些狱中飞鸿的字里行间，满是对正确信仰的坚贞和对革命前景的信心。1929 年 12 月，高文华在狱中写给父亲的信中表明了以身殉志的决心。1931 年 7 月，高文华在狱中病逝。

高文华牺牲时年仅 24 岁。1926 年，19 岁的他，毅然写信回绝了父亲为他找的一份工作，作为团的党代表驰骋北伐战场上。1928 年，他被捕时才 21 岁，在狱中坚持斗争 3 年。从这位年轻烈士的身上，我们可以深切感悟到共产党人的公而忘私、舍生取义的奋斗精神。

一定要与东北人民同患难共生死

——罗登贤

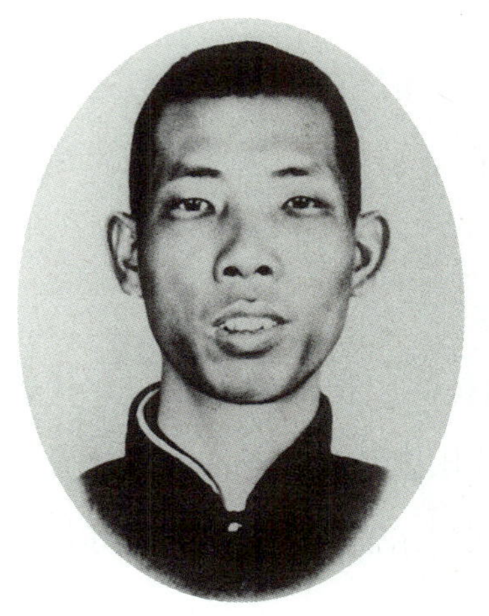

罗登贤，1905 年出生，广东南海人。1925 年加入中国共产党。1933 年 3 月在上海出席全国海员工人会议时被捕，4 月解来南京，8 月牺牲。

我们共产党一定要与东北人民同患难，共生死，争取东北的人民不被蹂躏，我们就在这里和人民一起抗日，不驱逐日寇，任何人不能提出离开东北的要求，谁如果提出这样的要求，就是恐惧动摇分子，就不是中国共产党党员。

1931年，中共中央派罗登贤前往沈阳担任中央驻东北代表，负责组织领导东北地下党的斗争。他一到沈阳就积极指导满洲省委在各大城市广泛发动工人运动。不久，又赴黑龙江哈尔滨巡视，指导哈尔滨特委组织开展革命斗争。

九一八事变后，在尚未接到中共中央具体指示的情况下，罗登贤以“达平”为化名，在松花江桥下边一个叫牛甸子的小沙岛上召开北满党的负责人会议。会上罗登贤分析了当时危急的形势后指出：“我们共产党一定要与东北人民同患难，共生死，争取东北的人民不被蹂躏，我们就在这里和人民一起抗日，不驱逐日寇，任何人不能提出离开东北的要求，谁如果提出这样的要求，就是恐惧动摇分子，就不是中国共产党党员。”

随后，中共满洲省委于9月19日、21日相继发表了反对日本帝国主义武装侵略东北的宣言与决议，同时指示东北各地的党组织，立即领导工人罢工、学生罢课、农民暴动，掀起了声势浩大的抗日救亡运动。

1931年9月22日，中共中央发表了《中央关于日本帝国主义强占满洲事变的决议》，决议中指出：“在满洲更应该加紧的组织群众的反帝运动，发动群众争斗（北宁路，中东路，哈尔滨等），来反抗日本帝国主义的侵略，加紧在北满军队中的工作，组织他的兵变与游击战争，直接给日本帝国主义以严重的打击。”罗登贤和满洲省委的其他领导同志一起，坚决贯彻党中央的指示精神，着手开展党在东北的各项工作。

中共满洲省委机关旧址

中共满洲省委的抗日活动遭到日本关东军疯狂的镇压。11 月，驻沈阳的中共满洲省委机关遭到严重破坏，省委书记、军委书记等相继被捕。12 月，罗登贤临危受命，重组新的中共满洲省委，并担任省委书记兼组织部长。他迅速将省委机关转移到尚未被日本人占领的哈尔滨，并在省委秘书长冯仲云的家里召开省委常委会。会议决议指出：党在东北的任务是领导东北人民同日本帝国主义进行斗争，大规模组织群众武装，扩大抗日战争，将日本侵略者驱逐出满洲。罗登贤根据东北的具体形势，及时调整了省委的工作重点，确定地下党的活动重点由城市转入农村，建立党领导的抗日根据地。

1932 年，党中央机关刊物《红旗周刊》第 20 期（1931 年 10 月 21 日出版）传到东北，该期周刊载有周恩来以伍豪为笔名发表的重要文章：《日本帝国主义占领满洲与我党的当前任务》。罗登贤组织满洲省委相关负责人认真学习了这篇文章，进一步明确了武装斗争的重要性。面对严酷的斗争形势，罗登贤进行了深入的思考。根据周恩来的指示精神，他深入群众，开展考察，并在东北党组织内提出了共产党要下乡发动抗日游击战争的口号。这个口号也成了东北党组织开展工作的最基础指示。

东北党组织在东北开展的首要工作就是要联合一切可联合的力量，大家一起共同抗日。罗登贤和省委军委书记杨林、周保中等起草了《抗日救国武装人民群众进行游击战争》的文件，先后派出一大批优秀党员，分赴各地组织武装抗日斗争。东北各地抗日义勇军的兴起，打击了日本侵略者的嚣张气焰，延缓了日军迅速占领东北的计划，鼓舞了东北人民抗日救国的信心。但义勇军成分庞杂，组织混乱，易出现分化瓦解。罗登贤和满洲省委认识到，要取得抗日战争的彻底胜利，必须迅速创建党直接领导的抗日武装。

被派往各地的党员，罗登贤都亲自找他们谈话，交代工作任务及完成任务的方法，鼓励他们为东北民族解放斗争做出贡献，使义勇军变成了真正由共产党领导的有组织有纪律的部队。在南满地区，1932 年春，中共满洲省委先后派出共产党员杨君武与省委军委书记杨林，到吉林省磐石县，在那里创建磐石工农义勇军。后来又派杨靖宇领导这支队伍，使之发展成

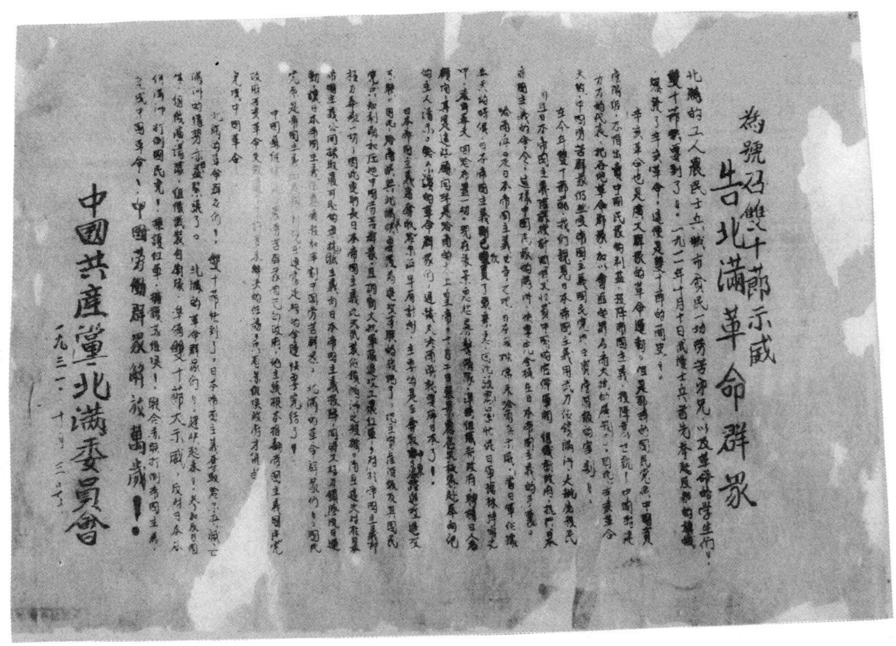
為號召雙十節示威
告北滿革命群衆

中國共產黨北滿委員會

1931 年 10 月，中共满洲省委发表的《告北满革命群众》，号召东北人民奋起抗击日本侵略者

为日后威名赫赫的东北抗日联军第1军。在东满地区，中共满洲省委派童长荣任特委书记，创建了延吉、和龙、珲春、汪清等反日游击队，后来发展成为抗日联军第2军。在北满和吉东地区，省委派赵尚志、冯仲云、周保中等同志，先后创建了巴彦、海伦、珠河、汤原、密山、宁安等多支抗日游击队，后来发展壮大为东北抗日联军第3、4、5、6、7军。有的党员将绿林武装“平南洋”改造成工农义务队，成为抗联第5军的一个师，成为抗日统一战线的一个成功例子。

在罗登贤担任中共满洲省委书记的1931年到1932年期间，他派出100多名党团员干部赴东北各地独立创建抗日游击队，许多共产党员、爱国知识分子及先进工人参加了李杜、马占山等抗日部队。他还从反帝大同盟、互济会、反日会等进步团体中，抽调大批骨干到义勇军部队开展统战工作，担任各种领导职务，宣传党的抗日主张，组建党小组和党支部，推动了东北义勇军抗日救国斗争高潮的形成。东北相继建成了吉林、辽宁、海伦、磐石、海龙等抗日游击队，使东北抗日武装从无到有、从小到大、从弱到强。这些游击队后来就是东北抗日联军的基础部队。

罗登贤的革命活动，引起了敌人的注意，在东北的工作使他的处境越来越危险。伪满政府对罗登贤展开了公开通缉和暗中追捕，有几次他去沈阳都差一点遭到逮捕，但他不顾个人安危，继续忘我地工作。他坚毅、冷静、不屈不挠的革命精神和作风，对东北党内的许多干部具有良好的影响。

当罗登贤在艰难困苦的条件下领导东北人民进行抗日斗争的时候，王明等人却横加指责。王明等人不承认九一八事变后中日民族矛盾逐步上升及国内阶级矛盾逐步发生了新变化的事实，错误地认为中间派别是“最危险的敌人”，要与其进行“决死斗争”。1932年夏，罗登贤被撤销职务，但他仍顶着巨大的压力，继续坚持在东北开展工作。

同年 12 月，罗登贤被任命为中华全国总工会上海执行局党团书记，在上海继续为党努力工作。1933 年 3 月因叛徒出卖，他不幸被捕。8 月 29 日，屡遭酷刑而坚贞不屈的罗登贤在南京雨花台英勇就义。赴刑场前，敌人问罗登贤有何遗言，罗登贤从容地说出了自己的肺腑之言："个人死不足惜，全国人民未解放，责任未了，才是千古遗憾！"

1935 年，中共中央发表的《八一宣言》上称罗登贤为民族英雄，肯定了他为抗日救国做出的历史贡献。

罗登贤 26 岁那年，以中共中央政治局候补委员的身份到东北领导抗日斗争，面对凶恶的日本侵略者，在远离中央、遭受错误路线排挤的不利环境下，他凭借着对祖国和人民的深沉情感和非凡的革命勇气，坚定地举起抗日义旗，肇创东北抗日人民武装，为凝聚人民力量、打开抗战局面做出了重大贡献。把崇高使命转化为胜利成果，需要像罗登贤烈士那样，信仰坚定，能力超群。

为救国而死，死得光明

——周执中

周执中，1902 年出生，四川内江人。1926 年加入中国共产党。1934 年在南京浦口从事革命工作时被捕，1936 年牺牲。

你二舅舅在打日本鬼子的最前线死去，他为救国而死，是死得光明的……今后努力读书，将来长大了，好替你二舅舅报仇。杀完日本鬼子、汉奸、叛逆，把已失的东北四省，从日本帝国主义的手中夺回来，以完成你为救国救民而牺牲的二舅舅的遗志。

这是一封著名的抗战家书中的话语，这封家书至今被人们铭记。

这封家书写于 1933 年 6 月 12 日，是身在上海的周执中为回复外甥百钧来信所写。外甥信中告知周执中，外公外婆得知周健民（周执中弟弟）死于战场后伤心欲绝，整天以泪洗面。周执中心如刀绞，于是给外甥回复了这封饱含热泪和仇恨，深藏着爱国、爱家的双重情感的信。在信中，周执中请外甥代自己多多安慰老人，并嘱咐外甥坚定抗日救国信心，完

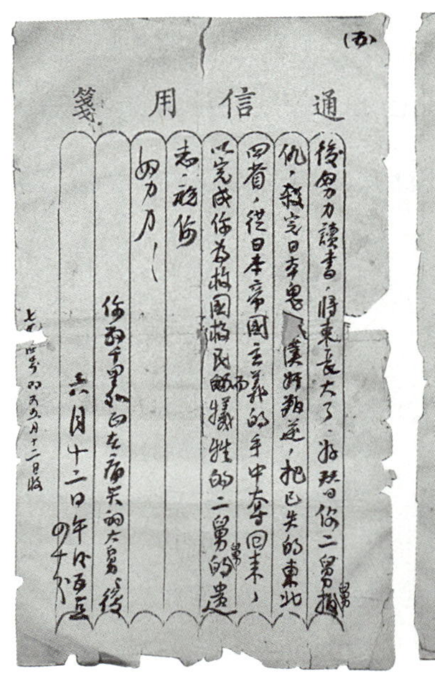
（五）

通信用箋

後努力讀書，將來長大了，好替你二舅舅報仇。殺完日本鬼子、漢奸叛逆，把已失的東北四省，從日本帝國主義的手中奪回來，以完成你為救國救民而犧牲的二舅舅的遺志。祝你努力！

六月十二日

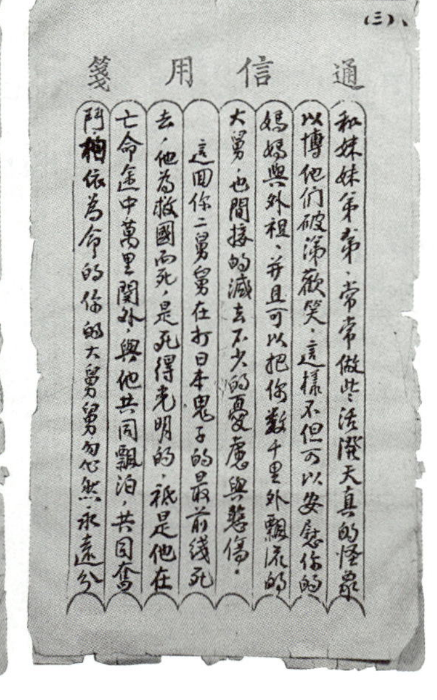
（三）

通信用箋

和妹妹弟弟，常常做些活潑天真的怪象，以博他們破涕微笑，這樣不但可以安慰你的媽媽與外祖，並且可以把你數千里外飄流的大舅，也間接的減去不少的憂慮與悲傷。

這回你二舅舅在打日本鬼子的最前線死去，他為救國而死，是死得光明的，祇是他在亡命途中萬里關外，與他共同飄泊，共同奮鬥相依為命的你的大舅舅的心無永遠

周执中给外甥的信

成前辈未竟的事业。这封信也充分体现了周执中忧国忧民、舍家为国的革命精神。

1931年九一八事变后，日本发动了对中国东北的大规模武装侵略，大片国土的迅速沦丧，强烈地震动了中国社会。各阶层爱国群众眼看着国民政府屈辱退让，无不痛心疾首、义愤填膺。群众性的抗日救亡运动很快在全国许多城市和村镇兴起。工商学兵各界民众团体和知名人士，纷纷发表通电，抗议日本的侵略暴行，要求国民政府抗日。

中共中央和中华苏维埃共和国临时中央政府多次发表宣言、作出决议，号召工农红军和被压迫民众以民族革命战争驱逐日本帝国主义出中国。

许多大中城市举行各界抗日救国大会，游行请愿，参加阶层之广，规模之大，为当时之多年所未见。南京、天津、北平、汉口、青岛等城市的工人和其他劳动群众，也都以集会请愿、募集捐款、禁售日货等形式，掀起抗日爱国运动的热潮。

从1931年10月开始，在东北相继兴起为数众多的抗日义勇军。其中比较著名的领导人有黑龙江省的马占山、苏炳文，吉林省的李杜、王德林、冯占海，辽宁省的黄显声、唐聚五等，他们领导的斗争给日军以相当大的打击。

远在千里之外的上海，在九一八事变后不久，由各界爱国青年组织成立了“上海青年自愿决死抗日救国团”（以下简称“救国团”）。该团宣言声明为：“因感国家兴亡、匹夫有责之义，爰特纠合海上同志，组织青年自愿决死抗日救国团，以追随爱国诸先烈之后，誓以鲜血头颅抗日救国，倭奴不退，誓不生还。”该团要求团员“具有相当学识能力，身体健康，能忍耐一切痛苦”，并规定“本团团员无论担任何项工作，均尽义务职，不支何项生活费、津贴费等，惟在出发途中时，由团部供给最低限度之饮食，如经济充裕时，得再发给御寒衣具，其余除办公费外，不得支领其他费用”。

此时，因领导家乡抗捐抗税斗争，遭当地反动势力通缉的周执中，正好带着弟弟周健民辗转来到上海。周执中兄弟俩义无反顾地报名参加了“救国团”，经审查合格后成为该团团员。

周执中，四川内江人，1926 年加入中国共产党，先后担任过中共四川内江县杨家乡党支部书记、内江县委委员。1930 年县委机关遭到破坏，中共党组织为保存力量，决定周执中等人暂时离开内江，避走上海。

参加“救国团”后的周执中担任秘书一职。他全力以赴，投入到宣传国难、抗日救国的行列中。在周执中等团员的共同努力和协助下，“救国团”主席黄镇东经多方募集，获得了多方机构及各界名人赞助 1400 块大洋，获得当时军政部的 1000 元经费补助以及服装补助。1932 年 1 月 15 日晚，“救国团”全体团员 55 人，由铁道部备车输送，从上海出发，北上出关杀敌。

可是“救国团”刚刚抵达北平，上海便发生了一·二八事变，日本帝国主义又在上海发动了侵略战争，妄图迫使国民党政府承认其占领东北的既成事实，并把上海变为它侵略中国内地的新基地。

闻此消息，全体团员悲愤之余，当即决定全体兼程南下回到上海，加入前方的切实工作，并沿途进行宣传，唤起民众联合起来打倒日本帝国主义。到达上海后的周执中也跟随“救国团”决意加入由蔡廷锴、蒋光鼐率领的驻扎在上海的十九路军，以达杀敌初衷。后“救国团”参加十九路军做宣传工作，因工作做得较好，颇受蔡廷锴军长之嘉许。1932 年 5 月 5 日，《淞沪停战协定》签订后，“救国团”成员考虑到“东北失地尚未收复，救国之责任未了”，为实践本团“倭奴不退，誓不生还”的誓言，1932 年 8 月，“救国团”再度出关北上。

此次北上的“救国团”成员一共 18 人，周执中带着弟弟周健民第二

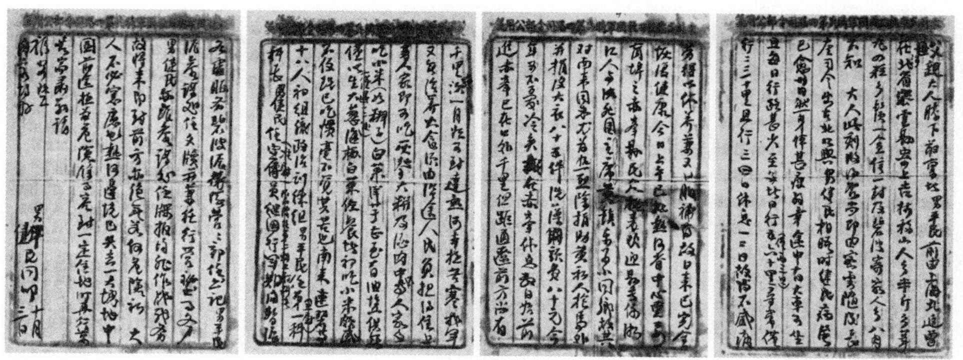

1932 年 10 月，周执中与弟弟周健民在通辽开鲁抗日前线写给父母亲的信

次随行。“救国团”随蒙边骑兵队第一支队司令成长奎，出关到热河省，此时周执中改任书记官。热河极其苦寒，队伍又无给养，食住由沿途百姓担负，一路迂道前进，跋涉数千里，费时数月，十分艰辛。1932 年 10 月，队伍在赤峰休息途中，周执中执笔写家信一封，告知父母行军状况并告知父母：“热河边境已失去一大块地，中国前途极为危险。”

1933 年 2 月初，“救国团”终于抵达开鲁抗日前线，周执中写给父母的信中对当时的状况给予了清晰的说明：“辽吉黑民众后援会念我们远道而来，不辞艰辛，不怕困难，精神和热心都很值得钦佩，因此将我们留下工作。现在大男已分配在后援会宋委员处（现代理后援会主任）办公，二男在后援会组织前敌宣传队……其余同志，也都各得处所，并且人人有枪有马，很热诚，很娱［愉］快，干救国救民的事。”

经辽吉黑民众后援会分配工作，周执中被分配任参谋处秘书，周健民被推荐到宣传队。2 月 7 日晨，周健民被派往鲁北，周执中由此与弟弟分开。

2 月下旬，日军大举进攻热河，在后援会前方办事处服务的团员们奉令暂时撤退到赤峰。由于事发突然，在撤退途中，队伍屡次被敌人追赶、冲散，在赤峰附近，完全深陷于敌占区。

周执中等人绕山越岭，爬行雪中，屡遇敌匪，备尝艰苦，前后经时月余，终于平安到达北平。经“救国团”主席清点人数，“救国团”18 名成员，除周健民等 2 同志牺牲，其余“至今生死不明者尚有 5 人，业已分别脱险来平者 11 人”。

得到弟弟牺牲的消息后，周执中悲痛欲绝。赴鲁北前线之前，兄弟俩曾促膝长谈至深夜，不忍分离，谁知一别竟成永诀。在一封残缺的家书中，周执中这样写道：“……将来信重读一遍，又整整的痛哭一场。今晨在床上思及健民，眼泪不断的流了三个钟头，我只得起来，流着眼泪给你写回信。我自成人以来，虽未尝一日离去忧郁，然绝少悲伤痛哭。十余年来，祖母、曾祖母、母亲、小妹、蒋氏相继死去，当时虽曾痛哭，然多一哭两哭即止，从未如此次健民……” 手足情谊之深跃然纸上。

周执中擦干眼泪，稍作养息后，5 月东赴上海抗日。1933 年底，周执中接上级党组织指示，赴南京考入军事学校，继续从事抗日救亡活动。

1934 年，周执中在南京浦口因叛徒出卖被捕，关押于南京宪兵司令部看守所。1935 年，他被转解至国民党中央军人监狱，代号“973”。次年，周执中牺牲于狱中。

周执中参加“上海青年自愿决死抗日救国团”时，是一名正在被通缉的共产党员。大革命失败，中国共产党遭到重创，党的活动一度转入地下。但在民族危亡之际，像周执中这样自身安危未卜的共产党人，秉持大义，挺身而出，站在了抗日斗争的前列，这一义举，充分反映了共产党人对民族责任的崇高担当。

担负起我人民一份子的历史使命

——吕惠生

吕惠生，1903 年出生，安徽无为人。1942 年加入中国共产党。1945 年 9 月随新四军第七师北撤时在芜湖被捕，解来南京，11 月牺牲。

我是一个“人”，而且是一个受了社会高深教养的知识分子。当这样国家民族空前困难，且是国家民族空前转变，将要扬弃一切坏的东西，变成一个崭新的万世幸福光明的局面的时候，在这时候，我能不尽心竭力地担负起我人民一份子的历史使命吗？我是一定要担负起来的。

这是1943年8月2日，吕惠生在日记中所写的一段文字。1942年，吕惠生任皖中行政公署主任，在艰苦的工作中，他恪尽职守，克己奉公，成为根据地党组织的表彰对象。

吕惠生，安徽无为人，1903年出生于一个寒士家庭，少年时代受到孙中山资产阶级民主主义革命思想的影响，选择以实业救国。从安庆第一甲种农业学校毕业后，他报考了国立东南大学，结果名落孙山。1922年，他考入北京国立农业专门学校（后改为国立北京农业大学）。

1924年11月，孙中山到达北京，国民党左派人士空前活跃，深深震撼了吕惠生。他在自述中讲道：“平生只习自然科学，自是才开始看社会科学。为首一书，乃三民主义。”

他很快学习和接受了三民主义思想。他在自传中说：“盖我是纯洁书生，感情丰富，民族意识最易唤起也。”

于是，吕惠生在同学黄瑞生、卢光楼的介绍下，加入了国民党。黄、卢二人皆是共产党员，吕惠生对此浑然不知，但他实际已经加入了共产党小组。

吕惠生毕业回到家乡后，在国民党左派组成的秘密县党部做秘书。

1927年3月，北伐军开进无为，国民党县党部的工作转为公开活动，并成立无为县临时行政委员会，吕惠生任委员会委员兼第一科科长。北伐军离开无为县后，4月，无为县政府反动势力反扑，吕惠生被通缉。他携带政府大印，连夜追赶北伐军，但是无为又重新落入了国民党新军阀的统治之下。随后，吕惠生回到无为任无为中学校长，又先后执教于凤阳女中、池州乡村师范和宿州乡村师范等校。

1935年，吕惠生出任无为县政府建设科科长。上任后不久，县政府决定在县城东门外的一块公地上建造一座仓库。但是这块土地长期被豪绅宋、杨两家非法霸占，他们还在这块公地上盖房打墙。宋、杨两家在得知这个消息后，很快派人将200块银圆偷偷送到吕惠生家中，请他通融，以图保住这块公地。吕惠生非常痛恨这种贿赂行为，立刻将宋、杨二人喊来，当面痛斥他们的所作所为。他义正词严地说：“贪污是丧心病狂的人所干！我虽是寒士，绝不愿不顾公家的利益，得你们的黑礼。”

吕惠生始建的洗心亭

吕惠生事后用这笔贿赂的款项在县城的绣溪公园观震潮堤岸盖了一座凉亭，还专门题名——洗心亭，以此来激励自己、警醒他人。他还为此作诗一首，表达自己的心志：

孳孳货利已根生，
哪得人人肯洗心。
只有铲除私有制，
人心才可不迷金。

吕惠生渐渐对国民党政府的腐败无能绝望不已。1936 年，他愤然退出国民党。七七事变后，吕惠生更是参与到抗日战线中去，参加了共产党领导的无为民众动员委员会。

1938 年，吕惠生与中共无为县委书记胡德荣和皖中工作委员会委员桂蓬取得联系。他逐渐在共产党和新四军的身上看到了国家的前途和民族的希望。吕惠生曾利用自己在社会上的名望，为新四军江北游击纵队的创立四处募捐，筹措粮饷，先后筹集稻谷 400 余担，大洋上千元。为维护抗日的大局，他还在国共产生摩擦时，常以地方知名人士的身份保护共产党的组织与军队。

后来，国民党当局逐渐掌握了吕惠生的政治倾向，国民党安徽省政府主席李品仙下令逮捕他。在危急关头，他化装成菜农，担着粪桶，借助晨雾掩护，携家带口投奔新四军江北游击纵队。吕惠生带着家人随军行动。他以军人的标准严格要求自己，身穿灰色粗布衣，脚上穿着自己编好的麻绳草鞋，在行军过程中，脚都磨破了。那时候，他的长女只有 12 岁，幼女也仅有 4 岁。与家人一起跟随党的革命队伍，使吕惠生倍感安慰，充满信心。他在日记中写道："我之全家已委托全部生命于革命，革命胜则我全家存，革命败则我全家亡，此已为明显不易之铁的事实，我何他虑？！"

他的孩子很早就参加了革命，第三子 8 岁时就加入了新四军第七师的大江剧团。

1940 年 4 月，吕惠生任淮南抗日根据地津浦路东各县联防办事处文教科长。不久，调任仪征县长。1941 年 4 月，新四军皖南突围队伍转战到无为，开辟皖中抗日根据地，吕惠生被组织派往无为，不久，任无为县县长。在临行前，吕惠生受到了新四军代军长陈毅的接见。陈毅与吕惠生攀谈工作之余，将一支德国造手枪送给了吕惠生。

1942 年 7 月，在无为县政府的基础上，皖中行政公署成立，吕惠生担任行署主任。年底，他加入中国共产党。1943 年 10 月，他任皖中人民抗日自卫军司令员。

吕惠生在任职期间，最令人交口称赞的政绩就是黄丝滩长江大堤修建工程。黄丝滩是无为的一段大堤，历史上多次被洪水冲垮，周边地区经常沦为泽国。吕惠生受皖中革命根据地党政机关重托，主持了大堤修建工程。此次工程于 1943 年 11 月底动工，次年 5 月初竣工，共动员民工 21 万人，经过 104 天，建成了长 13 华里，高 2 丈，底宽 12 丈的江堤，保护了无为、巢县、和县、含山、舒城、庐江、合肥等 7 县的 200 多万民众的生命财产安全。

惠生堤竣工典礼（中骑马者为吕惠生）

吕惠生在大堤修建过程中，对每一项开支和举措都进行详尽地规划和记载。他在笔记中详细记载有：以“廉”要求自己和部下——剔除中饱，涓滴归公。他还在日记中记录了黄丝滩工程总结报告，载明该工程的详细经过和每一项支出情况。他的工作也得到中共中央的肯定，华中《大众日报》和延安《解放日报》都报道了黄丝滩大堤竣工的消息，热情颂扬了皖中革命根据地政府领导人民所做的出色工作。为了表彰吕惠生在工程中的杰出贡献，上级党政机关决定将黄丝滩大堤命名为“惠生堤”，时至今日，还保留着吕惠生在大堤竣工时骑马的画面。

吕惠生带着使命感为大众服务，呕心沥血地工作，践行着救国救民的初心。他总认为自己深受党和群众的信任，得以在重要的领导岗位上服务，尽多大的努力都是有限的。因此他在1945年的日记中，写下这样一段话：“我深深知道，我是很不够格地来担任这样一个名义与职责，党与首长们对于我，总算是特殊又特殊，我再不加紧报以工作，我也是没有心肝……因此，三更灯火五更鸡，累断命根也不迟疑的了。生命只是一条在此：干罢！鞠躬尽瘁，死而后已。”

吕惠生烈士留下的史料，大多反映了他勤政和清廉的良好品质。“洗心亭”和“惠生堤”是他崇高风范的生动见证。吕惠生生活和战斗的年代，中国共产党还没有取得执政地位，但一个将“我之全家已委托全部生命于革命”的人，必能自觉做到严于律己、勤于公事、为民造福。

为国民而生，亦当为国民而死

——徐楚光

徐楚光，1909年出生，湖北浠水人。1927年4月加入中国共产党。1947年9月前往大别山根据地，途经武汉时被捕，解来南京，1948年10月牺牲。

大事者，与国与民，有大利也。我当为国民而生，亦当为国民而死。

1926年，年仅17岁的徐楚光考入黄埔军校武汉分校后，思想很快倾向共产党，倾向革命，并在白色恐怖最严峻的时刻，于1927年4月毅然加入了中国共产党。这是徐楚光在黄埔军校武汉分校读书时在日记中所写的一段文字，表达了他追求真理、兼济天下的宏大志向，为改造社会、振兴中华而努力奋斗，并愿意为此付出生命的坚定情怀。

在此后的15年里，徐楚光服从党的派遣，在北方敌营专门从事策反工作，并取得了显著成绩。

1942年3月，有着丰富敌区工作经验的徐楚光被派往南方沦陷区工作，专门从事情报、策反工作。为了工作方便，徐楚光的组织关系也由八路军总部转到中共中央华中局和新四军军委。

1943年4月，在老朋友的帮助下，徐楚光弄到一张前往南京的通行证。此时的南京是日伪统治中心。徐楚光以商人身份往返于武汉、南京之间，以黄埔军校同学的身份，结识了许多汪伪军官。他先后打入汪伪中央军校任上校战术教官，汪伪军委会政治部情报局任上校秘书，以及汪伪陆军部任第六科上校科长，同时还在汪伪军委会参赞武官公署挂名上校参赞武官。他利用在敌人内部担任多种职务的有利条件，广交朋友，结拜兄弟，巧妙地收集重要战略、战术情报，大胆而审慎地秘密发展我地下工作人员和工作关系。

在汪伪中央军校任上校战术教官期间，徐楚光认识了参战武官洪侠，二人因为喜爱古诗词而成为好友。经过一段时间的教育争取工作，洪侠开始参与抗日工作。1945年初，洪侠任浙江省驻京办事处主任。这年春，汪伪军界最高头目频繁开会，密谋筹划和国民党联合对共产党领导的抗日根据地进行“清剿”。各种绝密文件相继送达洪侠处，其中有本“剿共”用的电报密码和一份江浙日伪军“清剿”行动军事计划。洪侠发现后，连夜抄录下来，次日清晨由徐楚光的政治交通员送往淮南新四军军部。与此同时，徐楚光还派另外一名党的地下工作者打入“剿匪”总指挥部，进一步深入了解敌人各方面准备情况。5 月，敌人按计划出动“清剿”新四军时一无所获。

1943 年，新四军军部指示徐楚光，设法利用汪伪地方经济贸易组织，秘密建立一条通向苏北抗日根据地的水上交通线，以打破日伪的经济封锁。徐楚光得到指示，经认真思考后，决定找与伪军政部门有着许多上层关系的黄埔军校校友唐公福来协助完成这个任务。经多次接触和深谈，两人结为兄弟，唐公福表示愿意为共产党和新四军做事。唐公福利用曾任伪警政部次长、江苏省建设厅厅长等职的哥哥唐惠民，伪社会部部长丁默邨，伪江苏省省长李士群，伪中央军校教育长刘启雄等关系，于 1944 年初出面承包苏北“清乡”地区（即我抗日根据地）猪只税务，在扬州成立了猪只税务总局。苏北猪只税务总局成立后，根据地运出生猪、咸肉、鸡鸭蛋、黄花菜以及其他土特产，换回药材、棉纱、百货等物资，充实了我方的军需民需。这条交通运输线在根据地反“清乡”、反封锁的斗争中起到了重要作用。

除了利用汪伪的上层关系，徐楚光还利用帮会的力量作为掩护，开展工作。当时以朱亚雄为山主的“大亚山正义堂”与汪伪军政界官员、商界、报界及地方上一些头面人物有着密切联系，在南京形成了一股不可忽视的力量。徐楚光加入“大亚山正义堂”后，与朱亚雄多次接触，经过深入了解和教育启发，朱亚雄表示愿意参加抗日工作，两人结拜为盟兄弟。

在帮会力量掩护下，华中铁道株式会社警务课课长木村同意由南京洪帮组织一个“华中铁道护路总队”，来保证铁路运输过程中的安全问题。这个实际为我党控制的护路队成立后，对我方开辟交通线，搜集和获取情报起到了重要作用。另外，华中铁道株式会社警务课发给护路总队队部的六张不贴照片的免费乘车特别通行证，为我党地下交通人员进出南京等城市，提供了极大的方便。

徐楚光打入汪伪政权后，在获取敌人重要情报的同时，徐楚光还把目标放在了对伪军的策反工作上。

汪伪政权建立后，先后建立了三个警卫师。当时的警卫第三师有 5000 余人，装备好，战斗力强，是汪伪政权的“御林军”。该师下辖三个团，分别驻扎在句容、江宁和六合。

1944 年 8 月，徐楚光与我党地下工作者、警卫三师上校政训主任赵鸿学开始联手做新任师长钟建魂的策反工作。徐、赵经过一段时间观察，发现钟建魂作风正派、生活朴素、不赌不嫖，在士兵中有着较高威望。后又经深入了解，得知钟建魂早年参加过共产党和红军，在一次战斗中与部队和党组织失去了联系，他也一直有心回归组织。

1945 年 4 月，钟建魂委派赵鸿学任该师第 9 团团长，驻扎江北六合。徐、赵两人加紧了策反工作，准备在警卫第三师组织地下军，待新四军进攻南京时里应外合。抗战胜利前夕，徐、赵两人得知汪伪政权要调离钟建魂，大部分军官也要调换。突如其来的变化，打乱了策反计划，徐楚光迅速向新四军军部汇报了情况。军部批示：“必要时可以反正！”

8 月 9 日，在赵鸿学的陪同下，徐楚光作为新四军代表与钟建魂在师部见面，随即制定了起义方案。11 日晚，钟建魂率师部及 4 个直属连队，携带全部武器弹药从栖霞山渡江北上。12 日凌晨，赵鸿学率 9 团离开驻地。

驻江南的第7、第8团也奉命赶往江边，渡江时受到日军阻拦，只有第7团两个营过了江。8月13日，钟建魂率领警卫第三师官兵3000多人在六合县钟家集宣布起义，整建制地加入到新四军的行列中。消息传出后，在社会上引起极大震动，有力地打击了汪伪政权。徐楚光精心策划了汪伪御林军——警卫三师起义，赢得了“义师能奋万人心”的战果。

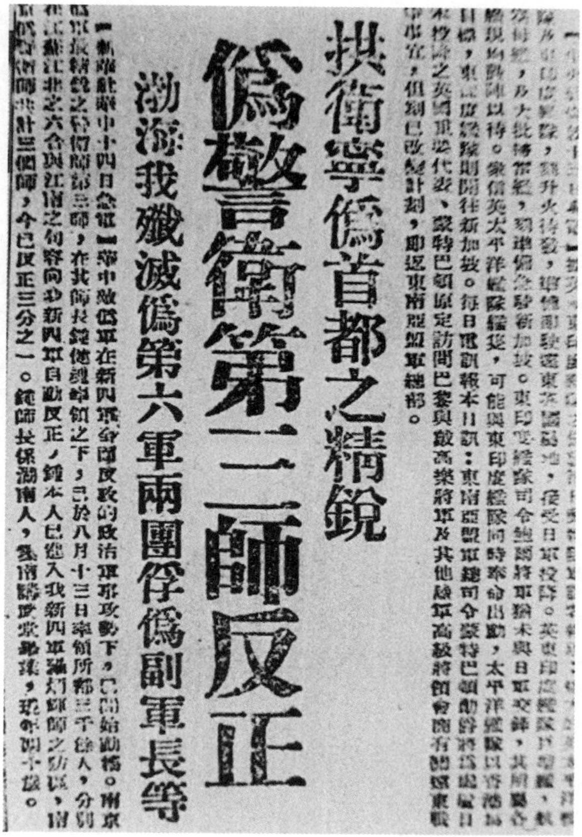

拱衛寧偽首都之精銳
偽警衛第三師反正
渤海我殲滅偽第六軍兩團俘偽副軍長等

【新華社華中十四日急電】華中敵偽軍在新四軍及解放區的政治軍事攻勢下，已開始動搖。南京偽軍最精銳之偽警衛第三師，在其師長鍾健魂率領之下，已於八月十三日率領所部三千餘人，分別在江蘇江北之六合與江南之句容向我新四軍自動反正，鍾本人已進入我新四軍[illegible]部隊之防區。南京偽警衛師共計三個師，今已反正三分之一。鍾師長係湖南人，[illegible]，現年四十歲。

1945年8月，《解放日报》报道徐楚光带领情报系统成员在南京成功策反汪伪警卫第三师起义

在南京战斗期间，徐楚光还策反了国民党军统少将周镐，使周镐从一名军统少将转变为为革命献身的共产党员。

1947年9月，由于叛徒告密，徐楚光在武汉被捕。敌人用高官厚禄来收买他，请出他的族叔、在国民党内任要职的徐佛观来劝降他，并委任他为保密局特种政治问题研究组第二组少将副组长，但徐楚光始终毫不动摇。1948年10月，徐楚光从容就义。

徐楚光是革命年代我党隐蔽战线上的优秀战士。在中国革命的各个时期，他肩负党的使命，深入虎穴龙潭，在极为艰险复杂的环境中，以自己

1948 年 3 月，徐楚光妻子朱剑平和孩子们的合影

的忠诚、机智和勇敢，为党和人民建立了特殊功勋。而在这背后，他和家庭都做出了巨大牺牲。第一任妻子因他参加革命而在老家遭受迫害致死；第二任妻子因误解他在汪伪政权的掩护身份而离他而去；与第三任妻子结婚 3 年后他壮烈牺牲，子女也因他为革命四处奔波而聚少离多。舍妻别子、风险不避，支撑这一切的是革命先烈对党和人民的赤胆忠心和牺牲精神。

第三部分

流血牺牲殉初心

在我们党９０多年的历史中，一代又一代共产党人为了追求民族独立和人民解放，不惜流血牺牲，靠的就是一种信仰，为的就是一个理想。尽管他们也知道，自己追求的理想并不会在自己手中实现，但他们坚信，只要一代又一代人为之持续努力，一代又一代人为此作出牺牲，崇高的理想就一定能实现，正所谓“砍头不要紧，只要主义真”。

——2013 年 1 月 5 日，习近平在新进中央委员会的委员、候补委员学习贯彻党的十八大精神研讨班上的讲话

对马克思主义的信仰，对社会主义和共产主义的信念，是共产党人的政治灵魂，是共产党人经受住各种考验的精神支柱。只有理想信念坚定的人，才能始终不渝、百折不挠，不论风吹雨打，不怕千难万险，坚定不移为实现既定目标而奋斗。

——2016 年 11 月 29 日，习近平在纪念朱德同志诞辰 130 周年座谈会上的讲话

“砍头不要紧，只要主义真”，视死如归、大义凛然，是革命年代共产党人崇高理想信念和坚定革命意志的明确表达和最高体现，也是为中国革命牺牲的成千上万革命先烈的典型形象。雨花台烈士中的绝大多数人，是在被捕后英勇就义的。慷慨赴死易，从容就义难。在敌人的铁窗炼狱中，在远离组织的特殊环境下，在各种形式的威胁和利诱前，他们经受住了精神和肉体上特殊复杂而严酷的考验。他们中有许多人，尤其是那些风华正茂的年轻革命者，倘若能有一点动摇的表示和悔过的表现，便可以走出死亡的阴霾。但这些用特殊材料制成的优秀共产党人，在人生最为严峻的考验面前，在生死抉择的一瞬之际，他们用舍生取义，交出了辉煌的答卷。他们懂得生命的珍贵，知道随着生命的逝去将看不到为之奋斗的理想的实现，但他们坚信自己选择的事业是正义的，正义的事业一定能取得最后胜利，不忘初心，恪守誓言，用热血和生命捍卫了心中的信仰，捍卫了党和人民的根本利益。

我绝不贪生怕死

——黄励

黄励，女，1905 年出生，湖南益阳人。1925 年加入中国共产党。1933 年 4 月在上海营救被捕同志时被捕，解来南京，7 月牺牲。

我黄励绝不贪生怕死，不要用什么自由、职位来引诱我。

这是黄励在法庭上面对叛徒和法官劝降时说的话。

1933 年 7 月 5 日清晨，狱卒传唤黄励的叫声惊醒了狱中的难友，他们知道黄励即将走向刑场。同监的难友含泪帮她换上干净的衣服，梳理蓬乱的头发。黄励深情地叮嘱她们："我们最后一定会胜利的！不要为我难过，保重身体，将来为党工作。"她走出牢房后，对伫立在各监室门口送行的难友们高声说道："我去了，同志们不要哭，要坚持革命到底！"上囚车时，她对押送的宪兵做了最后一次宣传："你们都是穷苦人，国民党杀害共产党人，就是不让中国的穷苦人翻身。你们杀了很多共产党、革命者，能杀得完吗？越杀革命者越多……"南京城外雨花台荒凉的山坡上，黄励唱着《国际歌》在敌人的枪声中倒下。她用生命诠释了"砍头不要紧，只要主义真"的大无畏的革命气概。

1925 年，黄励加入了中国共产党。10 月，她被党组织派往莫斯科中山大学学习，以优异的成绩完成了学业，并在实际工作中培养了组织才能。

在莫斯科学习、工作期间，黄励按捺不住回国投入到革命斗争第一线的想法，向组织提出了回国申请。当时正值国内白色恐怖肆虐，这个决定，意味着她将放弃在苏联平静安定的生活，踏上前途未卜、生死未知的革命旅程。

1931 年 10 月，黄励和丈夫杨放之从哈尔滨辗转至大连后乘海轮回到了离别 6 年的上海。

回到祖国，黄励立刻全身心地投入到革命工作中去。1931 年，党组织安排她担任中国革命互济会主任兼党团书记，负责领导各级互济会，宣

1926 年，黄励（中坐者二排右二）在莫斯科中山大学学习期间与同学、教师合影

传组织群众，反对白色恐怖，支持革命斗争，援救被捕革命战士，救济死难烈士和被捕战士家属。她出色的工作，赢得了大家的好评。

1932 年，黄励调任中共江苏省委组织部长。之前，由于江苏省委接二连三地遭到敌人破坏，省委工作开展起来十分困难。黄励接到任命后，没有犹豫，立即赴任。不久，省委组织部秘书周光亚被捕叛变，随即出卖了黄励。

1933 年 4 月 25 日，黄励在西爱咸斯路（今永嘉路）住处，被军警和法国巡捕逮捕。法租界巡捕房当天就应国民政府的要求，以“危害民国紧急治罪法”将黄励移交给江苏省高等法院第三分院，法院第二天就开庭审理。

在法庭上，化名“张秀兰”的黄励，同审判官进行了一场针锋相对

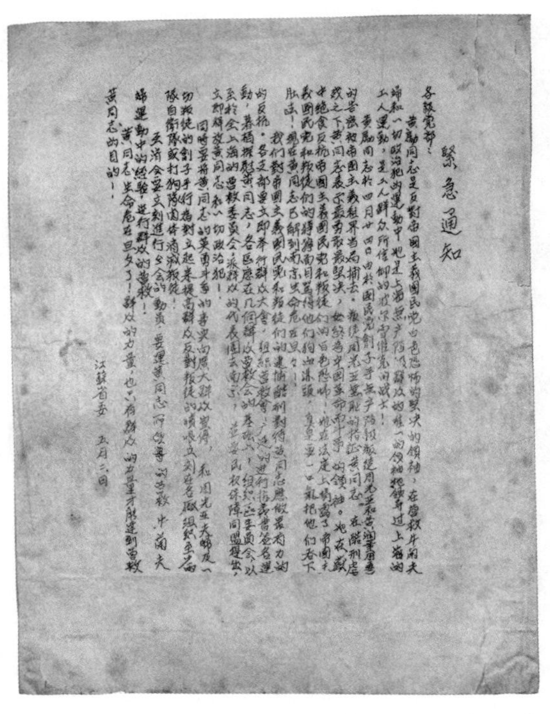
紧急通知

各级党部：

江苏省委　五月二日

黄励被捕后，中共江苏省委发出的关于营救黄励同志的紧急通知

的斗争。由于敌人手里没有证据，法官只得让叛徒周光亚出庭作证。黄励看到周光亚后，怒不可遏，伸手要打叛徒耳光，被法警拦住。黄励厉声骂道：“你这个无耻叛徒，还有脸来见我！赶紧滚开，不要站在我的面前，污辱了我的眼睛。”法官狡黠地问：“这么说，你承认你是黄励，承认你是共产党了？”黄励豪迈地回答道：“我就是共产党员黄励，江苏省委组织部长。共产党的事我做了很多，就是不告诉你们！”

在之后的审讯中，不管审判官使出怎样的伎俩，黄励泰然自若，自始至终没有说出半句他们想要的信息，审讯进行得十分艰难。最后，审判官只得念完一纸判书草草了事：“根据本法庭审理结果，被告张秀兰，原名黄励，系中共江苏省委组织部长，有廖平凡（即周光亚）等人供认。依据《危害民国紧急治罪法》第七条，本庭决定被告张秀兰，将交由上海市警察局移提归案讯办。”随后，黄励被戴上手铐，在第二天深夜被押上从上海去南京的火车，第三天被转送到南京宪兵司令部看守所女牢。

在看守所，黄励也从未停止过开展革命工作。

起初，为了使黄励屈服，敌人绞尽了脑汁。面对敌人的诱降，黄励坚定地说：“我黄励绝不贪生怕死，不要用什么自由、职位来引诱我。”黄励被安排在“优待室”。所谓“优待室”是一间单人牢房，可以经常看到报纸，还常有人来“看望”和“开导”。可敌人没想到的是，本来用以“感化”黄励的这些“待遇”，却为她开展狱中斗争提供了便利。她将从报纸和劝降人口中了解、分析的外界革命形势告诉难友们，给难友们讲革命故事，教大家唱《国际歌》，将苏联的海员歌译成中文来唱，鼓舞大家的斗志；她把敌人给她的食物分给生病的同志，帮助体弱的难友缝洗衣物。她还与陈赓、夏之栩等人一道，在狱中开展策反工作，寻找合适的对象进行宣传鼓动，帮助他们弃暗投明。看守所的所丁张良诚在黄励的影响下，经常暗中给看守所里的难友们送消息、传条子、递信件。一次，张良诚在传递消息时不慎被发现，遭到逮捕后被处以极刑。敌人认定黄励是整个事件的“罪魁祸首”，感到不除掉黄励，针对其他人的劝降工作就难以奏效。国民党中央党部做出了迅速处决黄励的决定。

黄励心知自己离牺牲的日子不远了，但面对死亡，她镇定自若，每当与难友谈到自己的处境时，只用一句“大概快了，快到雨花台了”轻轻带过。她坚定的理想信仰、高昂的革命斗志和从容面对死亡的情绪，深深地感染了周围的难友们。临刑前夜，同牢的难友们拿出省下的几样小菜，以水当酒，为黄励送行。黄励提议为革命的胜利干杯。

黄励烈士给后人留下了一名坚定的共产党人在敌人法庭上、监狱中进行不屈斗争的生动史实。她在特殊斗争环境中的坚决、勇敢和从容，真实地反映了共产党人的坚韧意志和共产主义信仰的强大力量。

我终于走进革命的圈子

——汪裕先

汪裕先，1908 年出生，上海南汇人。1926 年初加入中国共产党。1930 年 4 月赴太湖组织农民武装，在返回苏州途中被捕，解来南京，1934 年 5 月牺牲。

照理讲呢，我就应该平平稳稳的过那世俗的平凡生活，使得母亲和其他的家里人劝［欢］喜，这是我的责任……我起初也想埋身在世俗的生活中，使得家里人勿至于担惊受怕。可是这一个办法的实行，仅使我感到了梦想的空虚，要实现却是万不可能的。因此我终于走进革命的圈子，因此我终于跑进了牢狱的大门。

举案齐眉、儿女绕膝是身处家庭中的人们所渴望的，革命者们同样想尽力给予家人温馨安稳的生活。但是在风起云涌的革命年代，为了坚守心中的革命理想，无数英烈用鲜血浇灌胜利的果实，不计其数的家庭做出了

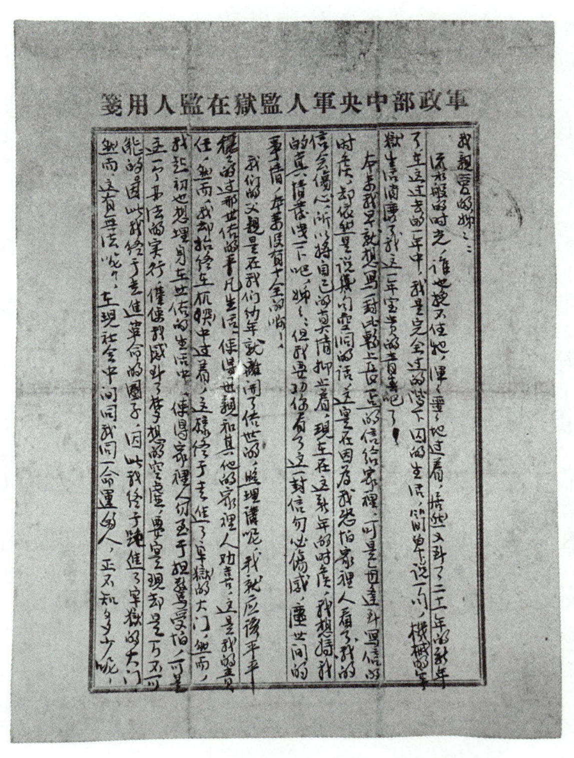

軍政部中央軍人監獄在監人用箋

我親愛的姊姊：

流水般的时光，谁也挽不住地，匆匆地过着，转眼又到了二十一年的新年了。在这过去的一年中，我是完全过的[illegible]生活，[illegible]机械的牢狱生活，消磨了我这一年宝贵的青春吧了！

本来我早就想写一封比较长些的信给家裡，可是回达到写信的时候，却依然是说几句空洞的话，这是在因为我恐怕家裡人看了我的信会伤心，所以将自己的真情抑止着。现在在这新年的时候，我想将我的真情发泄一下吧，姊姊，但我要劝你看了这一封信勿必伤感，尘世间的事情，本来是有十全的呢！

我们的父亲是在我们幼年就离开了俗世的，照理讲呢，我就应该平平稳稳的过那世俗的平凡生活，使得母亲和其他的家裡人劝喜，这是我的责任，然而，我却始终在机械中过着，这样终于走进了牢狱的大门。然而，我起初也想埋身在世俗的生活中，使得家裡人勿至于担惊受怕，可是这一个办法的实行，仅使我感到了梦想的空虚，要实现却是万不可能的，因此我终于走进革命的圈子，因此我终于跑进了牢狱的大门。然而，这有无法呢！在现社会中，同我同一命运的人，正不知多多少少呢！

1932 年，汪裕先在狱中写给姐姐的信

汪裕先在狱中时，看到其妻特意送的母女合影照，感慨万千，在照片背后题写的两首诗

巨大的牺牲。1932 年，已在敌人监狱中度过两年时光的汪裕先，在狱中给姐姐写了一封信，道出了他对革命和家庭关系的认识。

1934 年 2 月，也是汪裕先牺牲前 3 个月，一天，他在狱中收到了一张妻子寄来的照片。照片是他四年不见的妻子和从未见过面的女儿的合影。女儿慧儿是汪裕先和妻子的第二个孩子，他们原先有一个儿子，但出生才三天，家里就被特务包围。残忍的特务将孩子作为抓捕汪裕先的诱饵，任由其哭闹，当邻居设法进入他家中时，孩子已经因为没人照料，饿死在床上。看着夜夜思念的爱妻和稚嫩可爱的女儿，汪裕先难以抑制内心奔涌的情绪，在照片背面留下两首诗。一首写给妻子："遥寄芳容慰寂岑，黛眉双锁意沉沉。虽然相对无言语，已解卿卿一片心。"另一首诗写给女儿："娇娃生小不知愁，头角轩昂意态悠。只恨阿爷身在狱，数春未把饼钱留。"

汪裕先家境贫寒，7 岁时父亲病故，靠母亲做针线活维持生计。贫困的生活和幼年丧父的经历使汪裕先比同龄人具有更多的坚韧气质和战胜困难的勇气，促使他更多地思考社会的不公和生活的意义。为了能让汪裕先多读些书，尽管生活困窘，母亲都坚持让他在镇上义务小学学习。几年的读书生活使汪裕先增长了知识，激发了他对新思想的渴望和期盼。

汪裕先小学毕业后，贫困的家庭再无能力供养其读书。13 岁的汪裕先到上海一家钱庄做学徒。三年后由于钱庄倒闭，汪裕先经其表舅父介绍到上海华商电气公司（简称“华电”）灯务科专司抄表收费工作。大革命时期的华商电气公司，是中共在上海南市活动的一个重要据点。受到同宿舍的中共党员的启蒙，年轻的汪裕先如饥似渴地阅读马列书籍，接受革命真理。他逐步感觉到，要改变穷人的命运，让劳苦大众过上幸福生活，“埋身在世俗的生活中”是不能实现的，只有“走进革命的圈子”才能实现。1926 年初，汪裕先加入了中国共产党，在历次的工人运动中逐步成长为华电工人运动的一名骨干。

为配合北伐军推翻北洋军阀的反动统治，上海工人阶级在共产党的领导下举行了三次武装起义。汪裕先积极参与其中，冒着生命危险，上街散发传单，向群众宣传北伐军进军的消息。一次，他到南市新桥街闹市地段演说时，一名警察上前干涉，他毫无惧色地向警察宣传，博得了警察的同情，听众愈来愈多。在汪裕先的带动与影响下，华电工人中的许多积极分子也冒着生命危险到附近工厂散发传单，宣传鼓动。

1927 年 3 月 21 日，上海工人举行第三次武装起义。汪裕先等人领导由 200 多名华电工人组成的纠察队参加了起义，成为当时南市起义的三支主力之一。起义前，汪裕先等工人骨干按照南市起义领导人王若飞布置的作战计划，率领华电工人纠察队埋伏在大东门内大富贵酒楼上，约定以小南门外救火会钟楼的钟声为号。下午 1 时半，钟声响起，汪裕先率队会同其他工人纠察队和起义的二三十名保卫团团员，把警察厅团团围住，迫使警察厅在门口挂起白旗。他们用缴获的枪支武装自己，继续攻占了水仙宫警察所、电话局。

起义胜利后，汪裕先领导华电全体职工恢复生产，维持社会治安，并参与工人纠察队南市总部公审处决反革命分子。4 月 10 日，南市工会联合会在南市公共体育场（今沪南体育场）召开追悼烈士大会，悼念在上海历次革命运动中牺牲的烈士。汪裕先以国民党上海第二区党部代表的身份出席追悼会，并发表演说。

4 月 12 日凌晨三四点钟，蒋介石指使第 26 军军长周凤岐，调动两个步兵连和一个机枪连的兵力，从南火车站到半淞园沿途架起轻重机枪，将华商电气公司包围，逼迫工人纠察队缴械。汪裕先等当即组织 100 余名工人纠察队员在三楼窗口和屋顶架起机枪抵抗。双方激战到早晨 6 时许，工人纠察队终因力量悬殊，被敌人冲开大门，除一部分枪械早已掩埋在菜园地下外，其余的轻重机枪、步枪、手枪等 300 余支均被缴去。

为了抗议四一二反革命政变，汪裕先按照上海总工会的命令，于 13 日上午 10 时发动全公司职工罢工，并提出 4 项复工条件：发回纠察队枪械；保护工人纠察队；释放被捕者；拥护总工会。反动当局十分惊慌，于当天下午发出特别戒严令，阻止行人，断绝交通。由于其时革命的力量远远弱于反革命的力量，工人罢工未取得预期的效果。

四一二反革命政变后，白色恐怖笼罩着整个上海，大批共产党人遭到杀害，党的活动完全转入地下。汪裕先在法租界租了一间亭子间，一面深入各工厂向工人群众揭露反动当局的罪行，一面组织部分共产党员和工会骨干撤退转移。

1927 年 7 月，宁汉合流后，国民党上海第二区党部被撤销。汪裕先按照党的指示，回到家乡周浦镇，组建中共南汇县周浦区委，任区委书记和南汇县委书记。他在周浦大中华火柴厂创办工人夜校，向工人宣传革命道理，用“一碗饭要大家吃”的道理号召工人们团结起来。他还自任编导，组织工人排练节目，用文艺形式揭露社会的不公和黑暗，启发工人们的思想觉悟，并秘密组织工人武装。

1928 年下半年，在组织安排下，汪裕先先后到太仓、川沙工作。在川沙县任县委书记时，他以小学教师的职业为掩护，化名陈振球从事革命活动。1929 年七一前夕，他带领多名进步学生，深夜到上海街头张贴革命标语。1930 年 4 月，汪裕先根据党的指示，赴太湖组织农民武装，由于叛徒告密，在回苏州的途中被特务跟踪搜查，因查到随身携带的党的文件而被捕。

汪裕先被捕后，即化名陈石卿。起初他被关押在国民党苏州“剿匪”司令部，不久被解到上海淞沪警备司令部受审，被判刑 13 年。同年 10 月 21 日，他和 200 名政治犯被押往苏州监狱关押。不久，汪裕先被定为政治要犯，又从苏州监狱转到南京国民党中央军人监狱，同恽代英等人关在一起。

在狱中，汪裕先依然坚持斗争。1934 年因托人秘密带信与上海地下党组织联系一事暴露，被反动当局改判死刑，他毫不畏惧，对狱友们说：“对于我们这些已经走进革命圈子的人，坐牢杀头又算的了什么！”

在长达 4 年的牢狱生涯中，汪裕先无时无刻不在思念着自己的妻儿，长期对家人的亏欠让他常常深感愧疚。4 年间，汪裕先多次给家人寄诗寄信，希望能将自己被禁锢的灵魂送出牢笼，与亲人团聚。但这一切并没有让他消极悲观，更没有消减对革命工作的热情，而是更加坚定了对革命必将胜利的信心。在狱中，汪裕先仍然坚持斗争。他与同志们组成了秘密党支部，领导和组织大家开展绝食斗争，争取政治犯的权利。他母亲得知儿子在南京被判重刑后四处奔走，多方托人营救，但无济于事。1934 年 5 月，汪裕先在雨花台英勇就义。

汪裕先被捕后度过了 4 年牢狱生活，期间给家人留下了多封书信。家书中有对父母的安慰、家庭的眷恋、妻儿的牵挂，语言质朴，情感真挚。当我们把这些书信和话语，与烈士生前为革命冲锋陷阵的斗争经历联系起来时，就能体察到共产党人是如何把小爱和大爱统一起来的，就能更加深刻感悟到革命者的襟怀宽阔、心胸博大。

我既然投了红旗，绝不会再投白旗

——孙津川

孙津川，1895 年出生，安徽寿县人。1925 年 8 月加入中国共产党。1928 年 7 月到南京下关黄泥滩开会时被捕，10 月牺牲。孙津川是中共南京党组织第三次遭破坏时牺牲的主要负责人。

我既然投了红旗，绝不会再投白旗。

1928 年 7 月初的一个夜晚，时任中共南京市委书记的孙津川在前往下关开会的途中被国民党特务逮捕。国民党当局旋即对他进行多次提审，孙津川镇静自若，从容应对，不暴露自己的真实身份，不泄露半点党的机密。当叛徒出面指认并对其劝降时，他毫不畏惧地说：“我既然投了红旗，绝不会再投白旗。”“一个真正的革命者，如果怕死，就不会参加革命。”掷地有声的话语，表达了共产党人初心不改、至死不渝的情怀。

1925 年，在吴淞机厂做工的孙津川接触到中共上海地委、上海总工会和全国铁路总工会委派往吴淞机厂开展工人运动的地下党员彭干臣。在他的影响下，孙津川参加了革命活动，协助彭干臣印制传单、发表演讲、创办夜校，向工友介绍俄国十月革命的情况，以及共产党在革命斗争中的作用。鉴于他出色的工作表现，彭干臣、王警东介绍孙津川加入了中国共产党。

“投了红旗”后，孙津川就将一生交给了革命事业。

1925 年底，中共吴淞机厂特别支部成立，孙津川任书记。9 月，任沪宁铁路工人协进会委员。10 月，孙津川在工人夜校的基础上，建立了一个友谊读报室（即吴淞机厂工人俱乐部），还办有《工人周报》，每期发行 500 份。在全国铁路总工会委员长王荷波和上海总工会委员长李立三、全国总工会副委员长刘少奇的关心、指导下，孙津川迅速打开了吴淞机厂工人运动的局面。在党的指导下，孙津川首先领导吴淞浜南铁路工厂的工人进行了一场要求“增加工资”的罢工运动，斗争坚持了 5 天，取得了胜利。在此基础上，孙津川领导工人由经济斗争转向政治斗争，提出改善待遇，不准殴打工人和任意开除工人等进一步要求，开展了第二次罢工，这次罢工连续坚持了 15 天，又一次获得了胜利。

1927 年 2 月 23 日，中共中央和上海区委联席会议决定，准备发动第三次上海工人武装起义。孙津川根据上海市总工会指示，积极组织沪宁铁路罢工委员会，并进行罢工前的各项准备工作。3 月 5 日下午，吴淞机厂工人开始罢工。15 日，沪杭甬全线工人和职员罢工，交通停顿，局面一片混乱。19 日，沪宁铁路罢工委员会改组为沪宁沪杭两路罢工委员会，孙津川担任主任委员，发布了给两路工人的罢工命令和宣言。吴淞机厂的罢工斗争，在上海工人第三次武装起义总同盟的罢工中起了先锋作用。

3 月 21 日中午，上海工人第三次武装起义开始。沪宁、沪杭两路工人组成了一个纠察大队，孙津川任大队长。铁路工人在孙津川的率领下积极参加了起义。3 月 22 日的《申报》记载了起义的情况：“铁路工党自卫军孙津川、杨顺福、周长福带领工人百余名，各持手枪、炸弹至南站，检查鲁军，并收缴炸弹一箱、子弹一箱，一面派工人至车站后面淞沪警察第二区第三派出所收缴警察枪械五支。”之后，孙津川带领一队纠察队员去高昌庙，配合总工会的别动队攻打李宝章的上海防守司令部。在激战中，孙津川置生死于不顾，身先士卒，又率领纠察队员和铁路工人夺得机车一辆，挂上五节客车车厢，满载 200 名纠察队员，再往闸北。22 日下午 6 时，上海北站被攻占，上海工人第三次武装起义取得胜利。按原定计划，孙津川组织铁路工人首先复工，派出了由

上海工人第三次武装起义场景

300 名吴淞机厂工人组成的交通队，连续奋战了五个昼夜，抢修铁路，迅速恢复交通。3 月 28 日，沪宁沪杭铁路总工会成立，鉴于孙津川出色的表现，选其为委员长。

在蒋介石发动四一二反革命政变的当天下午，孙津川带领工人参加了声讨蒋介石罪行的大会，还亲自去淞沪司令部抗议，要求释放被捕者。国民党当局不仅不释放被捕者，反而扣留了孙津川。吴淞机厂 700 余工人举行罢工，提出“一日不放津川回来，一日不开工！”与此同时，4000 多名铁路工人签名致书铁路局长孙鹤皋，坚决表示：“如果再不把孙津川放回来，我们全体工友就要举行罢工！”在工人的强大压力下，孙津川被释放。

1927 年 4 月 27 日至 5 月 9 日，孙津川出席了在武汉召开的中共第五次全国代表大会。同年 11 月，中共江苏省委为加强南京地区工人运动的领导，特派孙津川任中共南京市委职工运动委员，到南京恢复被破坏的中共南京市委。

当时的南京经过蒋介石的“清党”血洗，环境十分险恶，革命者随时有被捕牺牲的危险。孙津川做好了为党随时牺牲一切的思想准备，举家搬到南京。在极其严重的白色恐怖中，他立即着手整顿党的组织，传达党的八七会议精神，发动和组织群众准备武装暴动。经过几个月艰辛细致的工作，恢复和建立了 7 个工厂党支部，有党员 200 多人。

兴中门（今仪凤门）北祖师庵 49 号，孙津川在南京的革命活动遗址

1928 年 3 月，孙津川就任中共南京市委书记，上任 4 个月不幸被捕入狱。

首都卫戍司令部看守所极其狭小，不到20平方米的牢房，竟关押了40多人。牢房黑暗潮湿，地板已腐烂，蚊子、臭虫和跳蚤很多，难友被叮咬得难以忍受。在这恶劣的环境中，孙津川以革命的乐观主义精神对待一切。在昏暗的灯光下，他和难友们经常唱《国际歌》《少先队队歌》，还将母亲探监时带来的食物与大家分享。他还将自己的生死置之度外，尽一切可能设法掩护同志。上海工人第三次武装起义中的铁路工人纠察队中队长周长福说："在狱中，原来我们是装作互不相识的，后敌人让我们对质，孙津川为了掩护我，对敌人说，我认识周长福，他是小开，是那摩温的儿子，他不识字，不够资格加入共产党，我是共产党。"

孙津川被捕后，党组织和好友计划营救他。他得知后连忙通过母亲转告他们千万不可鲁莽从事，万万不可为营救他而付出更大的牺牲，再给革命带来损失。孙津川从容面对死亡。为了使母亲能够早有准备，减少悲哀，在母亲一次探监时劝慰母亲说："你们放心，不要紧，我不怕他们！"孙母忍住泪问："津川，他们会让你出去吗？"孙津川说："妈，古人云，忠孝不能两全，就是我死了，弟弟还在你跟前，你老人家是能理解我的……"孙母哽咽着，从篮里掏出孙津川爱吃的梨。孙津川接过梨，吃了一半，递给母亲。孙母望着孙津川闪着泪光却坚定无比的眼神，心里明白了，她的儿子已做好为革命献身的准备。她颤抖着双手接过半个梨，潸然泪下。

1928年10月6日清晨，孙津川在雨花台英勇就义，年仅33岁。孙津川在狱中受尽折磨，牺牲时体重仅60斤，但革命意志岿然如山。据狱中难友窦止敬回忆："孙津川同志从被捕到就义，一直态度镇静，就义的时候从容不迫。刚出看守所大门，约莫走到司令部广场上，我们就听见他唱国际歌，高呼共产党万岁。"他用热血和生命践行了"一个真正的革命者，如果怕死，就不会参加革命"的诺言。

遗嘱就是盼望亲人们与你们斗争到底

——李耘生

李耘生，1905 年出生，山东广饶人。1924 年加入中国共产党。1932 年 4 月在南京党组织遭破坏、处理善后工作时被捕，6 月牺牲。李耘生是中共南京党组织第七次遭破坏时牺牲的主要负责人。

李耘生

我的家信早已经写好，遗嘱就是盼望亲人们与你们斗争到底！

这是中共南京市委书记李耘生临刑前对法官说的话。这段生命最后时刻的话语，映射了一位坚定革命者在面对生死考验时对共产主义事业的无尽追求和必胜信念。

李耘生 17 岁便开始了他的革命生涯。1923 年，在中共山东党组织创始人王翔千的介绍下，他加入了中国社会主义青年团。1924 年 2 月，在中共一大代表王尽美的介绍下加入了中国共产党。8 月，任团济南地委候补委员兼秘书。

1925 年初，他作为青年团山东的代表，赴上海参加团的三大，会后被留在团中央工作。1925 年五卅惨案后，李耘生赴青岛接任团地委书记兼组织部部长。李耘生领导团组织发动了一场 7000 余位学生参加的游行，青岛市民纷纷加入游行行列，控诉英日帝国主义的血腥罪行。

1926 年冬天，为了配合北伐战争，党中央抽调一批优秀干部到武汉，李耘生调任中共汉口硚口特区区委书记。为尽快熟悉掌握硚口各方面情况，他经常早出晚归，深入工厂和工人谈心，宣传革命道理，秘密发展党员，建立党的支部，工作富有成效。也正是在这段时间，李耘生结识了同在这里工作的女共产党员章蕴，不久结为夫妻。

大革命失败后，武汉党组织转入地下。1927 年夏，李耘生担任中共武昌市委书记。他在武汉一年多的工作，受到中共中央长江局书记罗亦农的赞赏，被认为是一个“得力的干部”。1928 年春，党组织决定派李耘生到南京工作。为了和南京的党组织尽快取得联系，李耘生与妻子匆匆告别。

李耘生来到白色恐怖更加严重的南京，但一直没能和南京的党组织取得联系，只得先在《时事新报》当记者，同时继续寻找党组织。不久，李耘生被叛徒告密，不幸被捕。国民党法院以“共党嫌疑”为名判处李耘生10个月徒刑，将其关押在南京模范监狱。

章蕴知道李耘生爱读书，便省吃俭用，千方百计买些书寄给他。在狱中，李耘生把牢房变成了书房，坚持每天看书，并把学习的情况以信件形式写进日记。他还经常把书借给其他的难友看，利用放风时间，与他们交流心得，讨论时事。据章蕴回忆：“耘生整整坐了13个月的牢，释放回来后，他的文采更高，谈吐更幽默。出狱的时候，他高兴地捧着300封写给我的信，我打开一一读着，流着幸福的泪。共同叙谈着对人生的理想、前途的憧憬，当时他是多么的健谈而且乐观！”

让李耘生高兴的是，在狱中，他遇见了曾在上海党中央工作过的王凯。出狱后，通过王凯接上了组织关系，并立即投入到紧张的革命工作中。

1931年初，在国民政府首都南京，经历了六次大破坏的中共南京地下党组织在艰难中坚持和发展。2月，李耘生受中共江苏省委指派，重返南京，4月任市委委员兼组织部长。11月，李耘生被任命为中共南京特委负责人，领导江宁、江浦、句容、溧水、溧阳等地党的工作。

为了配合苏区红军正在进行的反“围剿”斗争，李耘生在京（南京）杭沿线的句容、溧阳等地建立了党的特别支部，组织了一支近百人的武装游击队。他经常怀揣地图，指挥战斗，有时接连许多天与家人中断联系。

1932年初，由于中共南京市委书记王善堂和军委书记路大奎等被捕叛变，南京党组织遭到第七次严重破坏，形势异常紧张。4月，李耘生在前往游府西街党的一个接头地点时，被早已埋伏在那里的便衣特务抓住，随即将他送到南京宪兵司令部看守所。

宪兵司令部看守所位于瞻园路，看守所的政治犯案均由国民党中央党部过问，后转军法处处理。狱中，他们为使共产党人就范，名利的诱惑、死亡的威胁、惨毒的刑罚，无所不用其极。不屈从的犯人不是被长期关押就是被残忍杀害。

李耘生被捕地点游府西街

当时敌人并不知道这就是在郯县组织武装斗争、令他们胆战心惊的李耘生。在多次审讯拷打中，李耘生始终没有暴露身份，而是以“李涤尘”的名字同敌人周旋。叛徒路大奎被带来当场辨认，李耘生义正词严地斥责叛徒是为了开脱自己陷害他人，依然不承认自己的真实身份。

一无所获的敌人又施出了父子隔窗相认的“毒招”。

李耘生的狱友杨光政后来在《入狱记》中详细记叙了这一幕：“他的两岁儿子被抱进了这拘留所中，待走到七号的铁窗前面，老章（李耘生化名）马上想转过身子避过他，可是不料这小孩子已经瞥见了他的父亲，‘爸爸、爸爸’哭叫起来，要扑到老章的身边去。在这境况之下，做父亲的心肠也软了下来，眼眶红红的只得转过身去，隔着一层铁窗去亲他儿子的脸。孩子微微的露出了笑容。”

敌人的监狱对每一个共产党员都是严酷的考验场。在证实了李耘生的身份之后，敌人对他软硬兼施、百般利诱、酷刑拷打，逼他交代出党的秘密。敌人对他说："现在摆在你面前的有两条路，一条生路，一条死路……"叛徒路大奎也在一旁劝降："只要你愿意转变，我保你有出路。"李耘生轻蔑一笑，不加理睬。敌人从抽屉里拿出一张信纸，上面写着李耘生的名字，还有入党时间和党内职务等信息，这是一份敌人搜到的全市党员名单，他们正按图索骥，四处搜捕共产党员。"还要抵赖吗？"敌人咆哮着："只要你说'愿意转变'四个字！"

既然敌人已经知晓了自己的身份，李耘生反而觉得更加放松。他斩钉截铁地回答说："共产党人为劳苦大众奋战求解放，这是我奋斗的目标。需要转变的是你们这一帮为蒋介石卖命、与人民为敌的家伙！"

李耘生对敌人横眉冷对，平日里他不顾自己的伤痛，处处关心鼓励身旁的战友：人要有骨气，要坚定斗争信念，要在斗争中经得住考验，并风趣地说："咱们都是孙悟空，越炼身子骨越硬，将来都成为火眼金睛。"

李耘生磐石般坚定的意志和无所畏惧的态度感染了很多狱友。长期囚禁的难友，平时极少活动，经常被看守打骂，吃的是霉米饭和烂菜汤，被臭虫白虱叮咬，又晒不到阳光，以致脸色灰白，身体虚弱浮肿。李耘生带领大家开展绝食等斗争，改善狱中环境，争取阅读书报、与外界通信等权利。

1932 年 5 月，中央大学的几个学生党员杨晋豪、汪季琦、钮长震、黄舜治等分别被判刑，要押往中央军人监狱服刑。李耘生知道自己身份暴露，不可能有活着出去的希望，但仍然鼓励别人不要放弃，以乐观的心态面对漫长的狱中生活。他对杨晋豪说："你可以专心进行一个 5 年读书计划。"

端午节前夕，敌人又对李耘生进行审讯，说是给他最后一次考虑的机会。李耘生怒视敌人，当即回答："要枪毙就枪毙，我没有什么考虑的。"在山东的父母得知李耘生再次被捕，试图找在南京国民革命军总司令部操练委员会任职的亲戚营救，但由于李耘生是中共南京党组织的主要负责人，营救未果。

1932 年 6 月 8 日凌晨，李耘生被狱警唤醒。他从容地整理衣服，将床铺上的书叠好，送给难友作为纪念，随后大步跨出牢门。在刑场上，李耘生同敌人进行了最后一场较量。临刑前，一个执法官走上前来问：“你还有什么遗嘱？要不要给家里写封信？”李耘生答道：“我的家信早已经写好，遗嘱就是盼望亲人们与你们斗争到底！”临刑前，李耘生的确给家人留下了遗嘱，遗嘱写在一张纸条上，是写给章蕴的：“过去百千斤的担子我们俩人挑，现在要你一个人挑了。”这就是一名共产党员，在生命最后时刻的所思所想。

我已抱定宗旨，舍生取义

——顾衡

顾衡，1909 年出生，江苏无锡人。1930 年加入中国共产党。1934 年 8 月因中共南京党组织遭破坏后，在中央大学附近的秘密住所被捕，12 月牺牲。顾衡是中共南京党组织第八次遭破坏时牺牲的主要负责人。

不要上当，我是不会投降的！你们也无须为我奔走权门、托人营救了。我已抱定宗旨，舍生取义！

这是顾衡在狱中对父亲说的话。

1934 年 8 月 7 日，顾衡正在自己的秘密住所——中央大学附近沙塘园的一座老式平房的一间小屋内紧张地印制党的文件时，国民党特务持枪闯入，顾衡与特务搏斗受伤被捕。三天后，共青团南京特别支部书记、其妹顾清侣也被特务逮捕，同样关入南京宪兵司令部看守所。为了不连累亲人，他拒绝与妹妹相认。在狱中，他始终说自己是“翟大来”，没有妹妹。

顾衡的父亲顾述之听说儿女被捕，立即与夫人从老家无锡赶来南京。他们到处奔走，辗转托人找到国民党要员，设法营救自己的儿女。特务头子徐恩曾对顾述之说：“你儿子是南京共产党的首领，政府是一定要严办的。只要他说出南京共产党的情况，写一个悔过书，就可考虑从轻处置。”顾述之怀着极其沉重和复杂的心情来到森严阴暗的监狱探望儿子。他将徐恩曾的话转告儿子，顾衡愤怒地说：“不要上当，我是不会投降的！你们也无须为我奔走权门、托人营救了。我已抱定宗旨，舍生取义！”老人虽不愿意失去爱子，但也在万般无奈的极度痛苦中默默地理解儿子。

顾衡出生于江南水乡无锡三凤桥一个书香门第，父亲顾述之是无锡著名的教育家。顾衡从小生活在一个极度贫穷落后的社会中，受父亲“读书救国”思想的影响，14 岁时，他离开故乡负笈南京，考进国立东南大学附属中学。1925 年 3 月 12 日，孙中山先生逝世。4 月 21 日，中共南京支部联合南京几十个单位和团体在秀山公园召开 5 万多人参加的追悼大会。顾衡在会上聆听了恽代英、萧楚女等人的演讲，了解了帝国主义和封建军

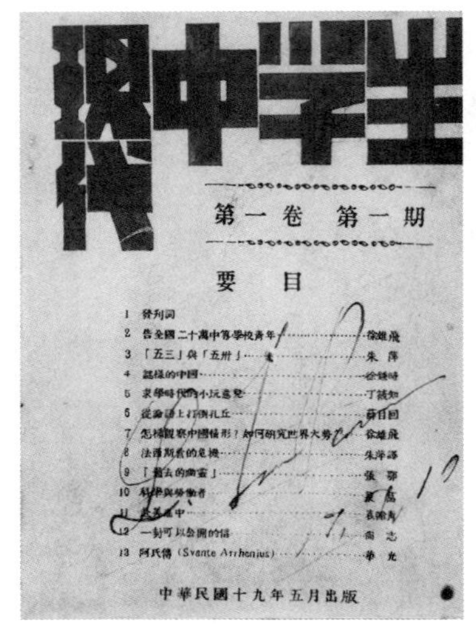

1930 年 5 月出版的顾衡等主编的《现代中学生》杂志

阀相勾结残害中国人民的罪行。此后，恽代英、萧楚女又多次应邀到东大附中就“治外法权”“关税问题”等进行演讲，这些演讲对顾衡是政治启蒙教育，使他的思想豁然开朗。他积极参加反帝爱国宣传活动，声援上海人民的反帝斗争。翌年，在国共合作的形势下，他参加学生社团大地社，并加入中国国民党。他和大地社成员葛春霖等人创办《现代中学生》杂志，并担任主编。他经常在杂志上撰文，分析国内外形势，宣传革命道理。蒋介石发动四一二反革命政变后，国民党背信弃义大肆屠杀共产党人和革命群众的血的事实教育了顾衡，他决定退出国民党。

1928 年 5 月发生的济南惨案让顾衡进一步看清了日本帝国主义侵略中国的实质，也看清了蒋介石对外不抵抗、对内镇压的丑恶嘴脸。这时，他已是国立东南大学数学系一年级学生。他积极参加中共东南大学地下支部组织的向国民政府的请愿活动和示威游行，并与几个进步同学自发走上街头，还赶往下关，进行演讲，希望唤起民众，挽救危亡。

顾述之在了解到儿子的情况后，给他写信，嘱咐他埋头读书，学好科学才能救国。面对国家危难日益深重，顾衡感到，在黑暗的社会里，读书救不了国，科学也救不了国。他放弃了做大数学家的理想和去法国留学的打算，寻求着救国的道路。他决心用自己的青春和热血，勇敢开辟改造国家社会的新路。1929 年底，许多人因大革命失败后白色恐怖严重，对革命前途悲观失望，顾衡却毅然脱离家庭、中断学业，到北京去找共产党。

1930年，中共清华大学支部秘密吸收顾衡为中国共产党党员。

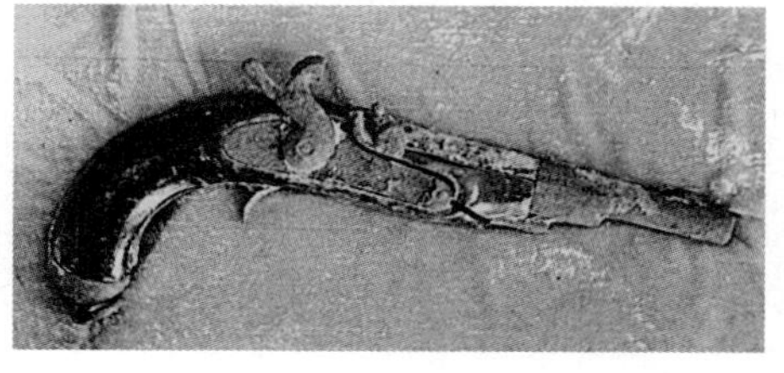
顾衡在太和时使用的手枪

加入中国共产党后，顾衡全身心地投入到党的工作中去。

不久，中共北京市委派遣顾衡到党组织遭受严重破坏的皖北太和县开展工作。这是个偏僻的县城，但党的组织依旧遭到严重破坏。为了恢复和发展党组织，顾衡深入学校和农村，利用各种形式，向大家讲国内外形势，讲革命道理，组织农民开展救灾、抗租、均粮斗争。短短一年多时间，太和县城和四乡都燃烧起熊熊的革命烈火。群众私下里都夸顾衡是“北京来的共产党的头”“有学问，有本事，了不起”。1931年11月，中共太和县委成立，顾衡当选为书记。

1933年6月，党组织派顾衡到南京担任中共南京市特别支部书记。南京是国民党统治的心脏地区，反革命势力十分猖獗，此前的6年间，南京地方组织先后遭到敌人七次破坏，顾衡到任时，特别支部只剩八九名党员。

在宪警、特务密布的环境中开展工作需要百倍的小心，并做好随时牺牲的准备。顾衡经常穿着破旧的工人装，跛着在太和指挥均粮斗争时受过伤的腿，背着以摆书摊作掩护用的书架，往来于南京浦口、下关、城区，深入基层，日夜奔忙。他组织党员在南京的工厂、码头、军事机关及学校等处进行革命活动，成立读书班、储蓄会、工程学会、反帝大同盟等进步组织；派党员到爱国知识分子中进行工作，参加读书会，并通过读书会的上层关系营救九名被捕同志出狱。

到1934年初，南京党组织有了较快的恢复和发展，中共南京特支改为中共南京市委，顾衡任市委负责人，并负责组织工作。市委领导30多名党员和10多名团员。

1934年2月，蒋介石对国民党统治区的中共地下党组织和进步文化加强“围剿”，大批共产党人和进步人士惨遭逮捕和杀害。6月底，中共江苏省委代理书记赵跃珊被捕叛变。7月起，南京市委遭到破坏。顾衡临危不惧。他撤掉原来的机关，通知同志们转移，自己却继续留在南京，经常变换住址，坚持斗争。

顾衡被捕后，押解到明瓦廊国民党中统南京实验区特务机关接受审讯。敌人只知道他是中共南京地下市委负责人，但对于这个无锡口音的青年，敌人惯用的威逼、利诱、用刑那一套毫无用处，他一点也不畏惧。敌人无计可施，只好把他解送到国民党南京宪兵司令部看守所羁押。

在狱中，中统特务天天找顾衡“谈话”。他们诱降道：“你们共产党上层人物都‘转变’了，你又何必这样呢？”见顾衡丝毫不为所动，特务就找来叛徒劝说或指认，都被顾衡驳斥得理屈词穷。顾衡只有一个信念，绝不出卖党的机密和同志。一次，敌人将一个已经叛变的原南京特支负责人关进顾衡的牢房，企图对顾衡劝降。顾衡义正词严地斥责叛徒：“如果要我写脱党声明，你们得先让我回去请示一下，看我们党准许不准许！这是一种信仰，敌人只能砍下我们的头颅，决不能动摇我们的信仰。就是你们都投降了，我还是干共产党，我死了，还要教育子孙后代永远干革命，做共产党人。”

在宪兵司令部军法处的法庭上，面对法官的审讯，顾衡理直气壮，侃侃而谈。他说：“国民党腐败，只抓共产党，不抗日，非垮不可！”军法处前后对他审讯三次，他都把法庭变成了宣传共产主义的讲坛。

在狱中恶劣的条件下，顾衡始终抓紧时间学习。他还一直用如火的热情和渊博的知识鼓舞难友们的斗志，坚定他们对革命胜利的信心，难友们对他十分钦佩。

顾衡被捕后近四个月中，由于父母三次探监，亲友亦多方营救，军法官允诺判顾衡无期徒刑。谁知案卷送到宪兵司令谷正伦处，谷正伦看了审讯记录后，大吃一惊说，此人顽固不化，决不可留；亲笔改批“怙恶不悛，改处死刑，立即执行”。

1934 年 12 月 4 日，顾衡在瑟瑟寒风中为实现自己的信仰，舍生取义。

大革命失败后，南京党组织遭受八次破坏，顾衡是第八次破坏时牺牲的党组织主要负责人。南京党组织的第一次破坏，发生在四一二大屠杀前夜的 1927 年 4 月 10 日，此后遭到的破坏平均不到一年就有一次，其中第一次破坏到第二次破坏、第五次破坏到第六次破坏只有三个月时间；谢文锦、孙津川、黄瑞生、李济平、李耘生、顾衡等六任党组织主要负责人被捕牺牲，其中有的上任不久就遭到逮捕，时间最短的不到半个月。包括顾衡在内的南京党组织主要负责人，面对国民党反动派的屠刀，挺身而出，接力革命，被捕后大义凛然，从容就义。他们的英勇事迹，充分体现了中国共产党人的崇高理想信念和大无畏牺牲精神。

人总是要死的，只要革命能够成功

——王崇典

王崇典，1903年出生，安徽涡阳人。1927年加入中国共产党。1928年5月因参加南京台城秘密会议被捕，9月牺牲。

人总是要死的，只要革命能够成功，我就是死了，还是有意义的，将来一定会有更多的青年投身革命斗争。

1928年5月，中共南京市委根据江苏省委的指示，确定了“红五月”行动大纲。5月5日晚上，国立中央大学和安徽公学团支部在南京台城秘密召开会议，筹划红五月暴动计划。由于被敌人盯梢，参加会议的团省委巡视员史砚芬、国立中央大学学生黄觉庵、王汇伯被捕。王汇伯被捕后立即叛变投敌，供出了南京共产党机关的情况及党员姓名。随后，敌人在全城进行大搜捕，短短的几天内，5个党团支部悉数被毁，王崇典、齐国庆等20多名党团员被捕，先是关押在南京特别市公安局看守所，后交江苏省特种刑事地方临时法庭审判。因为他们全是政治犯，被冠以“煽惑伤兵、军事谋乱”的罪名，因此，首都卫戍司令部发布705号公函，通知江苏省特种刑事地方临时法庭将案犯转交首都卫戍司令部军法处审理。

在审讯中，王崇典沉默寡言，只承认自己加入了中国共产党，曾任过国立中央大学的支部书记。不久，在酷刑折磨下，他染上了伤寒，连续两个月卧地难起。当父母来探监时，痛哭流涕地要他认错出狱，他默不作声。弟弟来探监时，他对弟弟说：“人总是要死的，只要革命能够成功，我就是死了，还是有意义的，将来一定会有更多的青年投身革命斗争。”王崇典就是抱着这样的信念参加革命的。

五四运动爆发时，王崇典在安徽芜湖芜关中学读书，成绩常居第一。受五四运动的影响，王崇典不满足于学校课堂教授的知识，开始关注时代思潮，受到社会主义思想的启蒙。他除了学习成绩好之外，在文学艺术方面也很有造诣，不仅会自己作词、作曲、编剧、写诗，还会表演，在同学中很有影响力。读书期间，王崇典动员组织了一批同学，利用话剧的形式进行革命宣传，并亲自拿起笔，进行剧本创作，撰写政论文章，将自己的立场、观点诉之于舞台和报刊。他的主要剧作《春思》《李家庄》《烈焰》，抨击社会弊病，满怀忧国忧民之心，在师生间广为传诵。

随着芜湖学生运动的不断高涨，各学校相继成立了学生自治会。王崇典被推选为学生自治会会长，不久被选为芜湖市学生联合会代表。他多次参与领导了学生请愿、罢课，支援工人大罢工等革命运动，为芜湖学生运动的开展做出了突出贡献。

中学毕业后，王崇典回到家乡任教。五卅惨案后，他组织成立沪汉罢工后援会，投身反帝爱国运动。后来在亲友的资助下，他考入上海大夏大学预科，1926 年又转入国立东南大学，在这里接受了马克思主义，1927 年加入了中国共产党。

四一二反革命政变后，白色恐怖笼罩南京，中共南京党组织接连遭到破坏，大批党员遭到捕杀，形势十分危急。组织要求一些未暴露身份的党

王崇典曾经常在秀山公园召集党团员开会，此为公园旧址

团员转移到外地或农村去开展工作，时任国立东南大学支部书记的王崇典来到了如皋。几个月后，中共江苏省委派人恢复南京地下党组织，建立南京市委，同时，利用一切机会和各种方式开展宣传工作，反对军阀混战，揭露国民党黑暗统治，启发工农群众的阶级觉悟。王崇典立刻回到学校，积极投身到斗争中去。

1927 年 12 月 4 日，王崇典参加了中共南京市委召开的南京市第一次党员代表大会，会议讨论了中共中央临时政治局关于《中国现状与共产党的任务决议案》，选举王崇典等 13 名市委委员和 4 名候补委员。会议中，大家热烈讨论了如何在国民党统治的心脏地区——首都南京发动武装起义，从而动摇国民党统治的基础，推翻反动政权。讨论中满怀革命激情的王崇典，激动地说："国民党像一潭污泥浊水，怎么搞也不行。旧的不去，新的不来，我们要鼓足勇气搞暴动，夺取政权才有幸福可言。"

王崇典的观点得到了第四中山大学（后更名为国立中央大学）党支部书记齐国庆的赞同。会后，二人迅速行动起来，在第四中山大学、北极阁、玄武湖、鸡鸣寺、灵谷寺等处召开会议，在市区散发传单，张贴标语，发展党员，并在国民党伤兵中做策反工作。1928 年，南京全市党员达到了 240 人。

1928 年 5 月，济南惨案发生后，日本侵略者的肆意焚掠屠杀激起了全国人民的强烈愤慨。王崇典、齐国庆立即组织国立中央大学的党员、进步青年向国民政府请愿，当天就有 1000 多名学生参加了请愿，高呼"对日经济绝交""恢复民众运动"等口号。频繁的革命行动引起了反动当局的高度注意，南京特别市公安局局长孙伯文下令密查此事。二人时刻处于高度的危险之中，但依旧为争取更多人加入革命阵营、待机发动武装暴动废寝忘食地四处奔忙，挑起了宣传思想和发动工作的大梁。

王崇典被捕后，转押至首都卫戍司令部看守所。他遭到严刑逼供，却视死如归。面对早已预料的死亡，他沉着冷静。在一间20多平方米的房间内，关押着40多个犯人。被关押的人挤得只能侧着身、靠着墙，睡觉都得轮换。这时又值盛夏，牢里酷热潮湿，难友们伤口的血腥味和地板的腐烂味，熏得人头昏脑涨。王崇典却始终保持着清醒的头脑。

1928年9月27日，中秋节前夜，天将拂晓，首都卫戍司令部看守所里一片混乱。随着士兵匆匆集合的脚步声和看守的开锁声，一束刺眼的手电筒光照进牢房。"余晨华（即史砚芬）、齐国庆、王崇典、李昌汾出来！"看守长喊道。当他们被押出中华门时，王崇典对齐国庆说："老齐呀，我们的事业没有成功，没想到就这样分手了。"

在雨花台刑场，王崇典、齐国庆等人高唱《国际歌》，从容就义。他们在革命危难时刻的坚守与牺牲，在个人生死抉择时的忠诚与乐观，谱写了一曲荡气回肠的慷慨壮歌。

有了这种舍己为公奋斗的精神，还怕理想事业不能成功？

——袁咨桐

袁咨桐，1914 年出生，贵州赤水（现习水）人。1929 年加入中国共产主义青年团。1930 年 5 月、8 月两次被捕，9 月牺牲。

一个人到了不怕死的地步，还有什么顾虑的？有了这种舍己为公奋斗的精神，还怕理想事业不能成功？

1930 年 8 月，袁咨桐被捕入狱。在狱中他给二哥写了最后一封信，信中说：“我们各有着不同的处境，不同的教育，不同的见解，还有着不同的命运吧？我们之间，有人在忍辱顺受，有人在观望徘徊，有人在勇往直前……一个人到了不怕死的地步，还有什么顾虑的？有了这种舍己为公奋斗的精神，还怕理想事业不能成功？”字字句句掷地有声，表达了他为实现心中的理想奉献出生命的决心。

1914 年 5 月 25 日，袁咨桐出生在贵州赤水一个地主家庭。从小他和哥哥们一起诵读《声律启蒙》《幼学琼林》《古文观止》《唐诗》以及高等小学的《国文》《修身》等，优秀的中国传统文化在他的生命中打下了深深的烙印。1924 年，袁咨桐入贵阳达德小学，跟随著名爱国人士、教育

1930 年，袁咨桐（后排左一）与黄齐生等人合影

家黄齐生读书，被黄先生视为义子。大革命失败后，黄齐生被军阀冠以“接近共匪嫌疑”的罪名而遭通缉。黄齐生被迫背井离乡，带着袁咨桐从贵州走出，辗转来到南京。

位于南京北郊劳山脚下的晓庄师范，是中国第一所乡村师范试验学校，由人民教育家陶行知于1927年3月创办，旨在培养有农夫身手、科学头脑、改造社会精神的教育工作者。在国家多难、民族危急之时，各地的“清党”运动，致使学生中的共产党员、共青团员以及一些革命青年无法在自己就读的学校继续学习下去，晓庄师范便成了他们的一方热土，一时汇集了来自不同地区坚持革命的青年。聚首在这里的学生，是一个优秀的群体，他们渴求知识，知行合一，立足乡村，服务农民，追求真理，心怀天下。

袁咨桐到南京后不久，就读于晓庄师范。在黄齐生“以天下为己任”的教诲下，在晓庄师范倡导改造社会的精神影响下，在校内共产党员的启迪帮助下，袁咨桐这个富家男孩不贪恋安乐，胸怀鸿鹄之志，立下了要为天下人的幸福而奋斗，创造理想世界的决心。他在日记中记录了他思想变化的心路历程。

袁咨桐在晓庄师范小学部读书时的日记，1934年收录于《儿童日记作法》一书

在晓庄师范学习期间，喜欢话剧的袁咨桐，学会了自己创作剧本。他创作的话剧《玫瑰花》，控诉了社会的黑暗和不公等。他通过剧中人物

的口，悲愤地说：“劳苦大众自己织了布没衣穿，自己种了田没饭吃，自己盖了屋没房住，为什么？因为他们劳动所得的一切都被他人强占了，都被贵族、财主、资本家强占了！这是多么的不平等呀！”这个剧目由“晓庄剧社”演出，起到了唤醒劳苦大众的宣传作用。

1928年夏，在中共南京市委的领导和帮助下，晓庄师范党团组织成立。1929年，袁咨桐秘密加入共青团，坚决走上革命道路。1930年初，袁咨桐升入晓庄师范附属劳山中学，任地下团支部书记。4月，晓庄师范被查封，袁咨桐跟石俊、叶刚等一起在南京坚持斗争。他虽然人小，但是胆子大，每次斗争他都冲在前面。

袁咨桐在他短暂的革命生涯中，先后两次被捕。

第一次被捕是1930年5月。这次被捕是因为参加了晓庄师范同学声援下关和记工厂工人罢工的游行示威活动。首都卫戍司令谷正伦的妻子陈瑾也是黄齐生的学生，她先后两次找袁咨桐谈话，企图动摇袁咨桐对共产主义的信仰。据黄亭芬（黄齐生侄女）回忆说，陈瑾曾对袁咨桐说，像你这样年轻，又漂亮又聪明，前程远大呢，被那些共产邪说迷住了，误入歧途，真是很可惜的。袁咨桐反驳道：“‘共产邪说’对你们来说是邪说，可对我来说，共产主义就是我的最高信仰。”陈瑾又劝说，信仰共产主义有什么好处？它在哪里？还是想想自己吧，才16岁，只要悔改，还有前途。如再执迷不悟，后果不堪设想。袁咨桐答道：“人各有志，不必强求！”敌人又找来当国民党军官的袁咨桐的大哥，将他保释出去。大哥对他说，保你出去后，别再跟着共产党干了。袁咨桐出狱后，继续坚持斗争。

时隔3个月，袁咨桐第二次被捕。敌人在墙上开了一个小洞，每当有晓庄的同学被捕时，就逼他从洞口辨认，要他供出这个人的历史和活动情况，但袁咨桐就是不吭一声。敌人恼羞成怒，便用残酷的刑罚来折磨他，用铁丝绑住他的双手，吊起来毒打，袁咨桐几次昏死过去，醒来后仍大骂敌人。黄齐生先生闻讯，急忙赶到宪兵司令部，去找谷正伦，要他释放袁咨桐。他还以师长的名义找到陈瑾，希望她营救袁咨桐。在黄齐生的努力下，谷正伦准备了一份自首书，亲自找袁咨桐谈话，他说：“你别太任性，你的罪足以判死刑，看在黄老先生三番五次为你说情的份上，给你条生路，要知道人死了还能复生吗？”袁咨桐答道：“一个人只要死的值得，虽死犹生。”谷正伦又问：“你为那共产邪说去死，值得吗？”袁咨桐回答：“为共产主义，为我的最高信仰去死，值得！”

袁咨桐牺牲前拍的照片，背面有他亲笔写的“长别人世”字样

劝降无望，当局决定杀害袁咨桐。根据当时国民政府的法律，未满 18 岁者不能判处死刑，敌人竟把袁咨桐的年龄由 16 岁改为 18 岁。临刑前夜，袁咨桐在自己的照片上写下了“长别人世”四字，交给难友，与大家作最后的告别。照片上的袁咨桐沉着镇静，没有丝毫的恐惧与惊慌失措。1930 年 9 月 17 日，袁咨桐牺牲在雨花台。

袁咨桐是目前已知牺牲时年龄最小的雨花台烈士。革命，让他的生命定格在 16 岁这个短暂的刻度上。他和那些青春年少、风华正茂的年轻革命者，最理想的人生应当是安静地坐在教室里，在接受知识中顺利完成长大成人的历程，为今后的幸福人生做好铺垫。但他们是一群具有远大理想和抱负的人，为了改造社会，造福民众，选择了充满艰险的革命道路，并义无反顾，坚持到底。他们以一腔热血谱写的青春之歌，是革命年代的特殊环境和斗争实践造就的，它真实地彰显了信仰的力量。

共产党人是杀不完的

——蓝文胜

蓝文胜，1906 年出生，湖北广济人。1927 年春加入中国共产党。1932 年 9 月因南京宪兵系统中共地下特别支部遭破坏在苏州被捕，解来南京，次年 2 月牺牲。

所谓前仆后继，就是这样……要知道共产党人是杀不完的。

这是黄埔军校出身的革命烈士蓝文胜在狱中说的话。

1925 年，蓝文胜从广济县立高等学校毕业后，受大革命潮流的影响，带着对帝国主义侵略和军阀混战的愤恨，怀着拯救贫弱国家和穷苦民众的抱负，蓝文胜毅然投笔从戎。

1926 年 4 月，蓝文胜南下广州进入黄埔军校第五期政治大队就读。在校期间，他系统学习了革命理论，接受了严格的军事训练，思想觉悟不断提高。7 月，北伐战争开始后，他所在的第一中队随校参加北伐。北伐军于 10 月攻克武汉后，第一中队编入中央军事政治学校（黄埔军校）武汉分校。在这里，他接受了国民党左派领袖邓演达、中共早期领导人恽代英等人的谆谆教诲，还聆听了时任中共中央农委书记毛泽东关于两湖农民运动的精辟演讲。

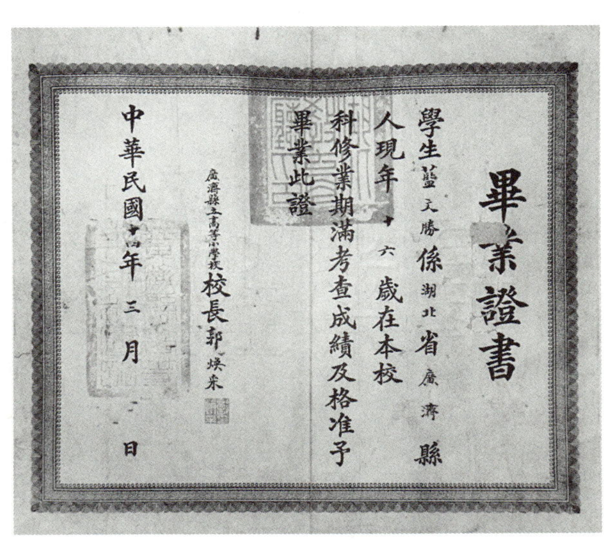
畢業證書
學生藍文勝係湖北省廣濟縣人現年十六歲在本校科修業期滿考查成績及格准予畢業此證
廣濟縣立高等小學校校長郭煥采
中華民國十四年三月 日

1925 年 3 月，蓝文胜在湖北广济县立高等小学的毕业证书

革命及军事理论学习与北伐战争的实践，使他的思想产生了质的飞跃。“以前认为读书便能救国，现在看来错了！因为战乱时期，读书人连自己的脑壳都保不住，那能谈得上救国二字？尤其在我接触到 C.P.（中国共产党）之后，越发感到自己

过去很多话都是清谈，以文是不能取胜的（指他自己的名字文胜），只有用武力革命，才能战胜邪恶，所以我决意改名为武扬……”1927年春，在蒋介石加紧背叛革命的背景下，蓝文胜选择了加入中国共产党。

不久，四一二反革命政变发生。在革命与反革命的重大抉择面前，蓝文胜坚守共产党人的政治立场，参加了驻鄂黄埔学生讨伐蒋介石的活动，并拒绝参加军校毕业生反共宣誓。7月15日，汪精卫集团在武汉公开背叛革命后，他遭到追查搜捕，潜回家乡暂避，遂与党组织失去联系。不久，他打入唐生智部进驻南京浦口，经同乡介绍，进入南京军官研究班，后到位于清凉山的宪兵教练所任教官和区队长。他痛恨国民党反动派背叛革命的行径，于污浊中洁身自好，一直在默默地寻找党组织。

这时，他的好友，黄埔军校第四期生、中共党员李昌祉受党秘密派遣来南京，打入国民党委员会任少校科员。他与蓝文胜不期而遇。蓝文胜从李昌祉的话中感觉到他与党组织有联系，心里便踏实起来，从此与李昌祉联系密切。

1929年底至1930年初，蓝文胜在广济家乡的内兄、区苏维埃主席朱启儒和县农会主席曾美令悄悄来南京找他，请他帮助枪支匮乏的鄂东游击队提供武器弹药。蓝文胜在李昌祉和王东杨的帮助下，假称为鄂东一带反

蓝文胜在军队时使用的马鞭

动民团接济少量武器，设法在国民党军政部军需处合法购买了30余支步枪、10箱子弹。因事关重要，他带着勤务兵，亲自将这批武器送回家乡。在家期间，蓝文胜又设法将被关押在县城监狱的10多名苏维埃区、乡干部保释出狱。鄂东游击队得枪增人，如虎添翼，后改编为鄂东游击大队。

李昌祉从蓝文胜身上看到了他对党和革命事业依旧忠心耿耿，尤其是面对1930年中共南京市委遭到严重破坏，大批共产党人被杀害，蓝文胜没有丝毫动摇，仍坚定不移地寻找党组织，表现出坚决的革命意志，遂向上级组织全面汇报了蓝文胜的情况。经中共江苏省委军委批准，蓝文胜于1931年初恢复党籍，重新回到组织怀抱，继续跋涉艰险的革命救国之路。

1931年春，中共江苏省委军委决定在南京宪兵系统建立中共地下特别支部，其具体任务是“发展组织，搜集情报，开展兵运”。蓝文胜出任特支组织委员。此时，他已调至宪兵第一旅旅部任上尉副官，收入颇丰。他将自己的工资和过去的积蓄都捐献出来作为共产党的活动经费，自己生活却十分节俭。

为了方便传递情报，他在南京夫子庙大庆楼旅社设立长包房；还利用职位便利，把家乡来的十余名进步青年安排进宪兵系统，并发展了五六人入党，在南京地委屡遭破坏后，宪兵系统的党组织建立起来了。经过蓝文胜、李昌祉等人的努力，南京宪兵系统中共特支发展到20多位党员，还团结了一些外围群众，形成地下革命团体。他们暗中传递情报，营救被捕同志，出色地完成了一系列任务。特支像一把尖刀，插入敌人心脏，凝聚革命力量，成为江苏省委军委一个强有力的战斗堡垒。

1931年党的六届四中全会后，中共南京特委执行中央指示，决定在南京举行“军警联合大暴动”，并派巡视员到南京宪兵系统地下特支，宣布特支交由南京市委军委直接领导，将本应长期隐蔽在敌人心脏，以便发挥特殊战斗作用的特支转为公开斗争力量。

1932 年初，蓝文胜所在的部队调防苏州，他随团部赴姑苏。

同年 2 月，京华印书馆党支部书记李向荣、军委交通员吴恕、市委军委书记路大奎被捕后相继叛变，供出市委即将举行暴动的计划和军委系统党员的名单。南京大暴动夭折，南京宪兵系统中共特支陷于极度危险之中。

3 月初，中共江苏省委巡视员施其芦、苏州中心县委书记王伯奇相继被捕叛变，形势愈发危急。身在苏州的蓝文胜不顾安危，到南京了解情况。临行前，他焚毁了所有文件，并关照妻子说："我万一回不来，你就去南京找哥哥，或回乡下去种田。"

此时，中共南京市委及其军委、南京特委均已遭到破坏。蓝文胜紧急通知能联系到的相关人员停止工作，暂时隐蔽。为了不引起敌人怀疑，保护特支，他又从容地回到苏州，继续坚持工作。

不幸还是降临了。9 月 18 日前后，蓝文胜在苏州被捕。南京宪兵系统中共特支的党员和所联系的群众被捕达 30 余人，特支损失殆尽。

为了获取更多的情报和线索，特务们对蓝文胜等人分别关押审讯，威逼利诱。特务对蓝文胜动用酷刑的同时，拿着他发展和领导过的党员名单与他对质。为了保护同志，蓝文胜挺身而出，把所有责任全部揽在自己身上："这些当兵的有什么资格参加共产党？军人以服从命令为天职，我当官的这么一说，他们谁敢不听？一切责任全部由我承担！"特务又问："你是黄埔学生，怎能反对和背叛校长呢？"蓝文胜听后冷笑道："他何以对得起先总理孙中山和国难艰危下的国人。"他愤慨地列举了蒋介石背叛革命和容忍日本侵略的卖国行径，直言："校长过去讲的与他现在做的全不一样。既然他背叛革命，背叛人民，我们就能背叛他！"一席话铿锵有力，特务无言以对。

蓝文胜本来有诸多机会可以逃生却未离去，反而回来继续革命，特务们对此深感不解。蓝文胜坦然地说：“所谓前仆后继，就是这样……要知道共产党人是杀不完的。”

南京宪兵系统中共特支中被捕的同志，大多先后在宪兵教练所当过学员，深受蓝文胜等人革命思想的影响，此时蓝文胜、李昌祉的大义凛然，也更加坚定大家的群体意志，鼓舞着他们在狱中如同坚不可摧的堡垒，面对强敌始终坚固矗立。

1933 年 2 月 12 日清晨，蓝文胜在雨花台英勇就义。临刑前，蓝文胜与前来探监的妻子诀别。早已将生死置之度外的他安慰妻子说：“不要害怕，我所做的事情都是正义的，正义的事情一定会胜利！”

蓝文胜在北伐战争高歌猛进之时加入中国共产党，大革命失败后，与党失去联系，1931 年重新回到党的队伍。他的斗争实践和英勇事迹，展示了共产党员对自己政治道路选择的无比自信和忠贞不渝。

本为民除害，哪怕狼与狗

——高波

高波，1913年出生，陕西米脂人。1937年加入中国共产党。1947年因叛军出卖在陕西被捕，自5月起至次年下半年，先后被关押在兰州、镇江、南京等地，1948年10月牺牲。

本为民除害，哪怕狼与狗。身既陷囹圄，当歌汉苏武。

1947年4月，时任陕甘宁晋绥联防军新编第11旅1团政治委员的高波被捕入狱，先后被关押在兰州、镇江、南京等地。在兰州狱中，敌人对他严刑拷打，让他悔过。他拿起敌人要他写悔过书的纸笔，一气挥就，写下了“本为民除害，哪怕狼与狗。身既陷囹圄，当歌汉苏武”，表达了他的人生理想和实现理想的决心。

1934年，高波考入西安绥靖公署步兵训练班学习军事，毕业后在杨虎城部任排长。由于共产党在西北军中很有影响，高波和共产党的关系日益密切，并把自己的命运和党紧紧联系在一起。他说：“我是无产阶级，一定跟共产党走。”

1937年1月，中共中央机关由保安迁到延安。延安相对于国统区、沦陷区有着鲜明的自由、平等、民主的宽松氛围，有“来则欢迎，去则欢送，再来再欢迎”的“来去自由”政策。这一切都让进步青年们感到，延安才是中国的希望。延安就像一块巨大的磁石，把许多追求进步、有理想有抱负的青年吸引来了。高波也和许多进步青年一样，怀着一腔热血，不畏严寒，日夜兼程，奔赴延安。在爱国民主人士杜斌丞的推荐下，高波成为中国人民抗日军政大学最早一批学员，进入抗大学习。在学校里，他加入了中国共产党，并把自己的名字改为高波（原名高如化），

高波（中）在中国人民抗日军事政治大学学习期间与战友合影

寓意自己要像滚滚波涛一样，永远融入革命洪流中。

高波多才多艺，长于歌唱、音乐。1938 年抗大毕业后，他被分配到八路军留守兵团政治部烽火剧团工作。不久，升任烽火剧团团长。从 1938 年至 1942 年，高波率剧团 30 多人，背着行李，挑着道具，翻山越岭，过沟跨坎，几乎跑遍了陕甘宁边区，为部队和群众创作和演出了京剧《平型关大战》、歌舞《小放牛》等许多表现八路军和抗日军民英勇斗争的戏曲和节目。毛泽东等中央领导多次观看他们的演出，许多连队排演他们创作的节目，老百姓传唱着他们演唱的歌曲。烽火剧团成为深受抗日根据地军民欢迎的具有特殊战斗力、影响力的队伍。

1945 年 12 月，高波任陕甘宁晋绥联防军新编第 11 旅 1 团政委。该团原系国民党军队，团长赵级三是个兵痞，队伍人员成分复杂，军纪涣散。要改造这支部队有很多艰苦的工作要做。高波深知自己肩上担子沉重，便深入到战士中去，和大家同吃同住同练武，并注意改善士兵伙食；发现有打骂士兵的行为，立即追查；遇到疑难事情，就和大家一起商量；用黑板报、油印小报和召开英模表彰会等方式激励先进的干部战士。由于高波的辛勤工作，第 1 团官兵思想转化很快，延安《解放日报》多次登载第 1 团改造旧军队先进事迹的文章。第 1 团官兵交口称赞高波工作有方，评价说：“高政委把咱一团办成了学校，改造成了名副其实的八路军。”

1947 年春，蒋介石将内战由全面进攻转向重点进攻，命胡宗南率 25 万大军进攻陕北解放区，其中宁夏地方军阀马鸿逵率部向东配合进犯。这时，原本怀着投机思想的团长赵级三在第 1 团与进犯之强敌浴血奋战、部队损失较大之时，暗中纠集心腹，图谋反叛。4 月中旬的一天深夜，赵级三率叛兵阴谋绑架了高波等干部。高波被绑架后，赵级三将他交给马鸿逵，作为投靠的见面礼。

在银川监牢，高波把法庭作为自己新的战斗场所，怒斥军阀马鸿逵。如获至宝的敌人想从他身上得到机密情报。面对敌人的多次提审，他慷慨陈词，揭露国民党发动内战的无耻行径。马鸿逵也曾亲自劝诱高波。马鸿逵说：“你在边区不过是个小小的团级，在我这里可以给你比团级大的官，把你的内人和孩子都可以接来银川嘛！”高波厉声斥责道：“共产党人不是为当官发财，而是为全人类的解放。你马鸿逵瞎了眼，叫真正的共产党人投降，那是白日做梦！”马鸿逵恼羞成怒，命令对他施以重刑。高波被打得遍体鳞伤，昏迷不醒，倒在囚室杂乱的草堆上。待他苏醒过来，看着身边心痛地望着自己的难友，坚定地说：“同志们，不要难过，斗争还仅仅是开始。”

在兰州监狱，高波一方面坚持狱中斗争，一方面更用精神的力量来鼓舞自己和难友，丝毫没有把生死放在心上。敌人后又将高波等人押送至兰州国民党西北行辕俘虏收容所。在这里，高波秘密组建起狱中党支部，自己为支部书记，按原警第 8 团的党员和原新编第 11 旅的党员等分为两个党小组，坚持狱中斗争。在兰州监狱的一年，敌人使尽各种伎俩折磨高波，都不能使他屈服。1948 年 5 月，他被解往镇江之前，不顾自己的处境，鼓励遭受折磨的战友们说：“政治生命第一，革命气节不可变。宁可为革命站着死，绝不可在敌人面前跪着生。”

高波对自己所从事的事业充满着期望。他相信革命事业在一代代革命者的努力下必定会取得最终胜利，这也进一步坚定了自己以身报国的决心。他一方面坚持与敌人做不妥协的斗争，另一方面则竭尽所能把生的希望留给战友。在镇江国民党国防部训导所里，高波坚持穿着已经破烂的解放军军服，拒不穿狱方发的国民党士兵军服；他拒不按狱方的要求写自传，不给敌人留只字片语；他拒不听课接受“训导”，与大放厥词的训导主任激辩，驳得敌人理屈词穷；他拒不阅读狱方强迫他读的反动书籍，将书撕毁；他蔑视敌人的禁令，经常放声高唱陕甘宁边区流行歌曲；他动员并掩护几名难友逃脱出去，重返队伍和敌人斗争。训导所这个敌特“软化”解放军连以上干部的囚笼，同样成了高波克敌制胜的战场。

国民党训导所最终认为高波等人属于“长期感化无效”者，将他们移送南京国防部保密局看守所，给予“严惩”。

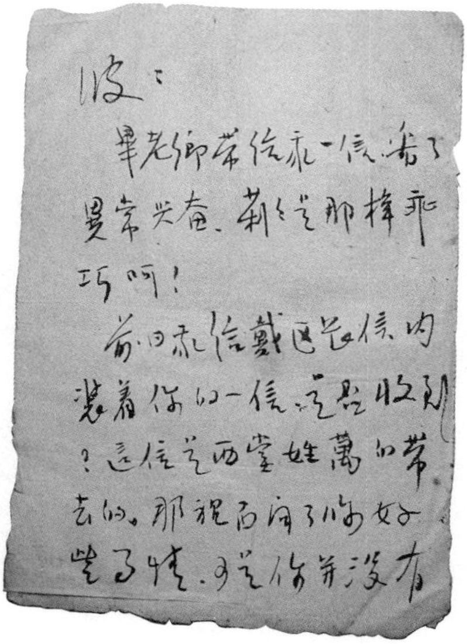
波：
毕老卿带信来一信，看了
异常兴奋，莉莉是那样乖
巧呵！
前日来信戴同志信内
装着你的一信，是否收到
？这信是西堂姓万的带
去的。那里面写了些好
些事情。可是你并没有

1946 年 7 月，高波给妻子成波的信

高波知道留给自己的时间不多了。他从自己的破棉衣上撕下棉花捻成线，给在远方的妻子成波织了一件线衣，连同别人送他的一双袜子，一起托人带出去，并给她写下遗书：“我和你及安莉女儿永诀了。我的死是为着人类的解放事业，是光荣的。我死后还有成千上万的同志。我们的革命事业必胜……我的身体被国民党反动派毁去了，但我的灵魂永远不会被毁伤。要把女儿带大成人接班，完成我没有完成的事业……”

1948 年 10 月下旬一个漆黑的夜晚，高波被秘密杀害于雨花台。

“我的身体被国民党反动派毁去了，但我的灵魂永远不会被毁伤。”高波在南京监狱中留给妻子的遗书，鲜明地展示了中国共产党人在生死抉择面前的坚定立场，展示了革命者的世界观、人生观和价值观。这是他们能够从容面对考验、不怕流血牺牲的思想基础和心理底蕴。

我始终保持了共产党员这个称号的尊严

——刘亚生

刘亚生，1910 年出生，河北河间人。1936 年加入中国共产党。1946 年 8 月在中原突围后转战陕南的途中被捕，关押于西安集中营，后解来南京，1948 年底牺牲。

唯一值得自慰的是，我始终保持了共产党员这个称号的尊严。但我不能以自己有限的生命，为党做更有价值的贡献却是再遗憾不过的了！

这是时任八路军三五九旅政治部副主任刘亚生临刑前的话语。

刘亚生出身普通农户家庭，家境贫寒，但他好学上进，才华出众，22岁时，被清华大学和北京大学同时录取，但由于学费无着，只能用卖报钱换得一张北大历史系旁听证。在校期间，他一边学习，一边积极参加学生运动，并在一系列学生运动中迅速成长。1937年七七事变后，刘亚生离开北大，奔赴抗日前线太原参加八路军，在三五九旅历经了炮火硝烟的洗礼。他当过王震旅长的秘书、三五九旅政治部宣传科长等职。1946年8月，在转战陕南途中不幸落入敌手，被关押于国民党西安集中营。

一二·九游行照片

初到集中营，面对敌人百般威逼，刘亚生始终说自己是乡村教师。但三五九旅的杨言钊被捕后经受不住敌人的威胁利诱，出卖了刘亚生；放风时，他还劝刘亚生说：“三五九旅被俘的人有不少，现在看来，要把我们自己知道的情况隐瞒下去，是不行

1944 年，刘亚生（前排左一）与湖南人民抗日救国军政治部南下人员合影

了，迟说不如早说，免得吃苦。”刘亚生厉声斥责：“西安集中营有三才，人才、狗才、奴才。”叛徒见劝降未成反撞了一鼻子灰，黯然地逃开了。

胡宗南知道刘亚生的真实身份后，欣喜若狂，妄图诱降。当天，刘亚生就被送到一座豪华别致的小公馆里，单独“优待”起来；接着，胡宗南派一名高参充当说客，还带来一名女特务，说是专门来“招待”刘亚生的。

刘亚生一眼识破敌人的伎俩，对说客说：“请你给我把她打发走，不然咱们没话可谈。”那位说客只好答应。随后他对刘亚生说：“今天与老兄无非是想谈谈今后的出路问题。”刘亚生答：“我的出路只有两条，一条是死在你们手上，一条是活着和你们斗争！”那家伙赶紧摆手说：“老兄想到哪里去啦！胡长官还要请老兄任他的少将参议呢。生命自然不会没有保证了。”刘亚生不屑地笑了笑，不再理他。

过了两天，那个说客陪同国民党国防部新闻局局长邓文仪又找到刘亚生，要他在几个高级军政人员参加的茶话会上作简单演说，谈谈内战的责任问题。这次刘亚生爽快地答应了，并且拒绝了由邓文仪代拟讲话稿。

当晚，在那些军政要员的鼓掌声中，录音机被悄悄地打开了。面对群敌，刘亚生慷慨陈词：“双十协定国民党向人民作了还政于民的诺言，接受了政治民主化、军队国家化的口号……全国人民在八年抗战之后，看到中国将会出现一个休养生息、和平建设的环境，都欣喜若狂。中原军区部队为了这一愿望能够最终实现，不惜牺牲，作出让步，最后，几万部队被压缩在一块方圆不到百里的地方，给养困难达到极点。可结果却是，6月25日，刘峙的部队向我发动进攻。责任问题不是明摆着吗？”

刘亚生被押回集中营。敌人见软的不行，就来硬的。吊打、坐老虎凳、电刑，各种酷刑都用上了，刘亚生被折磨得遍体鳞伤，但坚强不屈。

敌人最后使出毒辣的一手，让已经在威胁诱骗下屈服的刘亚生之妻何薇出马。何薇走近伤势沉重、卧病在床的刘亚生，扑倒在他身边哭述“就算革命胜利了，谁知道我们今天的苦，你要是有个三长两短，我今后去靠谁？”刘亚生想不到妻子意志薄弱，竟变节成了敌人的帮手，怒不可遏地扇了她几记耳光，骂道：“你把自己的灵魂都出卖了，无耻！”何薇最终摊牌，以离婚要挟，刘亚生拿起纸笔，一挥而就，扔在她面前。

1947年9月，国民党以交换高级战俘的名义，用飞机将“重犯”刘亚生押到南京，被囚禁在国民党国防部保密局看守所。他的到来，给沉闷的监房带来了一些活力。他以坦诚豁达和风趣幽默面对磨难，感染难友，保持着人民军队政治工作者的风骨。他的眼镜被敌人打烂了，看人走路很不方便，一进监房，他就凑到难友面前挨个认人，笑说：“有缘千里来相会。”难友们问他叫什么，他说：“以前在我们家里，都叫我‘刘瞎子’，你们就叫我‘刘瞎子’吧。”午饭后，他活动着身体，准备迎接敌人的“下马威”。

果然，天一黑，敌人就把刘亚生提走了，直到第二天清晨，才把他送回来。刘亚生被折磨得脸色灰黑，一进牢房便昏倒在地，原来敌人在他身上反复试用一种新式刑具。大家焦急地折腾了半天，刘亚生才苏醒过来。他吃力地对难友们说：“我这人命长得很，死不了哪！你们不相信，我敢跟你们打赌，三个月内，我要不死，你们请我吃一顿南京板鸭。”几句话，把大家的紧张情绪都赶跑了。狱中，奄奄一息的刘亚生，既得不到治疗，又严重缺乏营养补给，可他每天坚持打拳、做操，又坚韧地活下来。

1947 年下半年，人民解放军开始战略反攻，战局发展于国民党军队越来越不利。此时，刘亚生想到，今后革命胜利了，能再为党为国做些什么？他想写书，想用章回体小说的形式向大众宣传中国革命史。1932 年，刘亚生在北大历史系学习时，曾编写出版《中国革命历史教程》。1942 年，三五九旅入驻陕北绥德时，刘亚生由王震旅长向延安中央研究院副院长范文澜推荐，经考试录取为中国历史研究室的研究员，并参与了《中国农民战争史》《中级中国史课本》等书的编写。但是随着时局的发展，残暴的敌人没有给他完成这一愿望的机会。1948 年底，人民解放军取得淮海战役的胜利，百万雄师挥戈南下，直逼江南。敌人在行将灭亡之前，开始了疯狂的屠杀。一天晚上，敌人把刘亚生带到审讯室逼问："你到底有没有转变的可能？"刘亚生斩钉截铁地回答说："没有，永远也不会有你们说的转变！""我从加入共产党的那天起，就把个人生死置于脑后，为了中国人民的解放事业，牺牲个人生命有何可惜！""值得欣慰的是，我没有给共产党员的称号抹黑，没有给三五九旅丢脸。"几个狱卒把他押送到雨花台，子弹从他的头顶飞过，他屹立不动，敌人把他又押回监狱。

第二天拂晓前，敌人打开了刘亚生的牢门，给他戴上镣铐，吆喝他赶快上车。刘亚生预感到自己为革命献身的最后时刻到了。他对身边的难友沉痛地说："我可能看不到咱们盼望的那个世界了。有机会请你转告党和同志们，我时刻想念着他们，我马上就要和他们永别了。唯一值得自慰的是，我始终保持了共产党员这个称号的尊严。但我不能以自己有限的生命，为党做更有价值的贡献却是再遗憾不过的了！"

在南京临江兀立的燕子矶，刘亚生被紧紧地捆绑起来，并系上一块大石头。宪兵对他说："给你最后一点时间考虑，你到底有没有一线转变的可能？”刘亚生斩钉截铁地拒绝了敌人的要求，被绝望之下的敌人推进了波涛汹涌的长江，尸骨无存。

刘亚生牺牲时距离南京解放仅仅只有 4 个月。1983 年，刘亚生牺牲 35 周年时，他的战友、原三五九旅旅长王震同志为他题词：“德才兼备，英勇牺牲的楷模——刘亚生烈士永垂不朽！”

叛徒的出卖、敌人的劝降、妻子的屈服、残酷的拷问、死亡的威胁，刘亚生烈士在敌人的监狱中，经历了几乎所有的考验。正因为他以始终保持共产党员这个称号的尊严为主心骨，所以做到了威武不屈、视死如归。考验对于共产党人是不可避免的，而始终保持共产党员这个称号的尊严，则需要付出代价、做出牺牲。

一颗为民心，万古终不泯

——朱克靖

朱克靖，1895年出生，湖南醴陵人。1922年加入中国共产党。1947年初因郝鹏举反水被捕，解来南京，同年10月牺牲。

朱克靖

此身早许国，被卖作楚囚。壮士非无泪，不为断头流！

一颗为民心，万古终不泯。身心献党国，一死何足愁！

1947年初，朱克靖被捕后，被辗转关押在南京国民党国防部保密局宁海路19号看守所。在狱中他写了许多抒发革命情怀、表达自己忠于共产主义理想和人民解放事业的诗篇，只可惜大多已经散失。这首诗写在一张烟盒子纸上，被同狱难友记录了下来，成为流传至今的雨花台烈士著名诗作。

朱克靖1922年就加入了中国共产党。大革命时期就跨国共两党从事革命工作，革命热情很高，工作积极，富有成效，在国共两党很有影响。

1925年，第一次国共合作后，反对帝国主义、封建军阀的北伐战争蓄势以发。为实现国共合作领导国民革命，朱克靖受中共指派从苏联回国，出任国民革命军第三军党代表兼政治部主任。第三军由滇军改编，部队成员复杂，军阀习气浓厚。朱克靖带领一批年轻的共产党员，在部队建立起一支强有力的政工队伍，逐渐革除了这支部队的封建陋习，战斗力显著增强。在10月的南征中，击溃了军阀邓本殷部，消灭了海南岛残敌。在1926年北伐中，第三军不仅在仰天岗击败孙传芳主力邓如琢的精锐部队第七旅，而且在10月28日率先攻入南昌市区。在占领南昌的这次战斗中，朱克靖和蒋介石同在前线随军行动。第三军军长朱培德对朱克靖在部队中开展的政治工作十分满意，认为朱克靖的工作不仅巩固了军队组织，鼓舞了士气，而且解决了他所不能解决的民众助力，保障了战争的胜利。

当蒋介石和汪精卫相继背叛革命时，朱德和朱克靖率领第三军军官教导团的1000名官兵，投入了南昌起义的洪流。起义部队南下失败后，朱克靖虽突出重围，但与党组织失去了联系。

抗日战争全面爆发后，由南方八省的红军和游击队改编的新四军设军部在南昌市高升巷。朱克靖终于找到自己苦别10年的队伍。他极为振奋，对家里人说：“我要重归战场，请缨杀敌。”他先后担任新四军政治部顾问兼直属战地服务团团长、新四军联络部部长、苏北临时参政会副议长、苏中三分区行政公署专员、苏浙行政公署主任等职。他曾带领战地服务团从1938年春到1939年春，行程万里，到各抗日民主根据地演出，开展民运工作，有力地配合了部队作战，扩大了共产党、新四军的影响。他曾对盘踞在泰州的国民党地方实力派李明扬、李长江开展统战工作，打乱了韩德勤进攻新四军的部署，帮助新四军赢得了黄桥决战的胜利。

抗战胜利后，蒋介石悍然发动内战。为争取国民党内部反蒋力量，分化瓦解敌军，党中央再次派朱克靖去做国民党淮海绥靖公署行政长官郝鹏举的统战工作。

经过朱克靖的出色工作，在我军强大的政治和军事压力下，郝鹏举于1946年1月9日宣布起义，其部队改编为华中民主联军，开往山东，朱克靖被党组织任命为华中民主联军政委，率政工干部对郝鹏举部进行教育改造。郝鹏举表面上配合改造，但内心对于中共派政工干部改造他的部队越来越担心，生怕自己失掉对部队的控制权。当蒋介石派重兵进攻山东解放区时，郝鹏举见形势不利，开始秘密策划叛变。

1939年，周恩来与新四军领导人在云岭合影

1947年1月，朱克靖和郝鹏举一起离开临沂回部队。临行前，陈毅关照朱克靖要多保重，对郝鹏举“能争取一分钟就要

争取一分钟，决不能打第一枪”，并语重心长地说：“你们是深入虎穴啊！”朱克靖深知此行危险重重，但为了人民的利益，为了解放战争的尽早胜利，他义无反顾，毅然而去。26日，朱克靖接到去郝鹏举住地参加会议的通知。他预感到情况异常，临行前向妻子等人作了交代。果不其然，朱克靖刚踏进郝鹏举住地的院子，敌人就扑了过来，将他及秘书等五人扣押，并立即押解至海州，移交给国民党陈诚部队。

朱克靖被捕后，蒋介石试图引诱朱克靖投向国民党怀抱，跟着自己走，借以打击中共的士气。他吩咐部下：“朱克靖北伐时是三军党代表，不许饿饭，不许用刑，劝他脱离共产党，为党国效力。”

朱克靖从被捕之日起，就做好了牺牲的准备。据同时被捕后被转押到镇江集中营的黄宜生后来回忆道，在与朱克靖分开时，朱克靖对他说：“生为人民，死为人民，永不投降，永不叛变！”

入狱后，国民党当局在报纸上大肆宣传朱克靖的被捕，同时千方百计地对朱克靖进行劝降。保密局副局长毛人凤派保密局二处副处长黄逸公做策反工作。黄逸公早年加入共产党，曾在莫斯科东方劳动者共产主义大学学习，和朱克靖是同学，后被捕叛变，深受毛人凤赏识。黄逸公利用同学关系给朱克靖送香烟等生活必需品，劝朱克靖改弦易辙，为国民党工作。朱克靖严词拒绝，说：“叫我死，叫我回家种地则可，让我骂共产党，为国民党宣传，是痴心妄想。”保密局处长叶翔之、沈醉，国民党中央执委、国民政府军事委员会政治部秘书长贺衷寒等都来劝说朱克靖归顺国民党，朱克靖不为所动，他说：“我的历史和地位，已决定了我今后的命运。”

蒋介石见手下劝说无效，便亲自出马，三次在总统府请朱克靖吃饭。每次去总统府赴宴，保密局特务都要朱克靖脱去囚衣，换上便装，由毛人凤陪同，乘专车前往。

第一次见面，蒋介石一口一个“老朱同志”，劝朱克靖到他这边工作，早日解脱牢狱之苦，并许以高官厚禄。他说：“老朱同志，你到我这里来吧！帮帮我，我不会亏待你。贺衷寒、刘斐北伐时官衔比你低，现在都是中将，我保证你不低于他们。你如不愿在军队，可以再回江西省当个省长副省长。”朱克靖回绝道：“蒋先生的好意我心领了，不过我耻于做郝鹏举那种人。”双方不欢而散。

第二次吃饭时，朱克靖呼吁蒋介石停止内战，实行民主，建设国家，蒋介石劝降不成。

第三次吃饭时，蒋介石问：“反省得怎么样了？”朱克靖坦然地说：“我有两个生命，一个是肉体生命，一个是政治生命。我虽跨党从事革命，但我是为共产党打天下。现在我已成阶下囚，我宁愿牺牲我的肉体生命。我为共产主义理想奋斗了大半生，我不能牺牲我的政治生命。”蒋介石叹道：“你不听我的劝告，你将后悔莫及。”朱克靖反问蒋介石：“如果蒋先生处于我目前的境遇，你将如何选择？”蒋介石无奈地说：“我肯定和你一样，忠实于我的政治生命，保持晚节。好吧，你我这是最后一次谈话了。”

蒋介石见劝降不成，便授意毛人凤制造一个骗局，策划一次假记者招待会。由几个特务冒充记者，企图拍一张朱克靖在狱外便装照片，配以“欢迎中共朱克靖将军回归党国怀抱”的标题，刊登在《中央日报》上。朱克靖一到现场，就觉察出敌人的阴谋，机警地以手掩面，使特务的阴谋破产。

朱克靖被捕后的照片

朱克靖在狱中结识了一位名叫亢歌的年轻人，并判断亢歌不久可能会出狱，就有意识地把自己的历史，早年到欧洲考察、赴苏留法的一些经历和对共产主义坚定不移的信念，郝鹏举叛敌全过程，蒋介石请自己吃饭劝降，特务搞假记者招待会，都对亢歌讲了。他托付亢歌："你出去后如有机会，请给朱德总司令写一封信，汇报我在狱中的情况。"亢歌被朱克靖的事迹所感动，答应一定照办。亢歌后来被保释出狱，去了台湾。

朱克靖在狱中坚持每天读书看报，从国民党报纸反动宣传中分析解放战争的形势。他曾胸有成竹地对难友说，整个江南很快就要全部解放了，并特地填词纪念，抒发自己的情怀："伏枥托骅骝，不为恩仇，江南春意可全收。棋局从容经此日，宿愿方休。"

1947年深秋，解放战争进行了一年，国民党大势已去，人心惶惶。据"台湾国史馆"藏《蒋中正总统档案事略稿本》记录，国民党保密局就朱克靖处理问题向蒋介石请示，其中写道"讵该犯既不念政府之宽怀，且在看守所发表荒谬言论，宣传共产主义，煽惑同禁奸伪分子，图谋不轨，实属可恶以极""揆诸以往经历，该犯实已无悔悟诚意，拟恳准将该犯处以极刑"。

1947年10月，朱克靖在南京被国民党保密局特务秘密杀害。

朱克靖是雨花台烈士中不多的几乎经历了新民主主义革命全过程的共产党员，他在中国共产党建党之初走进党的队伍，也因大革命失败与党失去联系整整十年；他曾担任过北伐军的高级领导职务，也曾做过基层的工作；他的命运伴随中国革命跌宕起伏，他的一生与形形色色的敌人斗争交锋，经受了各种各样的考验。大革命失败后的十年间，朱克靖流落民间，先后与自己当年的同事、时为国民党要员的朱培德、白崇禧等人相遇，他们都给朱克靖提供了高官厚禄的机会，但一一被他拒绝。他充满传奇和坎坷的一生，充分反映了共产党人不忘初心、奋斗不息直至牺牲的革命精神和高尚品格。

自由诗

多少头颅多少血，续成民主

——谢士炎

谢士炎，1910年出生，湖南衡山人。1947年2月加入中国共产党。1947年9月因北平地下情报系统遭破坏被捕，解来南京，1948年10月牺牲。

人生自古谁无死，况复男儿失意时。多少头颅多少血，续成民主自由诗。

1948 年 10 月，深入虎穴的谍报英雄谢士炎在得知被判处死刑后，挥毫写下了这段豪迈遗言，体现了共产党人为了实现人民的幸福和自由，甘愿流血牺牲的大无畏的革命精神。

谢士炎出生于一个国民党陆军将官门第，其叔伯兄弟有 9 人毕业于军官学校，其中 6 人成为国民党高级将官。伯父谢绍安，中央陆军大学毕业，国民革命军总司令部中将参谋长；父亲谢绍先，清太学生，曾在湖北陆军任军需等职。1927 年，谢士炎随伯父来到南京，先考入国民党工程兵学校，以后又入陆军大学第 14 期深造。大学毕业后曾任国民党第三战区第 16 师团长。在浙江衢州，他率部与日本侵略军苦战，歼敌 2000 多人，击毙日军少将旅团长，被当地老百姓称为“武状元”。

抗日战争胜利后，蒋介石集团表面上在与共产党和谈，暗地里却在积极准备内战。同时在各地负责接收的国民党要员，大多贪污腐化，抢夺民财。蒋介石的“御林军”军统特务在武汉一带更为厉害。对此，谢士炎十分愤怒，严加抵制，因而得罪了一大批特务。谢士炎严于职守，与趁接收之机大肆贪污的军统特务进行斗争，却反被诬告为“发接收大财”。对此，蒋介石竟偏听偏信，下令将谢士炎撤职查办，关进军事监狱。幸亏军队里同僚好友们都知道谢士炎是一位“廉洁奉公”的将领，多方奔走为之鸣冤，并通过宋美龄说情，3 个月后予以释放。这一挫折，给谢士炎的思想震动很大。他厌恶国民党内部争权夺利、贪污腐败的行为，深切感到蒋家王朝已是穷途末路，共产党领导的民主运动迅速高涨、人民革命战争逐步显示威力。

他做出了自己的抉择，弃暗投明，跟着共产党走。

这时，谢士炎在国民党北平第十一战区长官部作战处任处长。这里戒备森严，怎样才能找到共产党？他想到了与他共事多时、平常表现一贯进步的保定绥署外交处副处长陈融生。陈融生是大银行家陈光甫的儿子，黄埔军校 13 期毕业，曾留学美国，是潜伏在国民党中的中共地下党员。陈融生在与谢士炎的交往中，发现他善良正直，刚正不阿，便时常拿一些进步书籍给他看。《大众哲学》《新民主主义论》和《论持久战》等让谢士炎思想豁然开朗。在陈融生的帮助下，谢士炎多次向中共组织和解放军提供重要情报。

1946 年 9 月，谢士炎将参与拟定的国民党军队进攻张家口的作战计划，通过陈融生交到北平军事调处执行部中共代表叶剑英手中。晋察冀军区根据获得的情报，在张家口怀来、大同一带布置防御战线，歼灭国民党第十一战区、第十二战区部队两万余人，并在平绥铁路东段与平汉铁路北段打击国民党军队，赢得了重大胜利。激战进行时，傅作义组织国民党部队从北面偷袭张家口，已有准备的解放军早已撤出该市，敌人占领的只是一座空城。此后，谢士炎还将胡宗南部准备突袭延安的情报及时报告到中共中央，使党中央得以有充分的时间转移；还向解放军陆续提供了国民党特务在解放区设立秘密电台，以及美国为国民党政府拟定的训练特种部队的计划等一批重要情报；将蒋介石在涿州军事会议上对全国的军事部署情况，完整而又及时地通过地下党组织送到了中国人民解放军总部，为解放战争的胜利做出了重要的贡献。

他的出色表现，得到中共组织的认可。1947 年 2 月，在谢士炎家中，由叶剑英亲自主持，他秘密加入了中国共产党。在鲜红的党旗前，谢士炎立下了“余誓以至诚，拥护共产主义，在毛泽东同志领导之下，加入中国共产党，为无产阶级革命，尽终生之努力”的誓言。

1947 年 9 月，北平地下党电台负责人被捕叛变，供出了中共在华北、东北、西北、华东等地军事情报系统的许多重要线索及地下党组织的秘密。谢士炎落入敌手。

审讯他的是国民党保密局老牌特务谷正文。当谷正文问谢士炎，为何以国军将领身份替共产党做事？谢士炎答道：“党的名称并不重要，它们只有好坏之分。我在国民党部队很多年，经历过很多阶层，所以我有资格批评它没有前途。至于共产党，我至少欣赏它的活力、热情，组织与建设新中国的理想。因此，我选择我欣赏的党。而且，我认为国民党是妨害共产党早日建设新国家的最大阻力，所以，我用国军少将作战处长的身份，帮助共产党消灭国民党！”当法官问道:“你妻子那么年轻漂亮，你有女儿，听说你妻子刚给你生了个儿子，你不为他们着想吗？”谢士炎从容答道:“这用不着你操心，我妻子可以改嫁，两个孩子，共产党会把他们抚养成人的。”

几个月后，谢士炎的妻子朱彦元由于受到刺激且贫病交加，不久便离开人世，留下了 3 岁的女儿和未满周岁的儿子。谢士炎在狱中得到这个消息后，如万箭穿心，因无钱寄养孩子，只得嘱咐将孩子送人。因思念妻儿，谢士炎在狱中经常吟诵为妻子写的一首《中秋寄示彦元》：

西风起兮铁窗寒，
草木摇落兮梦魂不安！
月华初上兮谁与同看！
望铁窗兮泪阑干！

1947 年 11 月，谢士炎被解往南京，先关押在宁海路 19 号国民政府

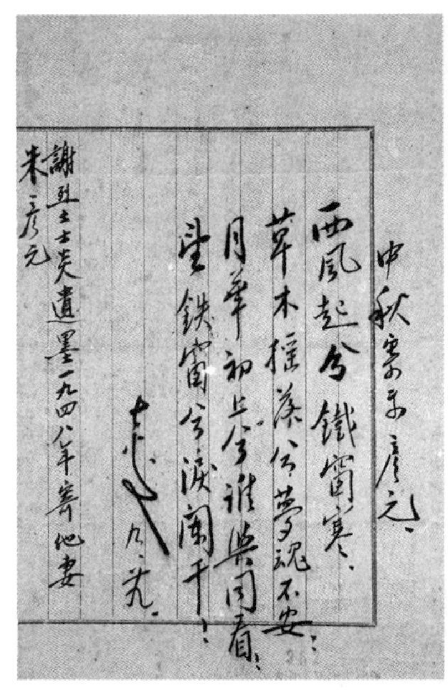

中秋寄[illegible]彦之：

西風起兮鐵窗寒，
草木搖落兮夢魂不安；
月華初上兮誰與同看，
望鐵窗兮凌闌干！

士炎 九、[illegible]

謝烈士士炎遺墨 一九四八年寄他妻朱彦之

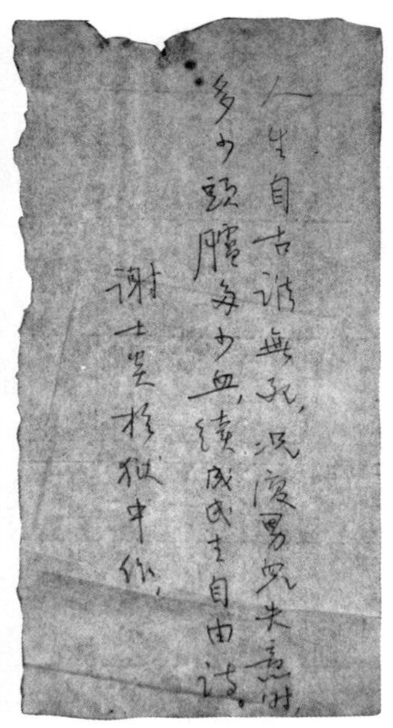

人生自古誰無死，況復男兒失意時。
多少頭顱多少血，續成民主自由詩。
謝士炎於獄中作。

谢士炎狱中诗

军法局，后被关入称为“木笼大厦”的看守所，继又作为重犯严密关押在中央军人监狱。在狱中，他受到严刑拷打，历尽种种折磨，但始终坚贞不屈；他常常仗义执言，斥责敌人，维护战友，特务看守都怕他；他挺身而出，带头抗议狱中饭食粗劣不堪，终于迫使敌人让步；他领头抗议看守长每天要“犯人”点名报数，侮辱其人格，终使敌人取消了这种做法；他爱好写诗，常常用诗表达自己的豪情壮志，揭露敌人的凶残，欢呼革命的胜利。难友们都记得谢士炎曾经写过一首视死如归的诗：

华夏神州炮声隆，
英雄效命为工农。
生死一线咫尺外，
青春原是血染红。

1948年10月19日清晨，谢士炎和他的战友丁行、孔繁蕤、朱建国、赵良璋5人慷慨就义。

当年曾经负责审讯谢士炎的国民党保密局特务头目谷正文，在晚年撰写的回忆录中提到谢士炎。他写道："我不是一个轻易以貌取人的人，可第一眼看到谢士炎时，却被他那从容凛然的气势给震慑住了。"文章记述了他在面对谢士炎时的心情，他说："当谢士炎那坚毅的双眼向四周逼视过来时，我顿时心慌意乱地犹豫起来，草草为自己找了一个借口，便匆匆从后门'逃走'了。"这段出自敌手的文字，真实地记录了共产党人在生死考验面前，正义在胸、视死如归的豪迈气概。

直到牢房变废墟

——任天石

任天石，1913 年出生，江苏常熟人。1939 年加入中国共产党。1947 年 1 月因华中十地委遭到破坏而暴露身份，在上海被捕，解来南京，1948 年牺牲。

任凭百般的摧残，不到秋风是不会扫落的时光……秋风年年有，毁灭不尽的梧桐叶，只见它年年在增添着引人喜欢的娇嫩，依旧在炎热的阳光中给囚徒们多一点凉快，直到牢房变废墟。

把牢底坐穿，是那些身陷囹圄中的革命者留给后人的经典话语。当年任天石写下的“直到牢房变废墟”，是“把牢底坐穿”的另一种坚定表达。这句话出自他在南京监狱里写的《天雨庭前的梧桐树》这篇散文。

1935年，国民党政府屈服于日本的压力，与日军先后达成了所谓的《何梅协定》和《秦土协定》。日本咄咄逼人、猖狂至极的侵略行径，使得国内民众抗日气氛高涨。中国共产党8月1日在《救国报》上发表了著名的八一宣言。同年11月，中共中央又发表《抗日救国宣言》，明确提出“抗日救国十大纲领”。各地抗日救亡运动风起云涌，极大地促进了中华民族的觉醒。

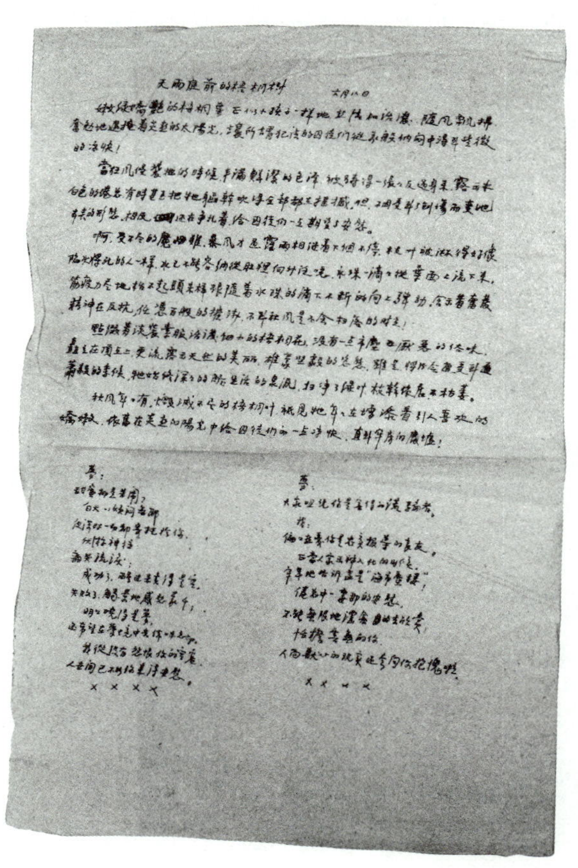
天雨庭前的梧桐树

……

秋风年年有，毁灭不尽的梧桐叶，只见它年年在增添着引人喜欢的娇嫩，依旧在炎热的阳光中给囚徒们多一点凉快，直到牢房变废墟！

任天石在狱中创作的散文《天雨庭前的梧桐树》

出生在江苏常熟的任天石，秉承中医世家，悬壶济世，在当地很有影响。在席卷全国的抗日风暴中，他深切地感到国难当头，仅仅做个好医生是不够的，必须要改造整个旧的社会制度。他对弟弟说：“做个医生，只能救命；若要救民，必须救国。”任天石参加了常熟人民抗日救国自卫会，出资办读报室，宣传抗日救亡。七七事变后，任天石参加了抗敌后援工作，积极募捐钱物，支援前方抗日将士。八一三淞沪战役时，他设立难民接待站，接待战区难民。

1937年11月13日，日军从常熟的高浦口、徐六泾口、野猫口等处登陆，常熟沦陷。日军沿途奸淫掠杀，再加上日机的狂轰滥炸，造成众多平民被害死亡，许多房屋被烧毁。任天石带着家人只得逃难。他看到大好河山惨遭蹂躏，国家分崩离析，人民颠沛流离，深感国难临头、同胞受难之痛，觉得如此逃来逃去不能逃掉当亡国奴的悲惨命运。他更加确信只有中国共产党才能领导人民打倒帝国主义。

1938年初，他举家返回江南时，毅然弃医从戎，先尽其积蓄，后拆屋变卖，并将劝募所得，收购国民党军队丢弃的武器弹药，组织了一支有四五十人的江南人民抗日自卫队，在常熟东乡从事抗日武装斗争。这支武装部队，在任天石的率领下，以“保家乡”为号召，维持地方安宁，清除外来盗匪，保护群众利益和安全，得到了群众的拥护。不久，他把部队交给中共常熟县委。1938年8月初，由中共常熟县委直接领导的抗日武装——常熟人民抗日自卫队（简称“民抗”）成立，任天石先后任“民抗”副大队长、大队长。自卫队刚刚成立时，给养非常困难。任天石带头下河捕螺蛳，捉鱼虾，吃大锅饭，睡稻草铺，和大家一起过着艰苦的生活。1939年5月，民抗与东进的江南抗日义勇军（简称“江抗”）在常熟会师后，抗日斗志更旺，拔除了东部地区的10个伪军据点。在作战中，任天石总是在第一线，既当指挥员，又当战斗员。他还运用自己精湛的医疗技术，精心救护伤员。

他在一条船上放置诊疗器械和药品，作为“水上军医院”，悉心诊治伤病员，还常在宿营驻地为群众看病开药。任天石曾在荷花溇治愈了一位久病不起的老大娘，设法取出了一位抗属孩子吞咽入肚的铁皮叫子。由于他处处为群众着想，与干部群众建立了亲密无间、水乳交融的关系，得到了大家的爱戴。人们亲昵地称他为“老天”，把民抗部队称为“老天部队”。

抗日战争进入相持阶段后，面对新四军开辟华中敌后抗日战场和江南民众抗日武装斗争的活跃，日军将上海、南京、杭州三角地带列为重要治安区之一，成倍增加兵力，采用攻守并用的战术，深入重要集镇，新筑公路，建立据点，对江南新四军及其初创的茅山抗日根据地进行频繁的分区“扫荡”。国民党亦确定其政策重点从对外转向对内，制定了一整套“溶共”“防共”“限共”的反共政策和措施，加紧反共活动。

1939年9月，在东进的“江抗”主力奉命西移后，苏常地区的抗日力量，仅有任天石率领的“民抗”警卫班十余人、常备队数十人和后方医院伤病员五六十人，长短枪两百余支，整个苏常地区的敌后斗争处于极为困难的时期。就在这个时候，任天石加入了中国共产党，奉命留守在常熟坚持原地斗争。在日伪匪顽的包围中，任天石不畏艰险，坚持斗争，在党的领导下，以自己的模范行动和战士一样过着艰苦的游击生活，灵活机动地与敌人展开斗争。

1941年7月，日伪大举“清乡”。任天石撤至苏中抗日根据地通海地区，先后担任中共苏中四地委江南工委书记、通海行署副主任、苏中第六行政区专员公署专员兼苏中第六地委委员等职。

1945年8月15日，日本宣告无条件投降。虽然抗战胜利了，但驻常熟的日军仍固守据点，伪军也摇身一变成了国民党的“先遣军”。党组织决定任天石代表中共苏中第六地委全权领导苏常太工作。任天石返回常熟，

任天石（中）与华中十地委部分人员的合影

迅即组建苏常太警卫团，亲率部队攻打伪军据点，收复失地。

1946年9月，任天石任中共中央华中分局十地委常委兼社会部部长。1947年1月，地委机关遭破坏，任天石不幸被捕。

在上海南市看守所，任天石被关押40多天。敌人多次提审任天石，为了从他的嘴里挖出情报，每天给他动用各种酷刑。任天石多次被打得昏死过去。可是，无论敌人用什么刑罚，任天石始终坚不吐实，只承认自己是个小商贩，其他什么都不知道。敌人一无所获。

1947年3月，任天石被作为“重要案犯”转押至国民党首都卫戍司令部无锡指挥部监狱关押。在关押期间，敌人软硬兼施，一方面严刑拷打，一方面将任天石押坐于轿车之中，在无锡城内游转兜圈，制造“共产党领导干部投降”的假象，以混淆视听。任天石丝毫不为所动。在这里，任天石遇到了曾同在十地委工作的叛徒田学甫，身份暴露。敌人声称只要任天石写一份悔过书，交代苏常太地区党员名单和组织情况，就立即释放他，保证他衣食无忧。还让田学甫做说客，劝降任天石，遭到任天石的严词拒绝。

任天石在南京被关押在首都卫戍司令部军事看守所。在狱中，他通过特殊关系给组织上写信，汇报自己被捕后的情况，请组织提高警惕，注意叛徒动向，并表明了自己坚定不移的革命信念。他在给十地委常委包厚昌的信中写道："你把上海我所做事继续，我后面尚有其他人呢！希望能好好量材而用，顺乎天理，合乎人情，相信一定会克服不利的。""始终会像信笺一样洁白！"他还在信中以隐语向党明志："承蒙他们的不弃，要我做同店号名誉上的经理，但自觉德薄才浅，无法胜任而谢却了，因而说我不识抬举。"他还在信中抄录了自己过去写的诗：

春景宜人群魔盗，
万世逞雄易硑硝。
咫尺重山繁华市，
为民幸福被坐牢。

同时，又写下了他在狱中的感悟：

渗［惨］淡灯光照监房，
简［坚］壁重门意不烧［挠］。
百般魔［磨］难非人受，
自古暴政系回光。

1948年2月，任天石估计同狱难友艾星华有出狱的可能，就借着窗外路灯，给领导陈毅、陈丕显写了一封短信。虽只有两百几十个字，为避开敌人的监视，花了好几个晚上的时间，写好交给艾星华，叫艾星华记住后再将信毁掉。在信中任天石表明了自己抱至死不变、始终如一的决心，个人生死在所不计，对革命前途甚抱乐观。3月底，艾星华出狱，回到山东解放区，将记忆中的"信"整理后交给了组织。不久，任天石在南京从容就义。

任天石留给后人的话语和诗文不多，在仅有的记载中，我们可以看到他鲜明的大众意识和情怀。抗战爆发不久，他发出了若要救民、必先救国的呼喊，被捕后他勇敢宣告为民幸福而坐牢。“人民”二字，赋予了中国共产党伟大事业的政治前提，使其成员在斗争中始终正义在胸、充满力量。

第四部分

殷殷嘱托留初心

中国特色社会主义，承载着几代中国共产党人的理想和探索，寄托着无数仁人志士的夙愿和期盼，凝聚着亿万人民的奋斗和牺牲，是近代以来中国社会发展的必然选择，是发展中国、稳定中国的必由之路。

——2012 年 11 月 17 日，习近平在十八届中共中央政治局第一次集体学习时的讲话

我们这一代共产党人一定要承前启后、继往开来，把我们的党建设好，团结全体中华儿女把我们国家建设好，把我们民族发展好，继续朝着中华民族伟大复兴的目标奋勇前进。

——2012 年 11 月 29 日，习近平在参观《复兴之路》展览时的讲话

一切向前走，都不要忘记走过的路；走得再远、走到再光辉的未来，也不要忘记走过的过去，不能忘记为什么出发。雨花台烈士在革命的征途上、在斗争的最前沿、在敌人的牢狱中、在走向刑场的那一刻，给亲友，也是给后人留下了许多动人的话语。这些话语，有对人生的感悟，有对亲人的眷恋，更有对革命的坚定信念和对后人的深情嘱托。他们坚信自己所从事的事业是天底下最伟大的事业，是充满着真理和无限魅力的事业，是必定取得胜利的事业；他们欣慰自己的生命与人民的幸福、民族的复兴紧紧连在一起，从而充满价值和光荣，虽死无憾；他们希望后来的人们走好人生道路，为建设好新中国努力学习和工作，让人民过上更好的日子。雨花台烈士离开我们已经几十年了，但他们的事迹和精神历久弥新、万古流芳；他们奋斗牺牲的巨大价值和长远意义，随着我们比任何时候都接近中华民族伟大复兴的梦想而愈加散发出夺目的光彩。理想之光不灭，信念之光不灭。我们一定要铭记烈士们的意愿，永志不忘他们为之流血牺牲的伟大理想，把我们的党建设好，团结全体中华儿女把我们的国家建设好，把我们的民族发展好，继续朝着中华民族伟大复兴的目标奋勇前进。

干革命还顾得了这些？

——何宝珍

何宝珍，女，1902 年出生，湖南道县人。1923 年加入中国共产党。1933 年在上海营救被捕同志时被捕，解来南京，1934 年秋牺牲。

干革命还顾得了这些，人民不解放，我的孩子们也得不到幸福，但愿小宝贝们能在艰难的环境中活下去，等革命成功后，找到他们，一定要送他们去学习。让他们学科学，学技术，建设我们的新国家。

这是刘少奇同志的革命伴侣何宝珍在狱中想念自己的三个孩子时，对难友们说的话。这段对革命、对亲人充满感情的话语，表达了革命者为大家舍弃小家的博大情怀，也体现了他们对新中国的无限向往和美好憧憬。

1933 年 3 月底的一天，中共地下党员、中国革命互济会援救部部长何宝珍的住处被一群特务包围。在意识到危险降临时，何宝珍冷静却又迅速地抱起 3 岁的儿子毛毛（刘允若）敲响邻居的门，把他塞到邻居阿姨的怀中说："请帮我照看一下孩子，过几天会有人来领他的。"她不舍地看了看孩子，便立即转身回屋，开始销毁文件，从容应对前来搜捕的敌人。

这段令人揪心的离别画面，对何宝珍来说，其实已是第三次了。她与刘少奇共同生活了 10 年。1924 年，何宝珍生下了他们的第一个儿子刘允斌。年底，夫妇二人接到了党组织的通知，要他们离开安源前往白区。此时儿子还不满一岁。刘少奇认为在白区工作随时都有牺牲的危险，建议妻子将允斌留下。虽在感情上难以接受，但为了孩子的安全，也为了能在白区安心工作，她只能忍痛将儿子留下。刘少奇的六哥听说后专程从长沙赶到安源，把孩子抱走带到了农村的老家。与儿子分别时，何宝珍抱着儿子不忍分手，含着泪水亲了又亲，这是她第一次与自己的骨肉痛苦地离别。从此，她随刘少奇为革命多方奔走，四海为家。

1927 年四一二反革命政变后，武汉三镇到处弥漫着血腥味。何宝珍在汉口的湖北省总工会的一间小屋内生下了他们的第二个孩子——女儿刘爱琴。此时刘少奇任中共中央委员、中华全国总工会驻武汉办事处秘书长、湖北省总工会秘书长。因形势日趋恶化，中央一些干部离开了武汉前往江西，刘少奇也要离开武汉。在那个生命时刻受到威胁的特殊时期，何宝珍夫妇无法将襁褓中的女儿一起带走，只能又一次地忍受着骨肉离别的痛苦，把她寄养在汉口的一个工友家里。从此，何宝珍再也没有见到过女儿。

1929 年春天，何宝珍随刘少奇返回上海。几个月后，刘少奇被任命为中共满洲省委书记，何宝珍随行东北协助刘少奇开展工作，并从事工人和妇女工作。在满洲期间，刘少奇又被逮捕关押在奉天高等法院检查处看守所。面对丈夫再一次被捕，何宝珍在担惊受怕中冷静下来，给狱中的丈夫送钱送衣，到处托人营救，不久刘少奇被释放。1930 年春，何宝珍随刘少奇又调回上海。这一年，何宝珍生下了他们的第三个孩子刘允若。

有了第三个孩子后，何宝珍夫妇更加繁忙。不久，刘少奇被调离上海，何宝珍独自一个人在上海带着儿子。在以后的一年多时间里，何宝珍独自带着幼子做过交通员，当过教员，搞过联络，住过机关，守过店铺，进过工厂，坚强机智地从事革命工作。她不顾个人和家庭的安危，日夜奔波在上海滩。

1932 年寒冬，回到上海刚满一年的刘少奇再次告别了何宝珍与儿子前往苏区。他们二人谁也没有想到这次离别将是永别。刘少奇离开不久，何宝珍被任命为中国革命互济会援救部部长，负责同赤色国际互济会联系，争取国际援助，为

何宝珍在上海从事革命活动时穿过的衣服

到上海工作的同志安排生活，护送、转移有关人员离开上海，对被捕、遇难的同志及其家属进行营救援助等。她化名王芬芳，以教师身份作掩护营救援助同志。1933 年 3 月，中华海员工会党团书记廖承志被捕，中共地下党指示要想尽一切办法营救。何宝珍通过各种关系组织营救，还同张琼夫妇一道去做廖仲恺夫人何香凝的工作，保释廖承志出狱。正因如此，何宝珍引起了特务的注意，不幸被捕。

被捕后，何宝珍坦然迎接新的考验。面对敌人“政治犯”的指控，她说：“我只会煮饭，不会蒸饭。”敌人对她几次动刑，逼她招供，她一口咬定自己是教师，坚贞不屈，没有任何招供。敌人一时无法，只能将她转押南京宪兵司令部。她被关押在一个住满了十几号人的牢房，虽然被关的都是女子，但何宝珍也不敢大意，她一直声称自己“是教师，叫王芬芳”“不知道为什么被抓进来”。在这样的情况下，何宝珍仍然关心着周围每一个难友，谁缺了衣服，她就发动大家共同支援；谁生了病，她就主动悉心照顾；尤其是有的同志刚被审讯完回到牢房，她总是第一个就到牢门口扶其到床边，帮助清洗、包扎伤口。如此这般，敌人始终无法掌握和辨识出她的真实身份，最后只能毫无事实根据地判了她 15 年徒刑，押往南京老虎桥监狱服刑。

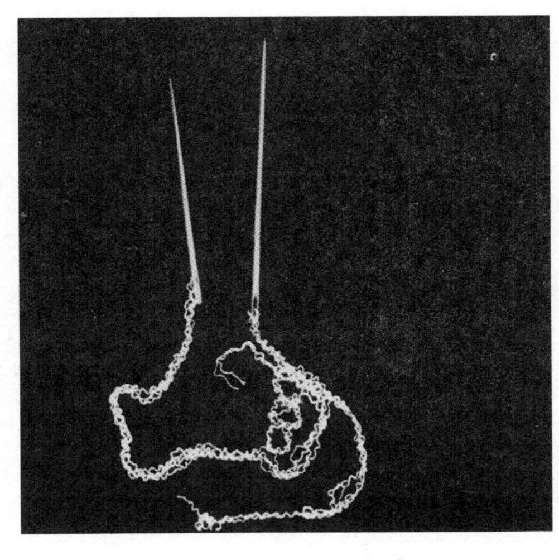
何宝珍在狱中用竹筷磨制成缝衣针，替难友缝补受刑后破烂的衣服

在狱中，何宝珍被称为“小大姐”。她喜欢唱歌、唱戏，擅长表演，常常把旧戏曲填上自己编的新词，演唱给大家听。然而，这个坚强而快乐的女子也有忧伤的

时刻。她有时会默默思念自己的丈夫以及三个久未见面的孩子，尤其是那紧急情况下托付给邻居的3岁的小儿子，他怎么样了？被人领走照顾好了吗？每每想到这儿，她的心怎能不绞痛。但作为一名革命者，身临险境不允许她随意流露情绪，很快她又会恢复常态，擦去眼泪，一甩手说："咳，干革命还顾得了这些，人民不解放，我的孩子们也得不到幸福，但愿小宝贝们能在艰难的环境中活下去，等革命成功后，找到他们，一定要送他们去学习。让他们学科学，学技术，建设我们的新国家。"

1934年秋的一天，何宝珍再次被提审。她意识到自己不会无缘无故地被提审，极有可能身份上出了问题。果不其然，她被互济会的叛徒出卖，真实身份已经暴露。因为她是互济会的重要负责人，敌人急于获取更多的情报，便对她施以重刑，何宝珍却咬紧牙关、拒不供认。酷刑下的何宝珍视死如归，为了不牵连任何同志，她承担了全部责任。最终，她由15年有期徒刑被改判死刑，并立即执行。

1934年深秋的一天早晨，何宝珍在雨花台英勇就义。

此时，她的长子刘允斌在湖南宁乡炭子冲老家；女儿刘爱琴正在湖北的一户人家做童养媳；幼儿刘允若，被妈妈匆匆交给邻居，后被送给贫苦农民当了养子。

何宝珍作为刘少奇同志的革命伴侣，参与了许多重大的革命活动，她的经历中充满了与亲人的聚散离合。正是出于对创建新中国的强烈渴望，她把频频出现的夫妻分离、母子失散视为等闲寻常，将个人情感埋藏心底，战斗在革命最需要的地方。当自己的生命即将走到尽头的时候，她心中升腾的是未来的"新国家"。

余为革命奋斗而牺牲，对于己身毫无挂虑

——毛福轩

毛福轩，1900年出生，湖南湘潭人。1922年底加入中国共产党。1933年2月因中共江苏省委遭破坏而暴露身份被捕，解来南京，5月牺牲。毛福轩是毛泽东在建党伊始，亲自培养带领走上革命道路的农民革命家。

毛福轩

余为革命奋斗而牺牲，对于己身毫无挂虑；对于家庭，上不能以侍父母，下不能以蓄妻儿，此乃终身遗憾！

1932 年，中共江苏省委再次遭到国民党当局严重破坏，省委所属松江中心县委书记吴明东等先后被捕叛变，当时在国民政府金山县公安局从事情报工作的毛福轩真实身份暴露。1933 年 2 月，国民党中央组织部党务调查科（中统局前身）派特务会同上海市警察局督察处将毛福轩秘密逮捕，押解至国民党南京宪兵司令部看守所。

在狱中，敌人让叛徒利诱、胁迫毛福轩写悔过书，被他怒斥其无耻之尤，抓起茶壶掷向叛徒的脑袋。敌人又以严刑拷打逼迫他说出中共组织情况，他毫不屈服，面不改色道："要杀就杀，不必多言。"

身陷囹圄，毛福轩仍旧保持着革命斗志。他向难友们讲述毛泽东全家投身革命和大革命时期湖南农民运动情况，鼓励难友不要害怕、愁闷，相信革命一定会成功。当念及家人今后生计将更加艰难时，这位刚强的铁汉不禁泪湿衣襟。他知道自己时日无多，提笔写下遗书："余为革命奋斗而牺牲，对于己身毫无挂虑；对于家庭，上不能以侍父母，下不能以蓄妻儿，此乃终身遗憾！"

1933 年 5 月 18 日凌晨，大雨倾盆中，毛福轩在雨花台刑场英勇就义。

1938 年，毛泽东在延安谈到毛福轩时深情地说道："一个农民出身的同志，学习和工作那样努力，一直到担任党的省委委员的工作，是很不容易的。"

毛泽东是毛福轩的革命领路人。

1921 年 7 月中国共产党成立后，中共一大代表毛泽东、何叔衡回到

韶山农民协会的犁头旗

湖南开始着手建党工作，培养农民运动的骨干力量。8 月，毛泽东回到韶山开展农民运动，不久，他带着毛福轩走出山区，来到省城长沙，进入湖南自修大学。这所大学是中共湖南支部（后为中共湘区委员会）创办的，是中共成立后第一所传播马克思主义和培养干部的学校，湖南支部书记毛泽东任教务主任，李大钊、陈独秀都曾对学校办学进行过指导，邓中夏、恽代英等曾来校讲演。由于办学经费紧张，毛福轩在学校既当校工，又当学生，半工半读。他原本识字不多，但他以顽强的毅力如饥似渴地学习，文化水平和政治觉悟迅速提高。

1922 年，毛泽东派毛福轩和毛泽民一起，到江西安源路矿参加工人运动。毛福轩冲锋在前，勇敢顽强，机智沉着。经过斗争实践考验，毛泽东介绍他加入了中国共产党。

1924 年初，国共合作拉开帷幕，轰轰烈烈的反帝、反封建军阀革命运动开始在全国兴起。次年 2 月，毛泽东回到故乡韶山，毛福轩亦奉命重返故里，在毛泽东的领导下开展农民运动。毛福轩在他家所在地龙豹湾成立了韶山地区第一个秘密农协，以农民夜校为阵地，秘密宣传革命道理。

1925 年发生在上海的五卅惨案，激起了全国规模的反帝爱国运动。五卅运动后，湖南各地都建立了反帝组织——雪耻会。毛福轩在毛泽东的带领下，找农民促膝谈心，开办农民夜校，启发农民阶级觉悟，揭示贫困根源，宣传反帝反封建，并在此基础上成立了湘潭西二区上七都雪耻会，毛福轩任执行委员。随着工作的深入开展，涌现出一批进步很快、觉悟较高、工作积极的贫苦农民和知识分子，建立韶山特别党支部的条件业已成熟。6 月，韶山特别党支部正式成立，毛福轩担任书记。

中共韶山特别党支部是中共在湖南农村建立最早的基层组织之一，它的诞生有力地促进了韶山地区农民运动的开展。经党支部的积极工作，数月之内，20 多个农民协会组织起来，会员达上千人。农会成立后，大力宣传反帝反封建和打土豪分田地，革命的种子植入农民的心田。随着农民运动蓬勃兴起，革命力量也在壮大。1925 年底，中共韶山特别支部的党员发展到 110 多人，又先后在瓦子坪、潭家冲等地成立了 6 个支部。这时，中共韶山党总支成立，毛福轩担任总支书记。韶山农民运动推动了湘潭县，乃至湖南省农民运动的发展。

1927 年 1 月 4 日至 2 月 5 日，时任中共中央农民运动委员会书记的毛泽东到湖南考察农民运动，毛福轩始终陪同和协助毛泽东走遍湘潭、湘乡、衡山、醴陵和长沙等县考察；他向毛泽东汇报了湘潭等地的农民运动情况，参加了毛泽东亲自召集农民和农运工作者所开的各种类型的调查会。考察之后，毛泽东撰写了著名的《湖南农民运动考察报告》。此后，毛福轩担任中共湘潭县委书记、湖南省委委员，按照毛泽东的指示，领导农民运动。

四一二反革命政变后，5 月 21 日，许克祥在长沙发动反革命叛乱，疯狂捕杀共产党员和革命群众（史称“马日事变”）。毛福轩坚持以韶山为中心，领导湘潭等地的革命斗争。他白天隐藏在邹家冲老豹畲屋后的石洞里，夜晚利用夜色的掩护，到农民群众中开展工作。他召开秘密会议，传达八七会议精神和省委的指示，恢复党的组织，坚持对敌斗争。他以青草为席，倚石而眠，过着十分艰苦的生活。数月后，由于敌人搜捕日紧，他被迫撤离长沙。

1928 年春，毛福轩来到上海，以一个共产党员的忠诚勇敢和机智灵活，在国民党统治的中心城市，开始了地下斗争。他由中共地下党员周愈介绍，打入国民政府金山县公安局，被委派负责公安三分局局务。他利用这个身份，机智地为党做了许多工作。

1930 年秋的一天，在金山县东林寺，毛福轩秘密与中共在金山县的党组织接上了关系。在斗争环境日益险恶的形势下，他多次秘密参加党的会议研究工作，为党提供重要情报，暗中保护党组织和同志，有力地配合了中共在上海地区的工作。

毛福轩在敌人营垒里战斗了 4 年。长期多方面的革命实践，使他成为意志坚定、文武兼备、经验丰富、适应复杂斗争环境的革命者。当时在上海中共中央担任领导工作的周恩来曾赞扬毛福轩是一名优秀的共产党员。

1959 年 6 月 25 日，毛泽东回到了阔别 32 年的家乡湖南省湘潭县韶山冲。在这里，他挥笔写下了著名诗篇《七律·到韶山》；在这里，他和

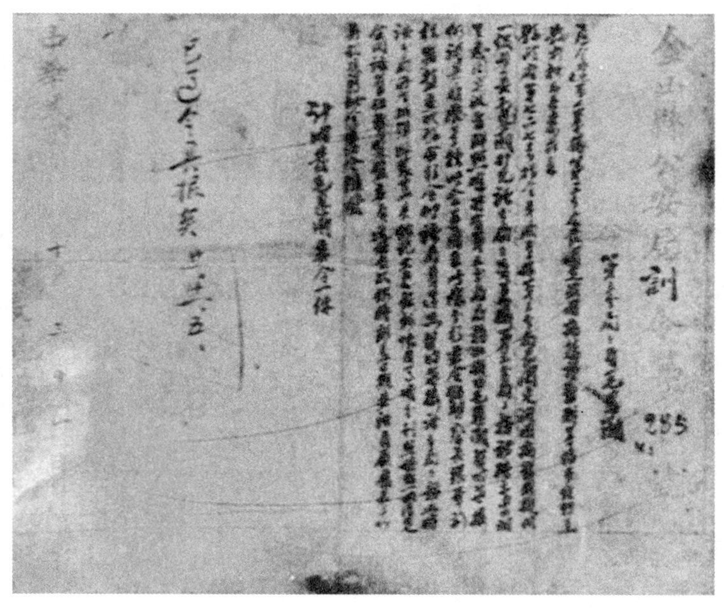

国民党金山县公安局给毛福轩的训令。毛福轩利用合法身份，在上海秘密从事革命工作

毛福轩的妻子贺菊英握手。毛主席的记忆非常清楚，说毛福轩建立了韶山党支部，跟随他到外面干革命，后来又回到韶山搞农运。贺菊英听了激动地哭了起来，毛主席对她说："你别难过，今天我们胜利了，毛福轩为革命牺牲很光荣。"

"今天我们胜利了。"毛泽东对毛福轩妻子贺菊英说的这句话，充满着光荣感和沉重感。今天，它仍然能把我们的思绪拉回到"红旗卷起农奴戟，黑手高悬霸主鞭。为有牺牲多壮志，敢教日月换新天"的峥嵘岁月。毛福轩临刑前留下的"余为革命奋斗而牺牲，对于己身毫无挂虑"，表现出革命者对家庭、父母、妻儿不可避免的那份遗憾的崇高和伟大，也给胜利后的共产党人留下了精神标杆。

干共产党

——陈理真

陈理真，1906 年出生，安徽萧县人。1928 年加入中国共产党。1932 年 10 月因中共长淮特委遭破坏在徐州被捕，解来南京，11 月牺牲。

临刑前当刽子手问道：“如果现在放你出去，你将干什么？”陈理真斩钉截铁地答道：“干共产党！”

1927 年北伐军打到徐州时，在师范学校读书的陈理真结识了共产党员刘亚民，在他的影响下，走上了革命道路，担任第九区行政局长（即区长），负责组织和开展农民运动。不久，轰轰烈烈的大革命因蒋介石叛变革命，疯狂屠杀共产党人和革命群众而失败，全国陷入白色恐怖之中。萧县的党组织亦遭到破坏，有的党员被杀害，有的党员离开了党组织。陈理真没有彷徨，没有后退，毅然于 1928 年，在刘亚民、秦雅芬介绍下，加入了中国共产党，立下了出生入死为党工作的决心。在异常严峻的形势下，陈理真选择了继续在萧县开展革命工作。

为避敌锋芒，保存革命力量，1929 年春，党组织派遣陈理真到上海华南大学学习。不久因学校被国民党当局查封，他转入大陆大学学习。在上海学习期间，正值中共江苏省委贯彻共产国际和中共六届二中全会以来各项指示

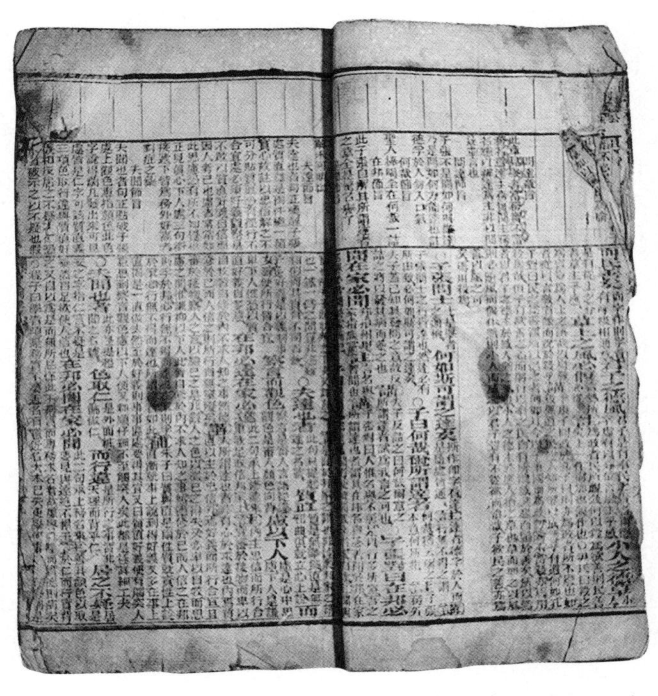

陈理真少年时读过的书

精神，组织全省职工、农民、青年、妇女开展示威活动、政治罢工和武装暴动。尽管当时的局势很危险，陈理真还是响应党组织号召，与上海的工人、学生一起举行飞行集会，反抗国民党当局统治，为此遭到英国巡捕逮捕，关押在英租界提篮桥监狱一个多月。

出狱后，陈理真被调往中央党训班学习。在这里，陈理真与秦雅芬再次相遇，共同的革命理想和革命热情使两个年轻人走到了一起，他们收获了甜蜜的婚姻，并被一起调往徐州，参加徐海蚌特委工作。1930 年 3 月，中共徐海蚌特委重建，陈理真任宣传部部长，积极参与特委领导的反帝同盟罢工和地方暴动的组织准备工作。10 月，中共江南省委决定成立蚌埠特委（即长淮特委），陈理真任书记。在主持长淮特委工作期间，陈理真注意从群众的日常迫切要求出发，在蚌埠领导码头、黄包车、面粉厂、毛巾厂等工人开展工作；在农村发动农民，成立农民协会，开展抗捐斗争；在特委自身的建设方面，举办培训班，加强对干部的教育，规定三天做一次工作检查，每一个同志每月有一份工作报告。经过陈理真的努力，蚌埠地区党组织工作有了很大的改善，党员的积极性有了很大提高，长淮特委的工作有了良好进展。

1932 年 1 月 28 日晚，日本侵略军突然向上海闸北的国民党第十九路军发起了攻击，十九路军全体官兵在军长蔡廷锴、总指挥蒋光鼐的率领下，奋起抵抗。一·二八事变发生后，时任中共上海沪东区区委书记的陈理真参加上海反帝总同盟罢工委员会工作，积极号召沪东区的工人和市民支援十九路军抗战，组织了运输队、援护队和反日救国会，推动了反对日军侵占上海的斗争。

20 世纪 30 年代初的上海，国内外反动势力盘根错节，白色恐怖严重，在此背景下，党的活动开展得十分困难。为了积蓄力量，保存和培养骨干，

陈理真

1932年夏，党组织决定派陈理真、秦雅芬夫妇去苏联学习。考虑到安全问题，组织上安排秦雅芬先带两岁女儿文曼到西安暂避，等候陈理真通知。10月，陈理真办好出国手续在徐州等候秦雅芬和女儿。一天深夜，叛徒陈资平（原徐海蚌特委书记）、陈亨洲（原山东省团委书记）带领十几名武装军警，由秦雅芳（秦雅芬的妹妹）带路，闯进了陈理真的住所。他们先将陈理真关押在国民党徐州市公安局，劝降未果后，将陈理真押解到南京国民党宪兵司令部监狱。

当秦雅芬到达徐州时，得知丈夫已经被捕的消息，悲痛欲绝。在几位同志的劝说下，秦雅芬想起了她临去西安前，丈夫在上海火车站对她说的一席话："一个共产党人要随时准备为革命作出最大的牺牲，如果遇到不测，你要保重，要带好曼儿，实在不行就把孩子送到王姐姐家，让她暂时抚养。"丈夫的话给了她警醒和力量，她未敢逗留，在安置好女儿的生活后，很快离开徐州。

在南京监狱里，敌人对陈理真实施了鞭打、烙铁、老虎凳等严刑拷打。满身是伤的陈理真没有屈服。当宪兵队长厉声问道："怎么样？还是不开口？"陈理真挪动一下双脚，把头昂起。宪兵队长说："你是共产党员，党国一心想提携你，给你指出光明大道，你只要在这张表上签个字，就能自由。"陈理真冷笑了一下，说："我的名字好写。那样不就变成狗了？我不会从狗洞里爬出去的！"宪兵队长恼羞成怒，喝令再次用刑。陈理真又被折磨得昏死过去，拖进了阴暗潮湿的牢房。

酷刑不能使陈理真屈服，敌人又使出劝降的花招。

一天，叛徒陈资平来到狱中，劝陈理真看清形势，不要再为共产党卖命了。陈理真铿锵有力地回答道："我血管里流着中华民族的血，生就钢筋铁骨，决不当叛徒！""共产党员的心，是你们这些叛徒永远也理解不了的。”“我既以身许党，生死已置度外。”“怕死不干共产党！”陈资平灰溜溜地走了。

在国民党中央党部工作、曾是陈理真在徐州江苏省立第七师范学校读书时班主任的陈雪尘，听说陈理真被关押在狱中便去探望。陈理真的好朋友朱皋浦在《忆陈履真烈士》（陈理真又名陈履真）一文中，介绍了这个过程。陈雪尘很喜欢这个聪明肯学的学生，一心想把陈理真从必死中救出来。他耐心地劝道：“理真，你主要的错误是你没学好三民主义，误入歧途，今后你要好好研究三民主义啊！”对于昔日师长的“教诲”，陈理真神情从容，态度坚决地笑道：“三民主义我不止看一遍，也不知道看过多少遍。深知三民主义不能救中国，只有共产主义才能救中国……”陈雪尘后来对朱皋浦感叹道：“自古来烈士贞女事同一理，能否坚持，只在一念之差，今理真意志坚定，矢志不移，我看他一定要成仁了。”

1932 年 11 月，陈理真被押到南京雨花台刑场。行刑前，敌人还不死心，给他 5 分钟时间考虑，只要答应不干共产党，就可以不死。每过一分钟敌人问一次，陈理真始终闭口不言，最后敌人又问：“现在放你出去，你将干什么？”他斩钉截铁地回答：“干共产党！”

“干共产党”，是当年陈理真的政治选择，而在行刑前、在即将结束生命的那一刻，“干共产党”便是他对这个政党的无限热爱和坚定信仰。他用自己革命的一生，彻悟了共产党的性质宗旨和奋斗目标，从而为“共产党”这个名字赋予了正义和光荣的意义。

中国人民的革命一定要胜利

——郭纲琳

郭纲琳，女，1910 年出生，江苏句容人。1931 年底加入中国共产党。1934 年 1 月为组织上海大昌德绸厂罢工，前往海宁路祥麟里的秘密开会地点时被捕，解来南京，1937 年 7 月牺牲。

我一个手无寸铁的女人，我凭了真理，凭了对人民的忠贞，将你们费了不少狗气力想出来的阴谋诡计打得粉碎，可见我是胜利了。胜利者是应当欢喜的，是应当高声大笑的……你们一定会被消灭，中国人民的革命一定要胜利！

1936 年年底，中国大地上发生了一件大事——张学良、杨虎城发动西安事变，此后，内战趋缓，国共合作建立了抗日民族统一战线，全民族的抗战自此而起。中国共产党由此向国民党当局提出了释放政治犯的要求，积极营救在狱中的同志。国民党当局虽表面上答应，暗地里却对这些关押着的政治犯严密封锁消息，甚至抓紧时间下毒手处决了一批他们认为“无可救药”的政治犯。在这批政治犯里，就有已被关押了近 4 年的中共女党员郭纲琳。

1937 年 7 月，敌人将郭纲琳押到南京雨花台刑场。临刑前，敌人问郭纲琳还有什么话要说，郭纲琳听后大笑。敌人不解：“快要死了，还高兴什么？”郭纲琳笑答：“我一个手无寸铁的女人，我凭了真理，凭了对人民的忠贞，将你们费了不少狗气力想出来的阴谋诡计打得粉碎，可见我是胜利了。胜利者是应当欢喜的，是应当高声大笑的……你们一定会被消灭，中国人民的革命一定要胜利！”

言罢，她从容赴死。

郭纲琳出身于江苏句容一个大户人家。她祖父在句容县城开泰和生布店，兼营百货，在句容天王寺还开了祥和分号，由她父母经营。至今，当地人提起她，还称她为郭四小姐。

1926 年 9 月，句容创办县立初级中学，郭纲琳成为该校第一批学生。

这时，大革命的浪潮正在国内兴起，句容县中因聚集了一批忧国忧民、思想进步的教师，学校一时有句容县“革命策源地”“革命青年的大本营”之誉。郭纲琳正是在这个火热的环境里，迎来了她的青春时代。

1931年，震惊中外的九一八事变发生。东北沦陷引发了上海工人罢工、学生罢课，抗日救亡运动迅速掀起高潮。当时郭纲琳在上海中国公学大学部学习。她连续三次参加了上海学生赴南京请愿示威，要求国民政府出兵抗日。在各地学生共两万多人于12月17日举行的联合总示威过程中，走在最前面的上海学生队伍，以中国公学的女生最引人注目。

抗日救亡运动的洗礼，让郭纲琳日渐成熟。1931年10月，她加入中国共产主义青年团，年底，转为中共党员。

1932年淞沪抗战爆发后，根据党组织安排，郭纲琳放弃学业，化名刘英，开始从事工人运动和妇女工作，号召女工为争取自由解放而斗争。1933年春，郭纲琳调任共青团江苏省委内部交通，在恶劣环境下，机动灵活地递送党的秘密指示，文件从未出过差错。1934年初，她调任上海闸北区团委书记。在此之前，该区委已两次遭到破坏，环境险恶。郭纲琳毫无畏惧，接受任务后，积极投入工作。不幸的是，1月12日傍晚，她秘密前往租界内海宁路一个地点开会，因叛徒出卖被捕。

郭纲琳被捕后化名郭英。第二天，在江苏省高级法院第二分院第一法庭的审讯中，郭纲琳沉着、坚定，据理驳斥。当天《大美晚报》的报道中，说她“态度之从容，为从来犯人中所罕见，面容冷酷，时摇头发平静之冷语……站立被告席中无半点忧色”。

一个星期后，法庭又对郭纲琳进行公开审讯。郭纲琳身着旗袍和短呢大衣，从容镇定地出庭。当法官指责郭纲琳犯了“危害民国”“破坏睦邻”罪时，她从容不迫，反诘道：“谁丢了东北3000万同胞，谁丧失了东北

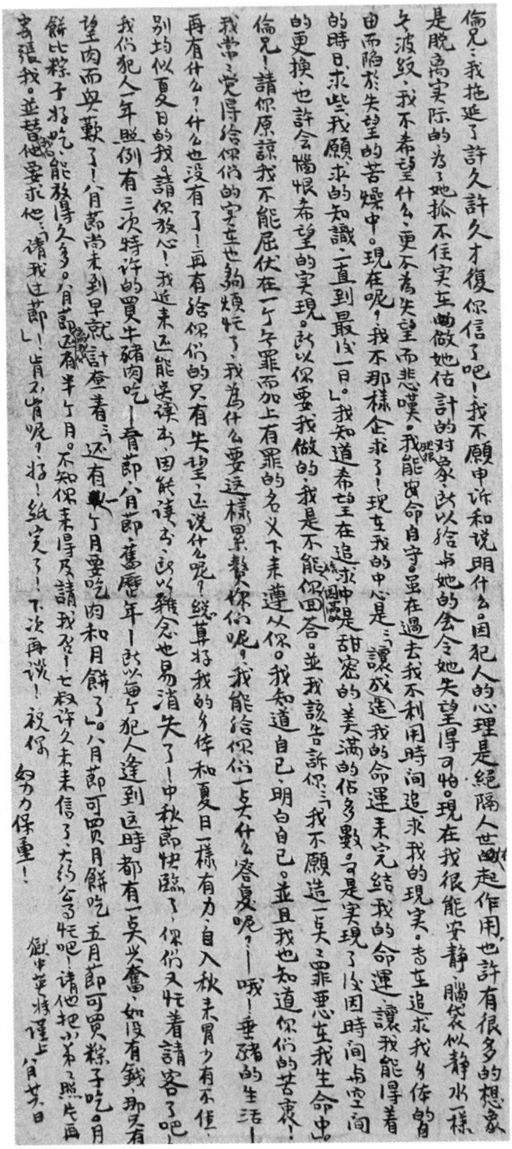
倫兄：我拖延了許久許久才復你信了吧！我不願申訴和說明什么。囚犯人的心理是絕隔人世起作用，也許有很多的想象是脫离实际的，为了她捨不住实在曲做她估計的对象，所以給与她的会令她失望得可怕。現在我很能安靜，腦袋似靜水一樣乏波紋，我不希望什么，更不為失望而悲嘆。我能安命自守。虽在過去我不利用時間追求我的現實。专在追求我的身体的自由而陷於失望的苦燥中。現在呢？我不那樣企求了！現在我的中心是：讓我的命運未完結我的命運，讓我能得着的時日求些我願求的知識，一直到最後一日。我知道希望在追求中是甜密的，美滿的佔多數，可是实現了後因時間与空間的更換，也許会懊恨希望的实現。所以你要我做的，我是不能你回答。並我該告訴你：我不願造一点罪惡在我生命中。

倫兄！請你原諒我不能屈伏在一个个罪而加上有罪的名义下来遵从你。我知道自己，明白自己。並且我也知道你們的苦衷！我常常觉得給你們的实在也夠煩忙了，我為什么要這樣累贅你們呢？我能給你們一点什么答复呢？——哦！乖豬的生活——再有什么？什么也沒有了！再有給你們的只有失望，还说什么呢？總算将我的身体和夏日一樣有力，自入秋来胃口有不佳，別均似夏日的我。請你放心！我近来还能安讀書，因能讀書，所以雜念也易消失了！中秋節快臨了，你們又忙着請客了吧！我們犯人一年照例有三次特許的買牛豬肉吃——青節，八月節，舊曆年——所以每个犯人逢到这時都有一点兴奮，如沒有錢，那只有望肉而興歎了！八月節尚未到早就計畫着：还有一个月要吃肉和月餅了。八月節可買月餅吃，五月節可買粽子吃。月餅比粽子好吃，能放得久多。八月節还有半个月。不知你來得及請我否！七叔許久未来信了，大約公事忙吧！請他把小弟弟照片画寄張我。並替我要求他：請我过節！肯不肯呢？好！紙完了！下次再说！祝你

努力保重！

獄中英妹謹上
八月廿日

郭纲琳在狱中给哥哥的复信

三省土地，谁便是危害了民国。你们说，是我还是你们国民党？谁侵犯了邻国的土地，谁抢劫了邻国的财产，谁奸淫了邻国的妇女，谁便是破坏了睦邻。你们说，是我还是日本帝国主义？”在场听众鸦雀无声，无不投以钦佩的目光。有一个外国记者报道说：“郭英——这位青年女孩子的眼睛里有一种威严不可侵犯的光芒，比古代皇后还富于权力。那种光芒射向法官，法官失色；射向国民党那位可怜的官员，那位官员低头。结果弄得不是法庭在审讯犯人，好似犯人在裁判法官。”

之后，郭纲琳先是被引渡给国民党上海市公安局，后又被押至南京国民党首都宪兵司令部看守所。面对审讯和诱惑，她始终没有暴露自己的身份。最后国民党当局以郭纲琳犯有“危害民国紧急治罪法”所列之罪，判刑8年，于1934年5月押解南京模范监狱执行。在这里，她见到了何宝珍、帅孟奇、钱瑛等一批革命女同志，监狱的艰苦从未磨灭她们的抗争信念。关押期间，

郭纲琳领导和组织了三次狱中绝食斗争，其中规模最大的是支持太平洋赤色职工国际书记牛兰夫妇的斗争，绝食坚持了7天，敌人被迫做出让步。

被捕后，她的家庭出于维护名门声望和骨肉之情，千方百计设法营救。家里花重金聘请律师为她辩护，因她拒绝在悔过书上签字而作罢。之后，郭纲琳的大哥又请国民党中央委员保释，国民党当局表示，只要郭纲琳放弃政治主张，就可出狱。关系打通后，大哥写信给郭纲琳，劝她不要错过这最后的机会。郭纲琳从未对革命事业减轻热情，面对亲情，她思虑良久，提笔给哥哥写了回信：你要我做的，我是不能给你圆满的回答，并且我应该告诉你，“我不愿造一点点罪恶在我生命中”“伦兄，请你原谅”“我不能屈伏在一个无罪而加上有罪的名义下来遵从你”“我知道自己，明白自己，并且我也知道你们的苦衷。我常常觉得给你们的实在也够麻烦了，我为什么要这样累赘你们呢？我能给你们一点什么答复呢？给你们的只有失望，还说什么呢！总算好，我的身体和夏日一样有力，自入秋来胃少有不佳。别的均似夏日的我。请你放心”。

一天，一名国民党中央党部的代表找她谈话，“循循善诱”地对她说：“青春的生命多么美好，而你愿意将自己青春的生命消磨在监狱里，这又何必呢？谁又记得你呢？谁又会说起你呢？”郭纲琳果断回答道：“革命者的青春才是美好的，我早已将她献给了伟大的祖国。为了追求我的崇高理想，我可以献出生命、青春和一切。我并未希望人们记起我，说起我；我只希望他们朝着自由幸福的道路前进，朝着祖国独立的道路前进！朝着人类翻身解放的道路前进！……我相信马克思主义一定会胜利。”

1936年秋，郭纲琳被押送反省院。在反省院，郭纲琳带头拒唱国民党党歌，不上“三民主义课”和“马列主义批判课”，借写反省日记的机会写传单、情报，鼓励难友们坚持斗争。七七事变后，她被转移到国民党

郭纲琳在狱中用铜圆磨制的铜鸡心

宪兵司令部死牢，受尽残酷的刑罚。

1937 年 7 月，郭纲琳英勇就义后，人们在她的遗物中发现了她在狱中制作的一枚“心”形铜板，上刻“永是勇士”四个字。“永是勇士”是烈士最后心志的鲜明表达，这是她引以为傲的信念，也是对自己短暂生命历程的总结。而它留给后来共产党人的是：永远不要忘记革命者的身份，永远保持斗争勇士的精神和气概。

踏着我的血迹奋斗前进

——史砚芬

史砚芬，1904 年出生，江苏宜兴人。1927 年加入中国共产党。1928 年 5 月在南京台城召集共青团中央大学支部会议时被捕，9 月牺牲。

我的死是为着社会、国家和人类，是光荣的，是必要的。我死后有我千万同志，他们能踏着我的血迹奋斗前进，我们的革命事业必底于成，故我虽死犹存。

史砚芬在狱中给弟弟妹妹所写信中的这段话，表达了他献身革命事业的坚定立场和对革命事业必定成功的坚定信心。

史砚芬在轰轰烈烈的北伐战争时期加入中国共产党。四一二反革命政变后，在白色恐怖面前他没有后退，毅然担任共青团宜兴县委书记。

团县委成立后，史砚芬在敌人的眼皮底下，把团的工作做得有声有色。他深入农村和学校，积极传播革命思想，培养和壮大革命队伍。在陆平等乡村，史砚芬给农民讲“二五减租”，号召农民团结起来打倒贪官污吏、土豪劣绅，实行耕者有其田。在学校，他以宜兴中学为中心，联合彭城中学、女子中学等学校，积极开展工作。通过学生会组织，向他们宣传革命道理，带领广大学生开展各种活动，活动也逐步由秘密转为公开，从校内发展到校外。斗争中一批进步学生加入了团组织。史砚芬还注意从陶工、石工、窑工和店员中发展团员，壮大革命队伍。不到两个月的时间，仅农民团员就从 39 人发展到 63 人，有农村支部 6 个。这在全省来说是首屈一指的，因为当时江苏全省只有农民团员 122 人，宜兴就占了其中的一半多。

1927 年 10 月，根据中共八七会议精神和中共江苏省委的指示，中共宜兴县委决定发动农民秋收暴动。史砚芬被指定为暴动副总指挥，负责宣传工作和发动青年学生。

与全国大部分地区一样，此时的宜兴处在白色恐怖之中。宜兴的国民党反动派四处抓捕共产党员和革命群众，这对暴动的组织发动工作造成了巨大困难。面对敌人凶残的镇压，史砚芬毅然接受了任务。他和团县委委员宗钟等共同商定了调查、收缴商团枪支和组织学生上街下乡宣传等事宜。在史砚芬的领导下，共青团宜兴中学支部迅速进行动员，召开团员和积极分子会议，编写宣传材料。11 月 1 日，宜兴农民暴动爆发。暴动队伍一举占领县城，宣告成立了宜兴工农委员会，公布了六条政纲，第一面绣有镰刀斧头的红旗飘扬在宜兴城上空。

因敌我力量悬殊，起义遭到敌人的残酷镇压。

1927 年冬，史砚芬被任命为南京团市委书记，又一项艰巨的任务在等着他——组织青年学生开展斗争。

坐落在南京市中心的中央大学，是国民党严密控制的一所学校，也是进步思想集中的地方。史砚芬不顾个人安危，主动承担起中央大学的学生联系和组织工作，并多次参加中大团支部会议，研究指导工作。他不光做学生工作，还深入到其他行业开展活动。

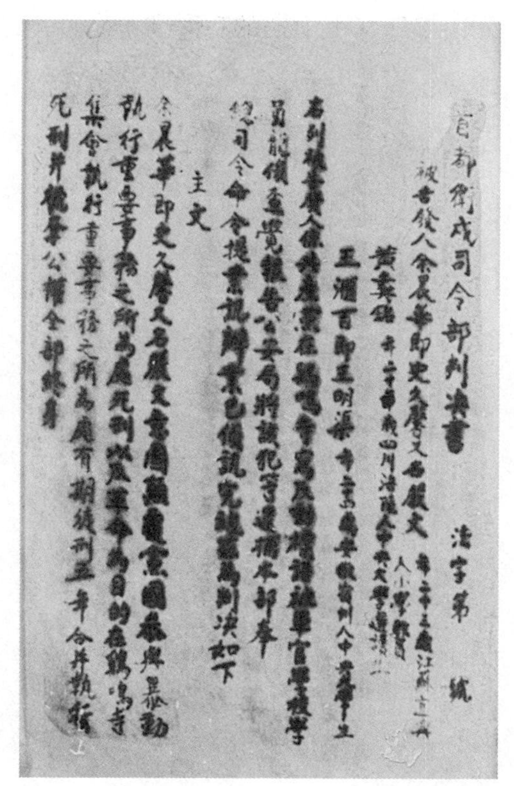
首都衛戍司令部判決書　法字第　號
被告餘人余晨華即史久蔭又名硯文　年二十三歲江蘇宜興人小學教員
黃覺庵　年二十[illegible]歲四川涪陵人中央大學學生
王滙百即王明源　年二十[illegible]歲安徽[illegible]州人中央大學學生
右列被告[illegible]在雞鳴寺寓所[illegible]被[illegible]
員[illegible]黨報告公安局將該犯等逮捕本部奉
總司令命令提案訊辦業已偵訊完結[illegible]判決如下
主文
余晨華即史久蔭又名硯文意圖顛覆黨國[illegible]暴動
執行重要事務之所為處死刑以[illegible]為目的在雞鳴寺
集會執行重要事務之所為處有期徒刑五年合并執行
死刑并褫奪公權全部終身

史砚芬被捕后，国民党首都卫戍司令部对他的判决书

1928 年 5 月 5 日，在中央大学附近的鸡鸣寺城墙上，史砚芬又一次参加中大团支部会议。会后，史砚芬和中大学生黄觉庵、王汇伯一道走进中央大学侧门时，发现被人跟踪。三人决定走出校门分散走开，甩掉“尾巴”。可

是刚走到校门口即被警察逮捕，旋即押送至公安局。敌人在肉体上摧残他，让他承认是共产党人，但遭到拒绝。

在阴森的牢狱里，他用手中的笔为武器，写下了《夜莺啼月》等文章，揭露国民党统治的黑暗，以及对共产主义美好理想的向往。敌人对这个坚强的共产主义战士束手无策，最后通过江苏特种刑事法庭以“意图颠覆党国”为名判处他死刑。

史砚芬早年父母就过世了，他一直担负着教养弟弟妹妹的责任。当他预感自己不久于人世时，给他们留下了两封信。史砚芬牺牲后，亲属从他内衣口袋里发现了这两封血迹斑斑的书信。其中一封是在判刑前写的，提到弟弟妹妹下学期的功课准备。另一封是遗书，上面写道：“亲爱的弟弟妹妹：我今与你们永诀了。我的死是为着社会、国家和人类，是光荣的，是必要的。我死后有我千万同志，他们能踏着我的血迹奋斗前进，我们的

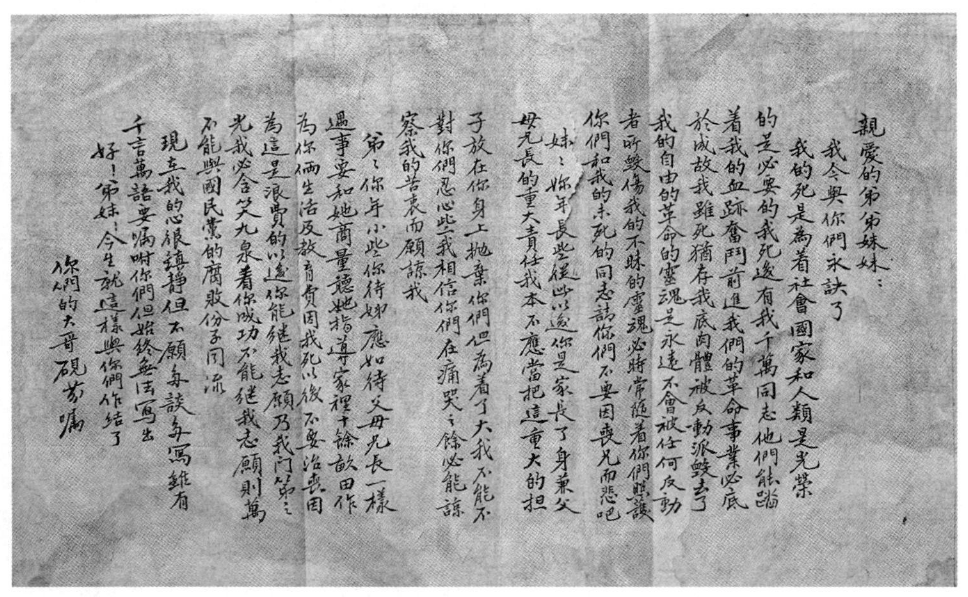

親愛的弟弟妹妹：
我今與你們永訣了
我的死是為着社會國家和人類是光榮的是必要的我死後有我千萬同志他們能踏着我的血跡奮鬥前進我們的革命事業必底於成故我雖死猶存我底肉體被反動派毀去了我的自由的革命的靈魂是永遠不會被任何反動者所毀傷我的不昧的靈魂必時常隨着你們照護你們和我的未死的同志請你們不要因喪兄而悲吧
妹妹你年長些從此以後你是家長了身兼父母兄長的重大責任我本不應當把這重大的担子放在你身上拋棄你們但為着了大我不能不對你們忍心些些我相信你們在痛哭之餘必能諒察我的苦衷而願諒我
弟弟你年小些你待姊應如待父母兄長一樣遇事要和她商量聽她指導家裡十餘畝田作為你倆生活及教育費因我死以後不要治喪因為這是浪費的以後你能繼我志願乃我門第之光我必含笑九泉看你成功不能繼我志願則萬不能與國民黨的腐敗份子同流
現在我的心很鎮靜但不願多談多寫雖有千言萬語要囑咐你們但始終無法寫出
好！弟妹！今生就這樣與你們作結了
你們的大哥硯芬囑

史砚芬牺牲后，亲属从他内衣口袋里发现的遗书

革命事业必底于成，故我虽死犹存。我底肉体被反动派毁去了，我的自由的革命的灵魂是永远不会被任何反动者所毁伤！我的不昧的灵魂必时常随着你们，照护你们和我的未死的同志……我本不应当把这重大的担子放在你身上，抛弃你们，但为着了大我不能不对你们忍心些，我相信你们在痛哭之余，必能谅察我的苦衷而愿谅我……我死以后，不要治丧，因为这是浪费的。以后你能继我志愿，乃我门第之光，我必含笑九泉，看你成功；不能继我志愿，则万不能与国民党的腐败份子同流。”

史砚芬的狱中难友贺瑞麟在《死前日记》里记录了史砚芬行刑当天的情景：“今日六时，史砚芬、齐国庆、王崇典几位同志……拖向雨花台执行死刑。砚芬临行时，身着到南京来的青绿色直贡呢夹长衫、汉清送给他的白番布胶皮底（鞋）、白单裤。因为刚洗过脸，头发梳的光光的。他第一个先出去，神气最安逸……砚芬临去时，向我们行一个敬礼……‘再会’。”

史砚芬给弟弟妹妹的信，是雨花台红色家书的经典。饱含深情的文字，蕴含着他对亲人的嘱托、对党的事业的热爱、对历史规律的认识。它是对亲人的最后交代，更为今天的人们留下了当年共产党人忠于理想、坚定信念的崇高形象，留下了走好人生道路的殷殷嘱咐。

未来的世界终归是我们的

——贺瑞麟

贺瑞麟，1909 年出生，江苏徐州人。1925 年加入中国共产党。1928 年 7 月因中共南京地下党组织遭破坏而在南京焦状元巷 14 号住所被捕，10 月牺牲。

贺瑞麟

我不久就要步砚芬的后尘而去了，到雨花台去了，永远别了，祝你们早日成功。未来的世界终归是我们的。

这段文字出自一位 19 岁的青年贺瑞麟笔下，也就在这一年，他牺牲在雨花台。

1925 年，贺瑞麟在南京东南大学附中读书时就加入了中国共产党，后由于革命身份暴露，被学校除名。此后，16 岁的他便专职从事革命活动。他先后担任过中共南京地方委员会农运委员兼城北支部宣传委员、共青团南京市委组织委员和书记。在军阀统治和国民党背叛革命的白色恐怖中，他全身心地投入到农民运动、支援北伐军和发展共青团组织的工作中去。

特殊的环境和忘我的工作，使贺瑞麟失去了和家庭的联系。其间，贺瑞麟的父亲曾到南京找他，想劝他回家成亲。贺瑞麟知道父亲在找他，但为了革命工作，他硬是忍着心痛和不舍，没有去见父亲。最后，父亲只得带着遗憾独自返乡。

正当南京的革命形势逐步好转的时候，意外发生了。先是 1928 年 5 月 5 日晚，反动军警逮捕了正在台城开会研究“除草之法”（即反蒋之法）的史砚芬（团省委巡视员）、黄觉庵（团市委组织部长）、王汇伯（团市委学委）。王汇伯被捕后，经不住严刑拷打，供出了“红五月斗争”（即史砚芬、贺瑞麟等策划的动员广大团员和青年学生行动起来，声讨日军在济南惨案中犯下的罪行及蒋介石的不抵抗行为）的活动安排及一批党团员名单。同晚，南京市委委员王崇典等 40 多名党团员在南京成贤街的中央大学宿舍也不幸被捕入狱。7 月初的一个夜晚，南京市委在地下党员姚佐唐家开会，市委书记孙津川被埋伏的国民党特务抓捕。

孙津川被捕后，敌人开始对共产党员实施大规模搜捕。7月6日，贺瑞麟在焦状元巷14号住所被敌人逮捕。特务从他的住所内搜出计划暴动的机密文件20余份，以及油印机等设备，认定贺瑞麟是中共南京市委的一个“重要人物”，立即将其押解至首都卫戍司令部看守所。

经过两个月的关押，敌人于9月25日将贺瑞麟转送江苏省特种刑事地方临时法庭受审。面对敌人的审讯，贺瑞麟只承认加入了共产主义青年团，拒不承认参加暴动。那些供出贺瑞麟身份的叛徒劝他“转转心”，去“自首”，特务头子吹捧他年轻有才学，并许以高官，贺瑞麟听后痛斥道：“你杀我的头，也不干你们孬种事。”

贺瑞麟料想敌人不会放过自己，便不停思索在失去自由、生命即将结束的时候还能为党做点什么。

他决定开始写日记，将敌人的残酷暴行和被捕人员狱中斗争的情况详细记录下来。开始时，只要一想到就要离开组织、告别难友，尤其是一幕幕壮烈告别的情景时，贺瑞麟便忍不住潸然泪下，甚至几次停笔。1928年9月28日，知道史砚芬等4位同志被杀害后，他凭借顽强的毅力和坚信“未来的世界终归是我们的”信念坚持了下来，共写下《九月日记》《死前日记》《给姐丈袁立超信》《未寄的信》《离散》等8册笔记。

《死前日记》始于1928年9月28日。这天是农历八月十五，是中国传统的中秋佳节。但贺瑞麟已无法与家人团圆了。他想到远在家乡的家人，想到近在南京的姐姐、姐夫，死亡就在眼前，总觉得该给他们留些什么。于是，他开始提笔在纸上写下了：

八月十五日，星期五。晴

今日是中秋节，是我《死前日记》的开始。

9月日记预定的50个page还没有记完，昨天忽然逢到砚芬兄等死难的惨事。当我提笔写了昨天的一段日记后，有一种使我不能制止莫明其妙的力，我不能再继续在我的日记本子上写下去……

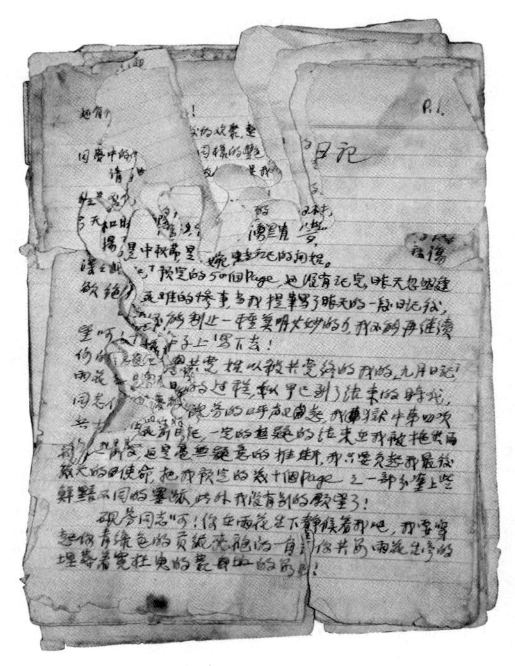

贺瑞麟在狱中写的《死前日记》

自从9月22号下午二时起，我们被紧关着的号子忽然紧张起来。老杨请求交保释放不许。许多难友都停止了接见。在那几天，我们还以为是监狱又要搬迁。能在中秋节日，在所谓首都的戒严司令部要犯重地禁止窥探的小房之中，过一个中秋节。中秋佳节前，却霹雳一声，严厉检查得连开水都没有吃，随即把史砚芬等四人拖向雨花台枪决。从那一刻起，狱中的空气严肃得没有一分钟不在急剧的变化中……

啊，去了，去了！永远的别了！同志们最后的一次对望啊！千金一刻，今生此世只此一刻了。努力啊，努力你们的前途。我，我不久就要步砚芬的后尘而去了，到雨花台去了，永远的别了，祝你们早日成功。未来的世界终归是我们的。同志们，同志们，昨天黄昏时，他们被一大堆士兵捆压着，站在一起，拿着行李要到陆军监狱时，他们眷恋着频频转首，瞧着伸头在木栏外的待死的我作最后诀别，一直到他们来与我拉手点头，作悲壮的永诀。我感觉到我的心立时碎了。我不能再立起了，我在凄暗的牢狱之内踱了几步，我慢慢的把身体曲下来，直到栏外人迹已杳，我才渐渐恢复了感觉，回到我杂乱的席子上来，昏昏沉沉的睡下……

他在给姐姐、姐夫的信中已在交代后事：

我现在是死了。为革命而死了！你们待我一翻［番］热情，我是永远不会忘记的。同时也请你们不用为我而怨伤，而流泪！

（一）我的包袱里头有用报纸包花线捆的一包东西，这一包是我读过的书同几个本子，还有几个是我的朋友的，请你们好好的存起来——存在南京，不要带回家去。过不久会有一位姓刘的朋友（湖南人），他会到你们家里去拿。如果他去，请你们把这一包东西全交给他！千万！千万！

……

（四）我的尸身，随便马马虎虎的埋在雨花台就够了，千万不要再麻烦！

……

我托你们保存的用报纸包的一包东西，你们千万要同我保存起来，静等我的那位朋友来拿。祝你们永远的快乐！

9月29日，贺瑞麟明白，他的时日已经不多了，他唯一能做的，就是继续这本《死前日记》：“今天又安然度过我的生命啊……在你的刀戟没有加在我的颈项之前，我决不放下为贫苦人民奋斗的责任，而有自暴自弃的行为。你这些下流的军阀小走狗，你知道吗？”

面对一个又一个狱友被残杀，贺瑞麟既心痛又愈加坚强。10月4日，贺瑞麟在日记中写道：

昨天留下的徐振纲和姓马的，今天被拉去枪决了。徐振纲出囚门时，神气非常自然，他们并没有矫揉造作的现象，他们纯然是毫不在乎的自然状态，他们真是所谓面不改色的英雄，视死如归的好汉！

他（徐）临去的时候叫了几声："少陪诸位！"

呵！朋友们！请稍候呵！我们不久是决可同游雨花台的！

狱友们的慨然赴死深深震撼了贺瑞麟，也更坚定了他绝不背叛党和革命的信心。为了表达忠于党的决心，贺瑞麟不仅写，而且还画。其中有一幅画上的五角星中写着"雨花台"，表明自己已做好了随时牺牲的准备。

贺瑞麟在狱中画的五角星

生命如此短暂，他自觉对得起党和人民，但遗憾的是未能见到父母最后一面，他只能在绝笔信中安慰父母：

你们不要为我的不幸而流泪呵！父亲，母亲！我是永远地抛弃你们而去了！我为何而死？死于何人之手？你们大概已经知道，我这里用不着向你们多讲，我为什么要这样？似乎也没有多所述说的必要，只要我自己无愧于心就够了……我还要向你们作最后的表白，希求你们在我死后能予我以相［原文此处残损］或者也可以慰藉你们悲伤的心灵于万一！至于别的，那我就不敢多所期望了！

把这些日记和资料完整地交给党组织，成了贺瑞麟最后的心愿。他将日记和书信转交给即将出狱的难友刘德超,嘱咐他待革命成功后交给党组织。

1928 年 10 月 6 日，贺瑞麟从容地走出看守所，走向雨花台刑场，献出了年仅 19 岁的生命。

贺瑞麟烈士在狱中写下的《九月日记》《死前日记》等八册笔记，是极为珍稀的重要革命文物，更是一名共产党员面对死亡的心迹记录。

今天，当我们再次阅读这一行行特殊环境下用生命写下的文字，能清晰地感受到一个革命者在最后关头的从容和对最后胜利的信心。

共产党员为革命而死是光荣的

——石俊

石俊，1907 年出生，江苏如皋人。1927 年初加入中国共产党。1930 年 7 月在南京夫子庙组织集会示威时被捕，9 月牺牲。

革命不可能没有牺牲，死是为了人民更好的生，共产党员为革命而死是光荣的。

1930年9月，石俊与中共南京市委书记黄瑞生等5人，被国民党首都卫戍司令部签提，杀害于雨花台。在走向刑场前，石俊深情而豪迈地对难友说了这段话。

石俊，原名石俊光，又名石冠千、石劲弹，化名张惠如，出生于如皋群安村一个破落家庭。父亲早逝，母亲含辛茹苦带着他与两个姐姐，尤其是姐姐出嫁后，家庭更加拮据，为此他曾一度辍学。但石俊渴望读书学习的精神最终打动了母亲，打工、负债，最终让石俊完成了初中学业，顺利考进如皋师范。

1924年1月20日至30日，国民党在广州召开第一次全国代表大会。这次会议确立了联俄、联共、扶助农工三大政策为国民党的基本政策，通过了国民党的施政纲领，提出了对内对外的基本政策和实行新三民主义的具体方针。这次大会标志着第一次国共合作正式形成，成为新的革命高潮的起点。

随着大革命运动席卷大江南北，如皋人民的反帝反封建斗争也风起云涌。受到共产党员石勋光（石俊的表哥）的影响，石俊等如皋师范的学生也积极投身到这场洪流中来。

1925年，震惊中外的五卅惨案爆发，消息迅速传遍全国，各大中城市纷纷罢工罢课，声援上海人民的反帝斗争。石俊等如皋师范的进步学生也积极响应，发起组织五卅后援会，组织民众进行示威游行，公开宣传“打倒英日帝国主义”“实行国民革命”。经历斗争洗礼，石俊等人的思想觉悟有了很大的提高。1927 年石俊被吸收为中共党员。

根据党组织决定，石俊回到家乡协助组织农民协会，打击土豪劣绅。正当大革命风起云涌之时，蒋介石发动四一二反革命政变，国民党如皋县党部因为掌握在共产党人手中，因此没有发生屠杀事件，但很快就被国民党当局发觉，派人前来“清理党务”。先是如皋师范的校长、训育主任突然被换，接着当局又以“煽动学潮”罪名，开除了石俊等 7 名革命学生。

1928 年，石俊进入晓庄师范就读。很快，石俊融入了这里的环境，他在同学们中很有威信，担任了晓庄师范地下党支部书记。

因为出色的学习、工作成绩，石俊深得陶行知的器重，进校一年的他就被陶行知任命为晓庄中心小学校长。

在校期间，身为地下党员的石俊在努力学习、教育下一代的同时，也时刻不忘自己的身份，在他的影响下，姚爱兰、袁咨桐、沈云楼等一批进步学生接受了马克思主义，加入了党、团组织。虽然党、团组织处于地下，但幸运的是，崇尚民主、爱国爱民的陶行知对他们善待有加。在这片自由的天地里，他们一边学习科学知识，一边积极参加反帝反封建的斗争。

1930 年 2 月，石俊在《乡村教师》创刊号上发表文章《小朋友的蛇》

南京和记洋行，是英国人于 1911 年开办的当时南京最大、最现代化的食品加工厂。这里是南京党组织最早的诞生地，也是南京工人运动的中心，曾发生过多次反抗帝国主义剥削压迫的斗争。每次工人举行罢工斗争，都得到各界的响应和支持，尤其是学生。晓庄师范的学生在和记洋行的历次罢工斗争中，总是最积极的支持者和参与者。1930年春，中共南京市委再次领导和组织和记工厂工人举行大罢工，要求英国资本家给工人加薪。罢工给资方造成巨大损失，英国资本家勾结国民党反动当局对罢工群众进行了野蛮镇压，制造了震惊全国的四三惨案。惨案发生后，石俊带领学生上街游行示威，声援和记工人反对英帝国主义及其走狗的斗争。

由于晓庄师范的学生大多参加了声援和记洋行罢工示威游行，学校被勒令暂停办学。石俊等人继续留在南京战斗。但由于当时党内片面强调城市暴动的“左”倾错误主张占据主导地位，南京市委合并了党、团、工会组织，成立了南京红五月行动委员会。党的工作由地下活动转入公开，党的力量也暴露在敌人面前。在中共南京市委宣传部长刘季平被捕后，石俊接任市红五月行动委员会委员兼南京市委宣传委员。1930年6月25日，南京市委成立了实施士兵暴动的兵委组织，准备在兵暴的基础上成立红十四军第二师，定于7月16日在夫子庙示威，石俊担任总指挥。由于革命经验不足，行动暴露，遭到破坏，石俊被捕，被关押在首都卫戍司令部看守所。

在狱中，石俊咬定自己名叫张惠如，在种种酷刑之下从未屈服，然而却被隐藏在晓庄师范学生中的特务余仲篪指认出真实身份。他知道身份暴露后就已无成活希望，于是悄悄委托晓庄师范学生王远明捎了一封信给他的母亲。

石俊牺牲后，他托付给王远明的信终于送到了母亲的手中，信中他深怀愧疚地说：“儿不孝，无法让母亲大人早日抱孙子，就多抱抱鹏儿（石俊的侄子）吧。望母亲大人善自珍重，不必多挂念俊儿了。”

1932年夏，晓庄小学复校后，师生们把原来的实验园地取名为劲园（石俊原名石劲弹），以永远怀念和学习这位可敬的校长。

石俊是雨花台烈士中一个著名群体——晓庄十烈士中的一员。这是一个年轻的烈士群体，一共10人，其中2人23岁，3人22岁，其他从20岁到16岁各一人；有9人是共产党员和共青团员。他们参加党团组织都在四一二反革命政变后，都是在1930年国民党当局查封晓庄师范时先后被捕，牺牲在当年8月到10月秋天的日子。他们的自然生命和政治生命都十分短暂，但当“死是为了人民更好的生”成为他们的人生信念时，就不难理解他们在大革命失败的黑暗日子里入党入团，参与到充满政治风险和生命风险的斗争之中，最后献出年轻生命的青春壮举。

为布尔什维克而死，虽死犹生

——胡秉铎

胡秉铎，1902 年出生，贵州榕江人。1924 年底加入中国共产党。1927 年四一二反革命政变后召集秘密会议时在南京被捕，不久牺牲。

胡秉铎

因事被警察厅下狱了，儿已失去自由，望家中不必挂念，干革命总是要有死难的，为布尔什维克而死，虽死犹生。

四一二反革命政变后，时任东路军第一师政治部主任的胡秉铎，因参加革命活动被捕入狱。敌人对他软硬兼施，多次劝降。胡秉铎表明立场，视死如归。在狱中，他给父亲写了这封信，表明了他决意为党的事业奋斗到底的决心和对待生死的坦荡襟怀。

1919年，胡秉铎赴贵州省立法政专门学校学习期间，受到五四反帝爱国运动和民主革命思想的影响，立下了济世拯民的志向。1923年，在北京朝阳大学读书时，初步接受了马克思主义。

1924年，应贵州籍同乡周逸群的邀请，胡秉铎前往上海，参与进步刊物《贵州青年》的编辑工作。期间，胡秉铎在《贵州青年》第二、三、四期上撰写和发表了《残废的三个人》《寂寥的夜》《恶政府的势力》《攻战》《杂感》等文章和诗歌，锋芒直接指向军阀政府。

049

張麟舒	[illegible]	二十三	湖北[illegible]	
蕭猷然	攸焉	二十四	江西大庾	新城鎮	江西大庾新城鎮郵局轉交
樂蘊精		二十一	四川雙流	雙流城內	四川雙流縣城內西正街
練國樑	績丞	二十三	貴州榕江	榕江縣	貴州榕江縣南門內馬騾巷
胡秉鐸	鳴之	二十三	貴州榕江	榕江縣	貴州榕江縣小東門內
陳作爲	冬陽	二十八	湖南瀏陽	瀏陽西鄉	湖南長沙楚材中學校
羅英		二十六	江西餘干	餘干	江西餘干楓港郵政代辦所轉交
王武華	文斌	二十三	廣東澄邁	澄邁	廣東瓊州澄邁金江市明利號
馬驤	西艮	二十	四川新都	新都	四川新都龍門街

1924年8月，胡秉铎以优异成绩考取黄埔军校第二期，这是载有他名字的黄埔军校第二期登记表

1924年6月16日，在苏联政府的帮助下，国共合作创办的黄埔军校举行了隆重的开学典礼。同年8月，22岁的胡秉铎经邓中夏推荐，以第一名的优异成绩考取黄埔军校第二期步兵科，开始了他一往无前的铁血生涯。

在黄埔军校，胡秉铎通过系统地学习革命理论知识，革命思想得到升华，革命目标日趋明确，其政治表现在第二期学员中脱颖而出，不仅加入了中国共产党，而且还成为校内外政治活动中的活跃分子和风云人物。

1925 年 2 月，周恩来在黄埔军校组织以该校教职员和学生中的共产党员为核心的中国青年军人联合会，胡秉铎与蒋先云、李之龙、王一飞等共同担任联合会领导职务。青军会在成立宣言中痛陈帝国主义和国内各派军阀相勾结的严峻事实，号召革命军人“为救国救民救自己计”，联合工、农、学、商各界民众，“拥护全民的利益及幸福”，打倒帝国主义与军阀。

青军会成立不到 3 个月，成员发展至 2000 余人，引起了黄埔军校中国民党右派的恐慌和仇视。为了排斥、打击共产党和进步力量，在蒋介石的授意下，戴季陶出面组织了“孙文主义学会”，利用公开场合极力鼓吹“马

中国青年军人联合会第一次代表大会合影，胡秉铎（前排左四）、周逸群（前排左五）

克思主义不适合中国国情”等反动思想。

此时胡秉铎的共产党员身份尚未暴露。中共粤区区委决定，让胡秉铎以国民党左派的身份与国民党右派进行斗争。此后，胡秉铎便以国民党左派身份，为布尔什维克努力工作。

这期间，他撰写了大量文章反击“孙文主义学会”。在《国民革命与社会革命》一文中，他指出：“国民革命与社会革命都是站在一条联合战线上，互相依赖、互相帮助，前者的成功固然影响于后者，后者的胜利亦有助于前者。”我们“需要一个国民革命，以求推翻资本帝国主义，打倒本国封建军阀。这个需要，乃是中国人民的普遍要求，也是资本帝国主义及国内封建军阀双重压迫中国人民之反应”。“若是不是资本帝国主义与封建军阀的走狗，都应参加，应该努力”。这篇论述严谨、富有激情的文章，有力地驳斥了“孙文主义学会”的谬论，产生了不小的影响。

1925 年 9 月，胡秉铎从黄埔军校毕业后，以见习军官的身份参加国民革命军第二次东征，在取得平定滇、桂军阀叛乱的胜利后，胡秉铎担任国民革命军第一军军部机要秘书。

伴随着革命运动的迅速发展，国民党右派掀起的反共逆流也在滋长。1926 年 3 月 20 日蒋介石制造了中山舰事件，以周恩来为首的全体共产党员被迫退出第一军和黄埔军校。中共两广区委认为，胡秉铎尚未暴露共产党员身份，与何应钦又是贵州同乡，私交也好，于是决定胡秉铎利用这一有利条件继续留在第一军，进行情报工作。

1926 年 7 月，胡秉铎随东路军踏上北伐的征程，先后担任东路军总指挥部第一科科长和第一师政治部主任。国民革命军占领南京后，蒋介石为篡夺革命果实，暗中策划军事行动，以排斥打击中共在军队中的力量。胡秉铎得知这一重要情报后，立即设法将此情报报告第二军第六师师长戴岳、党代表萧劲光，并叮嘱他们“人不能离队，师部不能驻南京，要驻浦口”。萧劲光、戴岳根据胡秉铎提供的情报，将部队开往湖北，从而挫败了蒋介石的阴谋。

1927 年 4 月 12 日，蒋介石在上海发动反革命政变，大肆逮捕屠杀共产党人和革命群众，随后发动了血腥的“清党”。黄埔军校学生因信仰主义的不同分为国共两个阵营。追随蒋介石的黄埔生作为“天子的门生”成为国民党军界炙手可热的人物。黄埔毕业生的身份，成为富贵利达的通行证。

胡秉铎不为所动，坚守自己的政治信仰，在腥风血雨中置生死于度外，继续无悔的革命征程。他经常与革命同志谈话，赶赴党的秘密机关开会。在一次召开党的秘密会议时，有人向何应钦告密，胡秉铎被南京公安局逮捕。不久，胡秉铎被秘密杀害于南京。

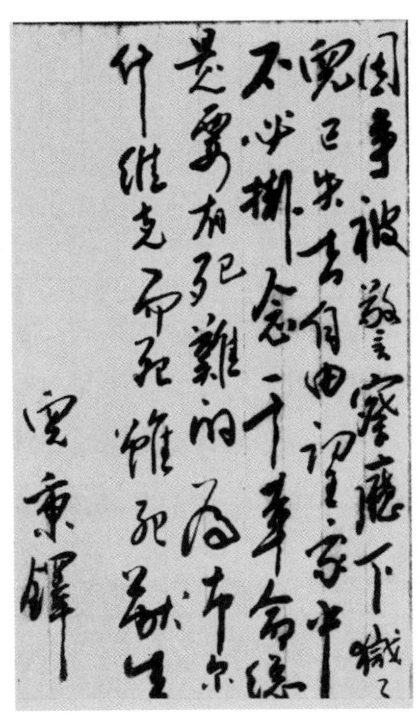
因事被敌人察觉下狱
儿已失去自由望家中
不必挂念干革命总
是要有死难的为布尔
什维克而死虽死犹生
儿秉铎

胡秉铎在狱中写给家人的书信

包括胡秉铎在内，雨花台烈士中有一批曾经就读于黄埔军校的共产党员。他们大多是在第一次国共合作时期加入中国共产党的。四一二反革命政变后，他们秉承心中的主义，坚守共产党人的革命气节，坚决不与国民党反动派同流合污，在义与利、生与死的考验面前，做出了“为布尔什维克而死，虽死犹生”的抉择，显示了共产党人对革命光明前景的坚定信念。

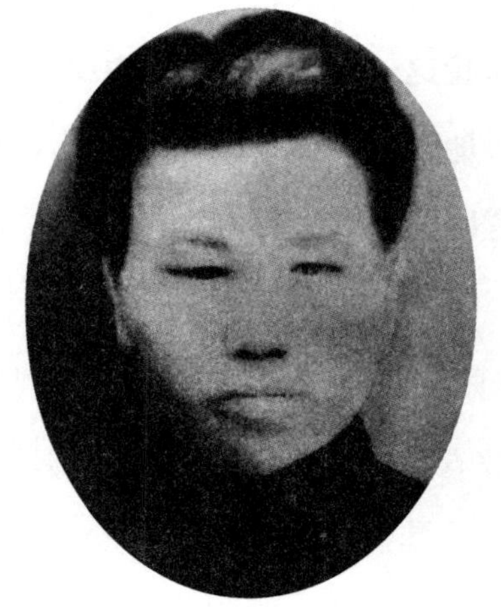

革命事业一定后继有人

——周不论

周不论，1903 年出生，湖南醴陵人。1922 年加入中国共产党。1929 年 2 月因被国民党当局通缉，身份暴露，在南京被捕，1930 年 2 月牺牲。

死是不可怕的，革命事业一定后继有人，但我死后，你不要过分悲伤，不要为我断送了青春。对我这一对不满三尺的小孩，将他们带去，好让他们不饿死、不冻死，他已不能做一个有父的儿，却能做一个有母的子，更希望你好好教育他们，继我遗志。

1929年2月，时任湖南省醴陵县南四区苏维埃政府主席的周不论在南京被捕，被关押在国民党狱中。敌人对他酷刑折磨，没有动摇他的革命意志。这位曾经叱咤风云的共产党员，即使在狱中险恶的环境中也没有停止斗争。他利用允许已判刑的政治犯轮流做饭，可以做操、打球和阅读经过审查的书报等各种机会，悄悄地串联难友，秘密成立狱中党支部，并与南京地下党取得了联系。时隔不久，他们的活动被敌人察觉。监狱当局大为恼火，于是采取了严厉的管理措施，将他们三三两两隔离在一间间小房里，重要“犯人”则一间房子关一个，取消一切活动，每天只给两顿稀粥。周不论没有就此停止斗争。他带头向狱方提出抗议，得到了全监难友的响应，而狱方对此不理不睬。周不论便发动全体难友绝食，狱方这才做出让步。绝食风波后，狱方严刑追查这次斗争的组织者。为了保护其他难友不再受到伤害，周不论挺身而出，自认是带头者。为此，狱方给他加上“不服管理”的罪名，改判死刑。

知道自己不久于人世，周不论提笔给妻子写信：“……死是不可怕的，革命事业一定后继有人，但我死后，你不要过分悲伤，不要为我断送了青春。对我这一对不满三尺的小孩，将他们带去，好让他们不饿死、不冻死，他已不能做一个有父的儿，却能做一个有母的子，更希望你好好教育他们，继我遗志。”

周不论出生在一个地主家庭，还是这个家中的独生子。他本是要继承家业，过着衣食无忧的生活的。当他接触到社会，接触到革命思想后，他做出了选择——为劳苦大众谋解放而奋斗终生。

1922 年，19 岁的周不论在长沙修业中学读书时加入了中国共产党，开始了革命的征程。

1924 年，周不论中学毕业后回到家乡，在当地党组织的领导下，全力以赴从事党组织的发展工作。1925 年，周不论考入广州黄埔军校第五期。1926 年秋，他随北伐军作战，到达武汉，又被派到黄埔军校武汉分校继续学习，结业后，被分配到国民革命军第四军第十二师任排长，开赴九江作战。

1927 年四一二反革命政变后，全国陷入一片白色恐怖之中。国共合作的局面不复存在，蒋介石不仅对共产党人和国民党左派举起屠刀血腥杀

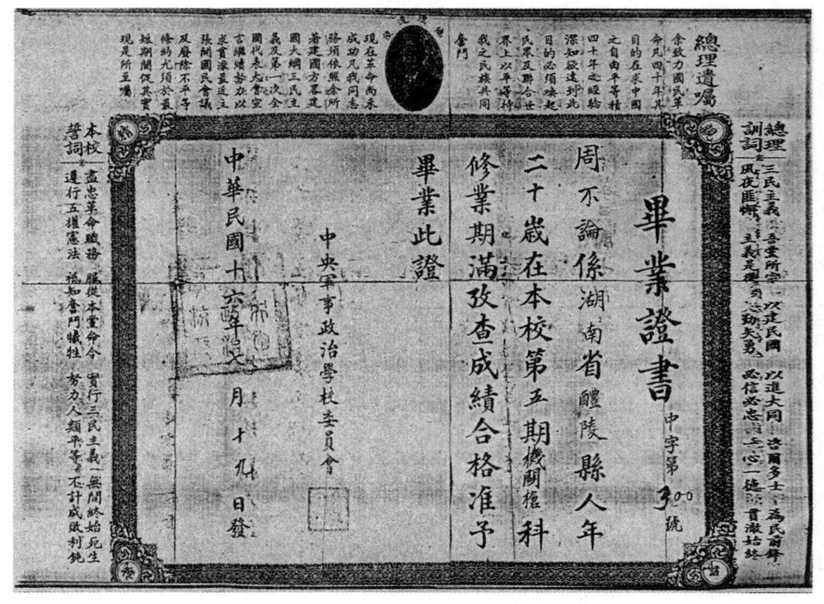

總理遺囑

余致力國民革命凡四十年其目的在求中國之自由平等積四十年之經驗深知欲達到此目的必須喚起民眾及聯合世界上以平等待我之民族共同奮鬥現在革命尚未成功凡我同志務須依照余所著建國方略建國大綱三民主義及第一次全國代表大會宣言繼續努力以求貫澈最近主張開國民會議及廢除不平等條約尤須於最短期間促其實現是所至囑

總理訓詞

三民主義　吾黨所宗　以建民國　以進大同　咨爾多士　為民前鋒　夙夜匪懈　主義是從　矢勤矢勇　必信必忠　一心一德　貫澈始終

畢業證書

中字第300號

周不論係湖南省醴陵縣人年二十歲在本校第五期機關槍科修業期滿考查成績合格准予畢業此證

中央軍事政治學校委員會

中華民國十六年八月十九日發

本校誓詞

盡忠革命職務　服從本黨命令　實行三民主義　無間終始死生　遵行五權憲法　只知奮鬥犧牲　努力人類平等　不計成敗利鈍

周不论中央军事政治学校的毕业证书

戮，在军队内部也开始“清党”，排除异己。在这危急关头，党组织为保存力量，派周不论回湖南工作，任中共湖南省委湘东特派员，到他的家乡醴陵继续从事革命斗争。

1927 年 8 月 7 日，中共中央在湖北汉口召开紧急会议（即八七会议），确立了实行土地革命和武装起义的方针。出席八七会议的毛泽东回到湖南后，与湖南省委讨论和制定了秋收起义计划，一场大规模的武装暴动即将在湖南各地展开。

回到醴陵的周不论担任了县委委员兼南四区区委书记。在极端困难的环境中，一面恢复被破坏了的党组织，一面加紧执行有关秋收起义的计划。

1927 年 9 月，周不论在醴陵成功发动了农民暴动。此后，为了更好地开展武装斗争，他在南四区、西一区边界的栗山坝组建了游击营(后改为工农革命军第一团)。随着工农武装力量的不断壮大，周不论等带领南四区的农民武装，配合各路农军于 1928 年 1 月 27 日和 2 月 27 日两次攻打醴陵县城，迫使敌人龟缩城内，长时间不敢下乡。如火如荼的南四区武装斗争搅得国民党反动当局如坐针毡，当时的《湖南民报》曾这样哀叹："醴陵的近况，真是闹得稀糟了，就把南四区讲起，近日设伪指挥部，组织特别法庭，审理土豪劣绅……至若清乡的兵，到了南乡泗汾就不敢前进……醴陵军队虽有，不敢下乡，纵然下乡，一到下午就要回县，犹如小鸡子一般，离母鸡太远，恐怕鹞鹰啄了去。”

在武装斗争不断取得胜利的同时，周不论又在为建立属于老百姓自己的政权奔波。在他的努力下，贺家桥、水口山、大障、边江铺等地先后建立了 13 个乡苏维埃政府。1928 年 1 月 30 日，醴陵南四区苏维埃政府成立，周不论当选为主席。在苏维埃政府的领导下，当地农民分得了土地。得到土地的农民，愈来愈相信共产党，愈来愈愿意跟着共产党走，南四区迅速成为全县重要的红色根据地。

南四区的革命活动，震惊了国民党政府。1928 年 4 月，当局调动两个师的兵力，加上“清乡队”和“挨户团”，穷凶极恶地血洗南四区。许多党员、干部和革命农民惨遭杀害，周不论成了醴陵反动当局悬赏通缉的“要犯”。在群众的舍命掩护下，他离开醴陵，辗转来到南京，却不幸于次年 2 月落入敌手。

一年的牢狱生活并没有动摇周不论为劳苦大众谋解放的信念，面对死亡，他对后生寄予希望。1930 年 2 月的一天，他戴着脚镣手铐从容地走向刑场，英勇就义。

周不论出身地主家庭，在先进革命理论的指导下，走上了背叛家庭、造福大众的道路。雨花台烈士中，有不少像他这样的富家子弟。他们一旦走进党的队伍，就全然放弃已经到手的富贵，义无反顾地为谋求多数人的幸福而浴血奋战。周不论在狱中写给妻子的信中，郑重嘱咐儿子要“继我遗志”，表达了他对自己选择的信仰和道路的坚信与坚定。

我精神永不灭亡

——赵良璋

赵良璋，1921 年出生，江苏六合人。1946 年冬加入中国共产党。1947 年 10 月因北平地下情报系统遭破坏在南京被捕，1948 年 10 月牺牲。

我是带着勇敢与信心就义的，我虽倒了，但顽强的性格仍使我精神永不灭亡。

1948 年 10 月 19 日清晨，赵良璋、丁行、谢士炎、朱建国、孔繁蕤等五人被国民党中央军人监狱判处“死刑”。宣判后，监守让他们各自写下遗书。

赵良璋当即给他的同狱难友写下遗书：

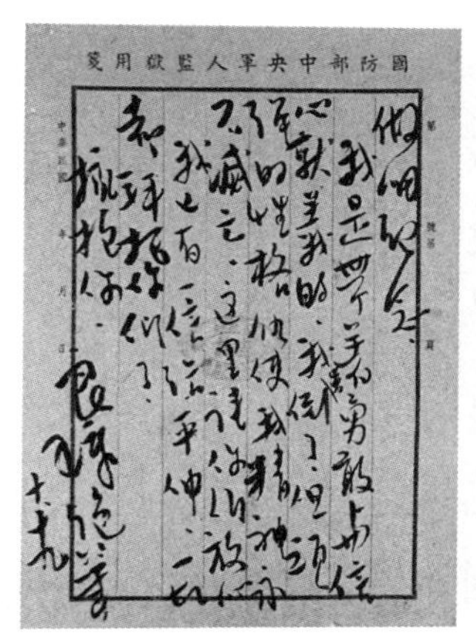

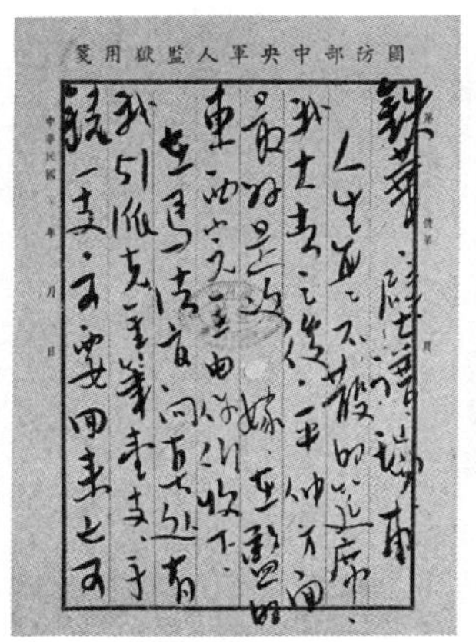

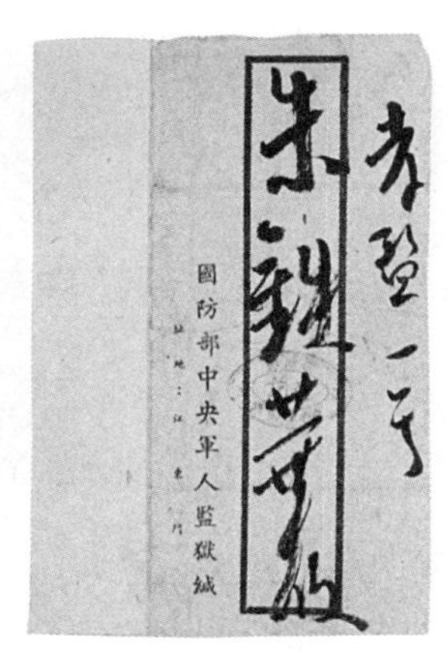

赵良璋给同狱难友朱铁华的信

铁华、璧谱、瑞甫：

人生无不散的筵席。我大去之后，平仲方面最好是改嫁，在监的东西完全由你们收下。

在马法官问真处，有我 51 派克金笔一支、手表一支，可要回来也可作个纪念。

我是带着勇敢与信心就义的。我虽倒了，但顽强的性格仍使我精神永不灭亡。

这里请你们放心。

我已有一信给平仲，一切都拜托你们了。

拥抱你

良璋绝笔

十·十九

1937年，抗日战争全面爆发。在南京读书的赵良璋由于学校停课，便随着后方转移的人流来到武汉。眼见着外敌入侵，国土沦丧，人民遭殃，赵良璋痛心疾首。1939年，他投笔从戎，报考了国民党空军军士学校，并被派到美国培训。1941年毕业后分配至国民党空军第11大队任飞行员。服役期间，他对国民党空军中的种种腐败行为，既痛恨又无能为力，就结交一些爱国青年，购买进步刊物，认真学习，从中接受教育，并尝试从事歌曲创作。他以“野雪”为笔名，创作《假如我为了真理而牺牲》《我不能放下枪》等歌曲，在当时《新音乐》等进步刊物上发表。赵良璋希望通过这些歌曲，激励人们的斗志，他在《假如我为了真理而牺牲》中写道：

赵良璋“野雪”刻章

假如我为了真理而牺牲，
我燃烧不灭的心，
会不朽地欢欣，

永远地安宁。
爱我的人们哪！
我早就献给伟大的祖国，
请不必恸哭和伤心。
……
假如我为了真理而牺牲，
爱葬在大海之滨，
饮无穷的泉水，
听浪的斗争。
美丽的中华哪！
巨人站在太平洋浪上，
高唱着自由和解放。

这首歌曾在八路军、新四军中广为传唱。赵良璋的音乐才能和爱国热情也被当时在重庆主编《新音乐》的音乐家李凌赏识，邀他担任《新音乐》的名誉编辑。赵良璋由此受到国民党的监视和迫害，空军中的国民党特务就以他有“过激”的思想和行为，一度将他监禁。

赵良璋对国民党大失所望。1945 年抗日战争胜利前夕，他毅然决定离开国民党空军，北上延安参加革命。

赵良璋借口到外地访友，经多方辗转，秘密从成都到达重庆，想通过中共在重庆的办事处前往延安。在办事处工作的同志热情地接待了赵良璋，赞扬他的革命行动，并认为根据当前革命需要，若能留在国民党空军从事地下工作，能发挥更大的作用。赵良璋接受了党组织的安排。回到住所，赵良璋整整两夜一天没有合眼，他把自己知道的国民党空军的所有情况写了下来，离开重庆前，把一份2万字左右的《国民党空军概况》交给了中共代表团。

回到成都国民党空军彭山机场后，赵良璋便成了一名中共地下工作者。1946年8月，他随国民党空军第2军区司令部调往北平，并被任命为北平国民党空军第二军区司令部总务科参谋。根据党组织的安排，他及时和中共在北平军调执行部的工作人员取得联系。1946年冬，赵良璋加入了中国共产党。

身居虎穴的赵良璋克服种种艰险，一次次将搜集到的重要军事情报转交给党组织。一次，赵良璋得到国民党北平行辕呈报空军司令部的“敌我态势图”，他迅速注明国民党各部队的代号，转送给党，为人民解放军解放华北做出了贡献。又一次，赵良璋探得敌人在冀东某县城兵力空虚，马上报告给党组织，人民解放军根据情报很快解放了这座城市。他把掌握到的国民党空军在北平的部队番号、驻地、飞机种类及数量、航空人员的素质、人数等重要情报及时做出调查报告并提供给党组织。

1947年下半年，解放战争形势发生了根本的变化，人民解放军由战略防御转入战略进攻，把战争推进到国民党统治区。国民党政府为此加大了对国统区内革命力量的镇压。

1947年9月24日的一个清晨，中共设在北平交道口京兆东街24号的地下情报组织遭到国民党保密局的破坏，导致44名地下情报人员被捕入狱，受牵连被捕123人，其中有20多位国民党将校级军官，北平地下情报组织的丁行、谢士炎、赵良璋、朱建国、孔繁蕤等五位共产党员也在其中。

赵良璋被捕后被押解到南京空军总部看守所。据他同狱难友朱铁华回忆：“我们被关进看守所两天后的清晨，正在洗脸，突然听到良璋那独特嗓音的歌声，急忙探头外望，良璋正唱着歌从我们的监房前面走过去，若无其事。我心里一惊，怎么良璋也进来了，居然还唱着歌！”

此时的赵良璋还不知道北平的地下电台已被敌人破获，自己亲笔写的大量情报稿已被发现。起初，审讯的特务还没拿到证据，便采取车轮战术，连续三天三夜不让赵良璋睡觉。赵良璋疲倦到了极点，神志迷糊，精神散乱，但还是坚持说什么都不知道。

三天后，审讯人员收到了北京寄来的材料，他们将签着“野雪”的“敌我军力对比地图”展开给赵良璋看，赵良璋看到自己的签名后，知道一定是地下组织内部出了问题。为了掩护其他三名战友，他便将事情全都揽在自己身上。

敌人为破获“北平间谍案”高兴得发狂，声称这是他们的一大胜利，等于保住了半壁江山。为此，蒋介石还专门给特务发了奖金。可是他们在关押赵良璋一年的时间里，却什么也没能得到。

革命者的理想就是让天下孩子都能过上好日子

——卢志英

卢志英，1905 年出生，山东昌邑人。1925 年加入中国共产党。1947 年在情报工作战线上因叛徒出卖，身份暴露，在上海被捕，解来南京，1948 年 12 月牺牲。

我们是革命者。革命者的理想就是让天下孩子都能过上好日子。

卢志英是我党著名地下工作者。他和妻子张育民先后有过三个孩子，但其中两个在革命斗争中流离失散，下落不明。卢志英在日记中写道“不忍耐没有成功，不流血怎能解脱奴隶命运”，用以激励妻子。他还经常宽慰妻子，“我们是革命者。革命者的理想就是让天下孩子都能过上好日子”。

卢志英的革命经历十分丰富。

1923 年，卢志英离开父母去东北，从绥宁镇守使署军官讲习所毕业后，在东北陆军第三混成旅工兵营第一连当兵。1925 年，他脱离军阀部队，南下河南。此后在国民党军队中任第六混成旅上尉参谋、骑兵第三师八旅十六团二营营长、第三师参谋主任、陕西省蒲城县保安总队长、西安绥靖公署少校参谋兼教导队长、江西第四区保安司令部主任参谋等职。

同年，卢志英加入了中国共产党。此后，受党派遣，卢志英冒着生命危险从事策反和情报工作，曾三次被敌人逮捕入狱。1928 年，卢志英在蒲城因策动起义未果，第一次被捕入狱。1929 年，卢志英在上海中共中央军事部做情报工作。1931 年九一八事变后，被中共中央军委派往杨虎城部，利用西安绥靖公署少校参谋兼教导队长的身份，做统一战线工作。1932 年，被中央军委派往南京，在国民党上层人士中开展搜集情报和统战工作。1933 年冬，他第二次被捕。1934 年，卢志英被党组织秘密派往江西德安，利用国民党江西第四区保安司令部参谋长的身份，将国民党军队对中央苏区第五次“围剿”的情报传递给党组织，对党中央果断决定中央红军主力突出重围，实施战略转移，选择突破口及行军路线开始长征起了重要作用。1939 年和 1942 年，卢志英两次接受党组织派遣前往上海，以经商为名，搜集日伪情报，采购新四军所需的物资。抗战胜利后，卢志英继续在南京、上海、杭州一带坚持地下斗争。他打入上海国民党中统特务机关，被委任为区室副主任。他还与美国在沪情报人员联系，由此，获取了国民党兵力部署、调动等大量情报，并及时送往苏皖解放区。

考虑到卢志英长期在敌占区工作，斗争环境日益复杂，中共代表团驻沪办事处撤离时，周恩来曾指示卢志英转移，但未等接替他的同志到达，卢志英便于 1947 年 3 月初在上海第三次被捕。

第三次被捕后的卢志英关押在亚尔培路 2 号国民党中统局上海分部。特务知道卢志英担负重要职务，就以高官厚禄利诱他说出中共机密，交出党员名单，均遭到他的严词拒绝。软的不行就来硬的，特务将他穿着外套的背后部分撕开一条大口子，从中没有发现他们想要的重要情报，便开始对卢志英动用老虎凳、火烙、绞头、电椅等酷刑，以及几天几夜不准休息的“精神刑罚”。卢志英的跗骨因受刑碎裂，小便都是血，行刑中也数次昏过去，但特务们的希望再次落空。

后来，敌人把卢志英押送到苏州中统监狱。不久，又把其妻张育民、儿子卢大容也一起押送苏州同一座监狱。敌人妄图用骨肉之情来软化卢志英。他识破了敌人的阴谋，提醒妻子要警惕。妻子见他刑伤严重，伤心流泪。卢志英安慰道：“不要在敌人面前流泪。他们总有灭亡的一天！”

卢志英的怀表

卢志英以前忙于工作，无暇与孩子在一起。现在在狱中，孩子在身边，卢志英就自任教师，每天规定时间教他英文、算术，还检查他的功课。卢大容在《和爸爸一起坐牢的日子里》写道：“一天晚上，天气又闷又热。

爸爸戴着手铐，坐在桌子旁边教我做算术。我真想请他把昨天没讲完的故事再讲下去，可是爸爸要我打开算术本儿先做算术。我因为一心想听故事，把算术做错了。爸爸没有生气，一次又一次地耐心地告诉我：这是应该怎么做的，那是为什么错了。妈妈过来了，对爸爸说：'何必在这大热天苦苦地教孩子这些呢！'爸爸看看我的算术本儿，说：'这门功课他还差哪！将来的世界是孩子们的，不学好本领可不行啊！'"

卢志英与儿子卢大容合影

卢志英在被捕后失去自由的日子里，也一刻不忘想尽办法与敌人斗争，舍命去保护组织和同志。当时，党组织遭内奸破坏，损失严重，卢志英断然指示，要有关的被捕者把问题都朝他一个人身上推，让他一个人承担责任。务必不让敌人知道更多的组织秘密，有条件争取出狱的，就应尽量争取出狱，以利再战。所以组织破坏虽重，但相当重要的一部分党的有生力量终于得以保全。

1947 年秋，敌人把卢志英解送到南京，关押在宪兵司令部看守所。在狱中，敌人又对他多次用刑，他总是坚强地说："你们要想从我嘴里得到什么，那是做梦！"

卢志英深知敌人不会放过自己，抱定为革命牺牲的决心。临刑前的当晚，卢志英隔着洞口轻轻对难友孙稚如说："你们要坚持下去！你如果有机会放了出去，帮我设法向有关方面反映，金条和钱都被敌人搜去了……"卢志英还把收藏的一支好不容易弄来的小铅笔头送给孙稚如做纪念。最后，卢志英穿戴整齐，从容就义。

卢志英，这位中华人民共和国成立前在中国共产党隐蔽战线上奋战20余年的英雄战士，以其坚毅的品格、超群的才华、多面的人生，为革命做出了卓越的贡献。在坚定、勇敢和沉着的背后，是他对人民的深深热爱。他留下的“革命者的理想就是让天下孩子都能过上好日子”这句话，道出了共产党人革命的真谛、价值所在，也是革命先烈对今天共产党人的郑重托付和殷切希望。

大家快行动起来，迎接这个新的伟大事变

——陈子涛

陈子涛，1920年出生，广西玉林人。1947年3月加入中国共产党。1947年7月因《文萃》杂志社遭破坏后暴露身份，在上海被捕，解来南京，1948年12月牺牲。

亲爱的读者们，这本小册子是我们用血的代价换来的，希望你保藏它，并把它传遍开去，让每个人都知道：几千年的压迫快要被消除了，一百年来志士仁人奋斗以求的新中国就要诞生了！大家快行动起来，迎接这个新的伟大事变。

这是陈子涛为最后一期《文萃》丛刊写的前言中的一段话。

1945年，日本无条件投降后，国内形势发生了急剧变化。全国人民在欢庆抗战胜利的同时，热切渴望国家走上和平发展的道路。以蒋介石为代表的国民党统治集团为了独占抗战胜利果实，对中国共产党和抗日军民采取了反革命的两手政策。一方面电邀中共中央主席毛泽东到重庆谈判；另一方面在美帝国主义支持下调兵遣将，加紧部署内战。

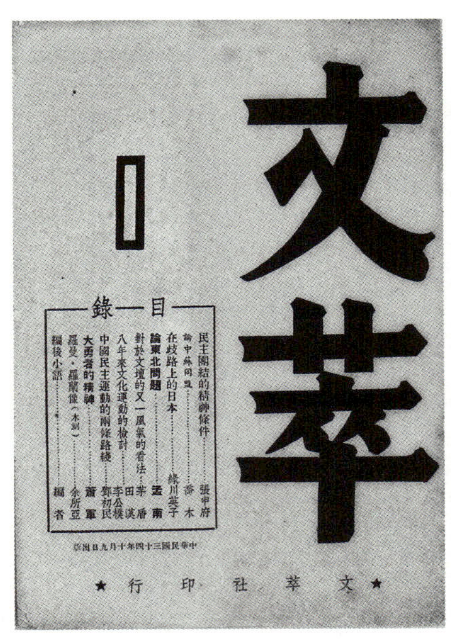
文萃

目錄

民主團結的精神條件……張申府
論中蘇同盟……喬木
在歧路上的日本……綠川英子
論東北問題……孟南
對於文壇的又一風氣的看法……茅盾
八年來文化運動的檢討……田漢 李公樸
中國民主運動的兩條路綫……鄧初民
大勇者的精神……蕭軍
羅曼·羅蘭像（木刻）……余所亞
編後小語……編者

中華民國三十四年十月九日出版

★文萃社印行★

1945年10月9日出版的《文萃》周刊第一期

一本揭露国民党发动内战阴谋的《文萃》周刊悄然出现在宁沪杭地区。《文萃》以沟通内地与收复区的意志，传达各方人士对于国是的意见，分析复杂变化的国际情势为办刊宗旨，同时刊出一些诗歌、漫画等文艺作品。公孙求之（胡绳）、乔木（乔冠华）、李南山、马叙伦、马寅初、宦乡、周建人、施复亮等经常为《文萃》撰写政论性文章，郭沫若、茅盾、田汉、许广平、费孝通、骆宾基、刘白羽、臧克家、丁聪、方成等文化名人也常为《文萃》撰写文艺性作品。

《文萃》杂志很快在国统区的民主人士、进步青年中流行。发行量不断增加，最多时全国有 30 多个特约经销处，并且出版过合订本、北平航空版等。《文萃》杂志的流行引起国民党当局的重视，一位国民党要员曾说：一期《文萃》杂志的威力，胜过解放军的一师人马。国民党当局不能容忍《文萃》的存在，中统局对《文萃》进行了侦查。杂志的主编黎澍被迫离沪前往香港，由陈子涛接任主编，《文萃》转入地下。

陈子涛在接任《文萃》主编前，已经是报纸、杂志的老编辑了。

1939 年，19 岁的陈子涛在《广西日报》任外勤记者。当时郭沫若、夏衍主办的《救亡日报》、范长江主办的《国际新闻》先后迁来桂林。陈子涛在与他们的接触中，深受他们的影响与教诲，遂加入了共产党领导的“中国青年记者协会”。他个性率真，疾恶如仇，常在报上揭露国民党官员贪污腐败、消极抗战的丑闻。

1945 年 2 月，陈子涛来到成都，经时任《华西晚报》主笔黎澍介绍，任《华西晚报》编辑，民盟主席张澜时任《华西晚报》董事长，《华西晚报》的经理、总编辑、主笔都是共产党员。陈子涛在《华西晚报》任编辑的一年半时间里，深受这些共产党员的影响。他与报社同仁共同努力，使这份报纸摆脱了小市民的庸俗情调，忠实地报道了大后方群众的爱国民主运动，尖锐地抨击当局的专横独裁和腐败统治，赢得了许多读者。

1946 年 10 月，陈子涛由成都来到上海。此时，黎澍出任《文萃》周刊的主编，经他的介绍，陈子涛出任该刊编辑。1947 年 3 月，国共内战全面升级。在香港的胡绳意识到《文萃》的危险，遂给黎澍写信，要他把刊物停了，到香港去。但中共上海局认为上海地下党需要这个刊物对群众做宣传工作，号召和发动群众为新中国的诞生而行动起来。中共上海局决定黎澍走后，由陈子涛接任主编。在这关键时候，陈子涛不仅加入了共产党，还勇挑重担，以纸笔作刀枪，在共产党的领导下战斗在新闻战线上。

面对《文萃》的特殊时期，陈子涛与同志们研究决定，发行部和编辑部完全分开，让发行业务扩大，办成经销各种期刊、书籍的书报社，以掩盖发行《文萃》的工作。编辑部改变了坐办公室的习惯，实行流动办公，即使《文萃》的同事也无法知道编辑的去向。刊物的形式也改变了，由原来的 16 开本改为 32 开本，由原来的周刊改为不定期丛刊秘密发行。改版后的《文萃》只有原来一半大小，变成了一本小册子，每期换一个名字，使敌人搞不清哪本杂志是原来的《文萃》。等到特务们弄清楚这本《论喝倒彩》就是原本的《文萃》杂志后，书早已售完，而《台湾真相》又摆在书摊上，等他们知道原委要禁售时，书又卖完了。

陈子涛虽是主编，但他担负着改版后《文萃》的约稿、编辑、校对等工作。由于环境十分恶劣，没有固定工作场所，陈子涛常常挟着那只装满文稿的大皮包，出没于上海的大街小巷，辗转于朋友和同志的住所之间，不断变换住址，以免特务发现。朋友的宿舍就是他的编辑室。他还吸收、训练了一批报童，使《文萃》能尽快发行到群众手里。就这样，《文萃》杂志一期又一期地出版，它深刻揭露国民党的种种阴谋、暴行，宣传共产党的主张。正如读者所说："它叫人在黑夜里看见曙光，在苦难中获取希望，在惊涛骇浪中坚定信心；它告诉人真理不灭，它给人以勇气，使你能够在遍地枪刺中迈步前进！"朋友们考虑到他的安全问题，劝他停刊，他说："读者对我们抱着这样高的热望，我们好意思停下去吗？"为了避免敌人的注意，他换掉那只大皮包，打扮成生意人的样子，戴上宽边帽，改拿一个装皮鞋的纸盒，里面放着文稿，继续来往于作者住所与印刷厂之间。环境虽然险恶，但他仍然那样镇静、乐观，对未来充满信心。为便于读者辨认，从第三期丛刊起，封面上印有"扛笔尖兵"的标志。第六期以《论纸老虎》

为名，介绍毛泽东论纸老虎的谈话。

《文萃》杂志公开出版的周刊有 72 期，秘密出版的丛刊有 10 期（包括没来得及发行的第十期）。陈子涛在第十期的前言中写道："亲爱的读者们，这本小册子是我们用血的代价换来的，希望你保藏它，并把它传遍开去，让每个人都知道：几千年的压迫快要被消除了，一百年来志士仁人奋斗以求的新中国就要诞生了！大家快行动起来，迎接这个新的伟大事变。"可惜的是，第十期《文萃》丛刊还未来得及发出去就被国民党特务全部收缴。

为了陈子涛的安全，中共地下党曾将一笔较大数目的钱款交给他，让他去租赁一处公寓，以便隐蔽。陈子涛却把这笔钱付了作者稿费，以及一位作者转移去香港的路费。因无钱租房，他借住在印刷厂经理骆何民的家里。陈子涛独自一人在上海生活，十分清苦，没有一件像样的衣服，身上最值钱的物件是友人送他的一支派克钢笔，那是他的宝贝，是他战斗的"枪"。设在四川北路的人人书报社开业后，陈子涛常常晚上潜入，食宿在人人书报社，开水泡饭，就地而眠。

陈子涛曾对要求入党的同志说："要入党吗？很好。但请你先考虑一下，你准备为革命献出自己的生命吗？被敌人逮捕了，你能保守秘密吗？你能永远服从党的组织吗？"在这一连串的问话之前，陈子涛肯定是这样问过自己，而且是做了肯定的回答。

1947 年 7 月 23 日，陈子涛被捕。在敌人狱中，他用自己的实际行动践行了他的"诺言"。陈子涛经历了严刑折磨，但始终保持着无产阶级新闻战士的高尚情操和革命的乐观主义精神。他和与他一起被捕的负责《文萃》印刷工作的骆何民想方设法获取中外书籍和报刊，孜孜不倦地学习。陈子涛说，革命胜利后《文萃》复刊，他还是当编辑。

1948 年 12 月 27 日夜，陈子涛不幸遇害。

“迎接这个新的伟大事变”，陈子涛用作家和诗人口吻，在黎明前的黑暗中，呼唤即将诞生的新中国。我们不能完全猜度这位战斗在文化战线上的共产党员当时的心情，但字里行间，我们能够体会到一个为创建新中国而舍生忘死战斗的革命者对胜利的由衷向往。胜利得来不容易。雨花台革命烈士，为党和人民竭尽忠诚，而无一看到新中国的诞生。今天，中国共产党已经成为社会主义新中国的强大执政党。“要入党吗？很好。但请你先考虑一下，你准备为革命献出自己的生命吗？被敌人逮捕了，你能保守秘密吗？你能永远服从党的组织吗？”陈子涛之问，应常常在今天共产党人的耳边回响、心中常驻。

后　记

党的十九大做出在全党开展“不忘初心、牢记使命”主题教育的重大部署。为配合主题教育活动，帮助广大党员干部自觉用党的创新理论武装头脑，更加自觉地为实现新时代党的历史使命不懈奋斗，在中共南京市委的领导下，市委组织部、市委宣传部、雨花台烈士陵园管理局组织编撰了集中反映雨花台革命烈士英勇事迹和崇高精神的综合性图书《初心永恒——雨花英烈话语解读》。

本书以数量众多的雨花台烈士的遗言、遗书和历史文献资料为基本素材，分救国救民立初心、奋斗奉献为初心、流血牺牲殉初心、殷殷嘱托留初心四个篇章，逐一展示雨花台烈士为中国人民谋幸福、为中华民族谋复兴的经典话语，通过对烈士心声的解读，展示党的初心的渊源根由、深刻内涵、实践形式、重大作用和现实意义，引导人们深刻认识党的初心，永远不忘党的初心，忠实践行党的初心。

《初心永恒——雨花英烈话语解读》是在中共南京市委的直接领导和市委组织部、市委宣传部的有力指导下组织编撰的；雨花台烈士陵园管理局负责具体编撰工作，张国强、杨海龄、徐霞翔、方晓燕、董元泉、郭蕊等人参与了文稿撰写；赵一心、顾全、吴伟参与了本书的指导；储宴宴、向媛华等人参与了统稿工作；王铭、赵瑱、李勇等人进行了编辑校对。

由于我们水平所限，本书难免有疏漏和不到之处，敬请读者批评指正。

编　者